新课改背景下中学语文阅读教学创新实践研究

陈　超／著

湖南省教育科学『十四五』规划 2022 年度省级青年资助课题

『基于教学评一体化视角的高中语文阅读教学实施研究』

（课题批准号：XJK22QJC005）成果

湖南师范大学出版社

－长沙－

图书在版编目（CIP）数据

新课改背景下中学语文阅读教学创新实践研究 / 陈超著 . — 长沙 ： 湖南师范大学出版社，2023.10
ISBN 978-7-5648-5136-1

Ⅰ . ①新… Ⅱ . ①陈… Ⅲ . ①阅读课－教学研究－中学 Ⅳ . ① G633.332

中国国家版本馆 CIP 数据核字（2023）第 195180 号

Xin Kegai Beijing xia Zhongxue Yuwen Yuedu Jiaoxue Chuangxin Shijian Yanjiu

新课改背景下中学语文阅读教学创新实践研究

陈 超 著

出 版 人｜吴真文
策划编辑｜赵婧男
责任编辑｜赵婧男
责任校对｜张晓芳
书籍设计｜接力文化
出版发行｜湖南师范大学出版社
　　　　　地址：长沙市岳麓区麓山南路　　邮编：410081
　　　　　电话：0731-88853867　　传真：0731-88872636
　　　　　网址：https://press.hunnu.edu.cn/

印　　刷｜湖南省美如画彩色印刷有限公司

开　　本｜710 mm×1000 mm　　1/16
印　　张｜18.5
字　　数｜320 千字
版　　次｜2023 年 10 月第 1 版
印　　次｜2023 年 10 月第 1 次印刷
书　　号｜ISBN 978-7-5648-5136-1

定　　价｜56.00 元

 序

阅读在语文教学中占有重要地位。自古以来，语文学习强调"听、说、读、写"能力的培养，而"读"在整个语文学习过程中扮演着重要角色，是其他三种能力的基础。当今社会，人们无时无刻不在阅读，阅读已经融入我们的生活方式。"一个人的阅读史就是他的精神发育史"，阅读也是发展自我、提升自我、完善自我的重要途径。学生通过阅读可以很好地积累知识、开阔视野、滋养心灵，认识世界。阅读教学可以培养学生良好的阅读习惯，提升语文核心素养，汲取人生智慧，发展适应社会的能力。在信息大爆炸的时代，碎片化阅读、图像阅读、快餐化阅读盛行，这些阅读现象钝化了阅读思维，停滞了阅读思想。在这种背景下，中学语文阅读教学如果依旧采用传统的教学模式，忽视学生的阅读体验，将难以适应新时代的要求。作为语文教学的重要板块之一，高质量的阅读教学是促进整个语文教学活动向高质量发展的重要路径。如何提升阅读教学质量，是值得广大师生思考的一个问题。

随着新课程改革的深化，语文学科教学取得了一定成绩，但阅读教学的发展情况并不容乐观。中学语文阅读教学还存在着付出与收获不成正比，教学效果不理想的现象。主要表现为：教学目标设定不清晰，教学内容设定与教学实施之间存在脱节情况；教师的教、学生的学和教学评价不一致；部分老师教学观念方法陈旧；教学形式越来越丰富，教学有效性却在降低；个性化解读层出不穷，能贴近文本核心的却不多；阅读教学"表面化""形式化""无重点化"等问题。部分阅读教学活动流于形式，一节课看似热

热闹闹，教学环节紧密有序，更多的是走"过场"，学生的学习仍停留在浅表的知识和技能学习上，阅读能力没有得到很大提升。看似教学目标和教学流程面面俱到，实则处处是重点则无一为重点，无一点深入学生心中。我们在关注课堂改革形式的同时，不应忽视课堂品质的提升。

为了破除阅读教学低效的顽疾，我校近年来一直致力于新课改背景下的语文阅读教学创新实践研究，包括基于教学评一体化的阅读教学研究、整本书阅读教学研究、学科融合教学实践等。随着研究的深入，我们发现这些新课程阅读教学理念和方法指向阅读教学的本质，能有效提升中学语文阅读教学的整体水平，本书就是这一研究和实践成果的总结。

本书共分为四章。第一章从内涵出发解读"教学评一体化"，并着眼于从教学目标、教学内容、教学过程、教学评价等方面来谈阅读教学实践，建构了教学评三位一体阅读教学联动体系和教学实施的六级路径。在阅读教学活动中，教学活动与评价任务紧紧围绕学习目标而展开，教学评深度融合，以评促学，以学导教，形成动态的教学评循环体。第二章从终极性评价出发谈如何应对"一核四层四翼"的高考评价体系下的阅读教学。着重强调了教学评价改进的三个重点：更新评价观念，创新评价方式方法，提升考试评价质量。并从信息性文本阅读、文学性文本阅读、思辨性阅读、古诗文阅读四个板块进行了考试命题分析，提出复习备考的有效策略。第三章着眼于新课改的一个重点"整本书阅读教学"展开研究。基于整本书阅读教学现状分析，运用混合式学习和研究性学习、深度学习等方法破解整本书阅读之难，并试图构建"一体二翼四型"整本书阅读校本化课程体系。第四章结合当下热点的学科融合理念试论中学语文阅读教学的新路径，寻找与其他学科融合的教学结合点，进行教学设计、实施和评价。"语文＋"是新课改背景下的一种新的教学模式，即以语文为主，其他学科为辅，寻找融合教学的契合点，相互渗透相互促进的教学模式。学科融合的教学打破了固有的学科分类，开拓了一种全新的学科视野，对阅读教学改革有着深远意义。本章结合具体课例重点阐述了语文与英语、生涯规划、心理健康教育等学科的融合教学，以期管中窥豹。

　　本书立足于中学语文教学实际，试图帮助教师解决阅读教学中存在的部分问题：一是了解新课程、新教材、新高考研究，探究基于教学评一体化的阅读教学实施方法，切实提升阅读教学质量；二是如何设计与教学目标相匹配的学习任务和评价指标，怎样使用评价量规促进阅读教学实践；三是如何运用混合式学习、研究性学习、深度学习等手段破解整本书阅读教学之难；四是如何寻找学科融合教学结合点，有效开展教学实践，在融合教学过程中要注意哪些问题；五是如何搭建阅读教学平台，为学生核心素养的提升和终身发展奠基等。这些都是当前实施阅读教学必须弄清的问题。

　　阅读不仅有助于中学生获取知识，还能够提高个人素养、拓展视野、增强思维能力、培养情感和审美能力。本书紧跟新课改的脚步，结合新课程教学理念研发阅读教学具体实施方案，并着眼于一线课堂，提供了一系列教学一线的阅读教学案例，旨在为广大一线教师的教学实践提供可行的操作思路和方法，为提升中学语文阅读教学质量和促进学生全面发展提供一点参考。阅读教学是语文课程改革一项重要的内容，教师和学生都是参与者，要改变当前的阅读教学现状，优化阅读教学是一个漫长的过程，需要我们的共同努力，道阻且长，行则将至！

陈　超

目　录

第一章
基于教学评一体化视角的阅读教学

　　阅读是语文教学的生命，阅读教学的过程是教师、学生、文本三者展开心灵对话的过程，阅读教学是培育中学生语文核心素养的重要途径。然而在教学实践中，阅读教学常常出现付出与收获不成正比，教学效果不理想的现象。究其原因是在阅读教学活动中，教师的教、学生的学和教学评价存在不一致的现象。为了破除阅读教学低效的顽疾，"教学评一体化"的教学理念走进人们的视野。

第一节　"教学评一体化"的内涵和重要意义

一、"教学评一体化"的内涵解读

　　"教学评一体化"指的是在教学活动中，教师的教学、学生的学习、对学习的评价有机融合为一个整体，这三者保持在教学目标上的一致性。教、学、评三个元素相辅相成，相互促进，和谐发展。具体而言，"教"是指围绕教学目标的教师的教学指导行为，"学"是指学生为实现学习目标而付出的种种努力。而"评"既包括对学生阅读学习成果的终极评价，还包含学习过程的表现性评价；既包含对学生学习表现的评价，也包括对教师教学效果的评价，是促进阅读教学的重要手段。阅读教学目标，大的方面指语文学科课程标准，小的方面包括学期阅读教学目标、单元阅读教学目标和课时目标。教学目标的设定是开展教学活动以及实施教学评价的基础和前提。在"教学评一体化"理念引导下，教师通过明确清晰的教学目标和评价量规，可以及时跟进阅读教学过程，明确学生需求，开展高效的教学指导，包括科学设计阶段性阅读教学计划，整合阅读教学资源，搭建所需支架，开展丰富的活动等。学生也可以从日常性的学习评价中了解自己的阅读学习表现和达标程度，及时调整学习状态，获得更好的阅读学习效果。

基于"教学评一体化"的阅读教学实施指的是在阅读教学活动中，教学与评价紧紧围绕学习目标而展开，教师的教学、学生的学习与评价深度融合，以评促学，以学导教，形成动态的教学评循环体，以高效发展学生阅读素养的教学组织形式。它具有以终为始的特点。教师在阅读教学之前就对学生学什么、学到什么程度、如何学以及判定标准提前进行全面预估和预设，设计教学方案时同步构思评价任务和标准，精心谋划何时评、谁来评、如何评，并与其他教学活动整体布局。较之于碎片化、即兴式的课堂评价，以终为始、整体布局的课堂评价在教学设计上就显露出了全新的样貌。教、学、评三者交融共生，多数时候并非呈现出界限分明的教而后学、学而后评的相互交替，也不是一般意义上的无缝对接、和谐运用，而是难分你我、彼此合一。

二、"教学评一体化"的重要意义

2020年6月30日，中央全面深化改革委员会第十四次会议审议通过了《深化新时代教育评价改革总体方案》，更多教育者开始关注教学评价改革。方案倡导"为了学习的评价"和"作为学习的评价"，以评价促进教学策略的优化。新课程对学生阅读素养的培育提出了新要求，呼唤新的教学方式，"教学评一体化"符合当前教学改革趋势，有利于缓解阅读教学的无序状态，通过联动一致的调节保障阅读教学从应然走向实然，助力语言建构与运用、思维发展与提升、审美鉴赏与创造、文化传承和理解四大核心素养。

"教学评一体化"是提高阅读教学有效性的重要前提。当前阅读教学效率低下的重要原因是教学评不一致，表现为目标设置不科学，目标与教学、评价不一致，教学与评价不一致等。教的东西就应该是评的东西，有教必须有评。如果教而不评，就无法回答教师为什么而教、是否教得有效，也无法回答学生是否已经学会、学了多少等问题。如果教与评"两张皮"，教师的教学也会迷失方向，评价就失去了监测功能。"教学评一体化"意味着教师在讲解教学目标时要展示评价的要求，教师在设计教学内容时要注意把评价标准考虑进来，以及在教学过程中要持续获取学生关于目标达成的信息而做出教学决策。

对教师而言，"教学评一体化"能够及时跟进教学过程，明确学生需求，开展更高效的指导。它有利于根据评价情况及时发现在教学过程中存在的不足和学生学习存在的问题。在课堂教学中，教师可以掌握更加全面、丰富的信息，并根据掌握的信息找到有针对性的解决方法，进而及时调整教学活动，保证教学设计的有效性。

从学生角度看，"教学评一体化"能更好反馈学习效果，促进深度学习。通过嵌入式评价，学生可以及时调整学习方式、状态和节奏，促进深度阅读发生，有效破解阅读学习的玄化问题。教学评价不仅关注学生的学习情况，而且全面衡量学生的知识应用、问题解决、思维与情感发展情况。相较于传统单元、学期结束时的评价，这种动态性评价更有利于优化学习过程，避免积累过多的学习问题。评价是撬动阅读教学的支点，有利于增强学生的自我效能感，提升学习积极性，促进教学优化，迎来阅读教学新突破。

第二节 "教学评一体化"的国内外探索

一、国外关于"教学评一体化"的探索

"教学评一体化"兴起于 20 世纪 60 年代，泰勒是最早开始对目标、教学和评价的一致性问题进行相关研究的教育家。他提出了现代教育评价体系，强调教育评价要以教育目标为核心。由于当时工具技术限制，研究还停留在理念阶段。直到布卢姆提出教育目标分类学，"教学评一体化"研究才真正从理论走向实践。布卢姆将教育目标分为三个领域，即认知领域、情感领域和动作技能领域。其中认知领域的目标从低到高分为六个层次：知识—领会—运用—分析—综合—评价。教育目标分类学三大领域的目标，有利于教师明晰自己希望通过教学让学生产生什么行为上的变化，从而为评价及教学活动的设计奠定基础，实现课堂教学评一体化。①

20 世纪 80 年代，美国开展了"基于标准的教育改革运动"（Standard-Based Reform，简称 SBR），把课程与教学的一致性作为检测学校是否有效落实课程

---

① [美] B.S.布卢姆，等. 教育评价 [M]. 邱渊，王钢，等译. 上海：华东师范大学出版社，1987：5.

标准的一项关键性指标，来提高中小学的教学质量。① 美国教育心理学家科恩于 1987 年首次提出"教学一致性"概念，来解释教学中预期的教学目标与教学结果之间的匹配程度。通过研究，科恩（Cohen, S. A.）、米切尔（Mithell, F. M.）以及博拉（Bhola, D. S.）等人发现教学目标与评价的一致性与学生成绩呈正相关，即一致性越高，学生取得的成绩越好。② 这场"基于标准的教育改革运动"从制定课程标准开始，对课程、教学、评价和教师专业发展等方面进行全面改革，产生了巨大影响，推动了教学评一体化进程。

20 世纪 90 年代，研究转向一致性分析工具的开发。1997 年，诺曼·韦伯提出了著名的"韦伯一致性分析模式"（Webb 模式），从知识内容、深度、广度一致性和分布平衡性四个方面学业评价与课程标准的一致性程度③，推动了对一致性分析工具的研究。2001 年，波特等人根据计划课程调查（Survey of Enacted Curriculum）构建了 SEC 研究工具。这一工具将一致性研究的范围拓展到不同教育要素之间、不同国家教育体系之间的一致性比较。④2002 年罗斯曼（R. Rothman）等人参考了影响测验内容范围、程度等因素，建构了综合性较强较全面的 Achieve 工具来分析学业评价与课程标准的一致性。⑤Achieve 从三维度、六指标对研究结果进行深入细致的描述，为完善教学评价提供了具体有效的信息。卡内基梅隆大学在前人基础上，进一步研究出教学评一体化的课堂教学模型。

除了工具研发，国外学者还致力于教师教学、学生学习与评价一体化的研究。波帕姆（W. J. Popham）指出课程、教学、评价是有机整体，应加强三个领域专家的交流合作。他指出评价是为了能够更好地确定合适的目标，最终找到与学

①　Norman, L. Webb. Alignment of science and maths standards and assessments in four states[R]. Washington, DC: Council of Chief State School Officers, 1999: 23.

②　Cohen, S. A. Instructional alignment: searching for a magic bullet[J]. Educational Researcher, 1987, 16(8): 16−19.

③　杨玉琴，王祖浩. 美国课程一致性研究的演进与启示[J]. 外国教育研究，2012，39(1): 113−121.

④　Porter, A. C. &Smithson, J. L. Standards−based reform in the states[J]. Chicago: University of Chicago Press, 2001: 61.

⑤　R. Rothman, J. Slattery, J. Vranek, L. Resnick. Benchmarking and alignment of standards and testing[J]. EducationalAssessment, 2004, 9: 1−27.

生最匹配的教学模式。^①邓肯（R. G. Duncan）等人从学生的角度去分析教学与评价的一致性，指出教学与评价的一致性是学生学习过程的重要环节^②。德伊斯（Duis, J. M. ）等人指出学生学习与教学之间的一致性是改善复杂课程情境中学习目标，识别课程改革、教学和评价局限的重要途径。^③"学习进程（Learning Progressions，简称 LPS）"的提出，使一致性研究深入发展。美国国家研究理事会指出，"学习进程是理论研究者、考试命题者、课程编制者、教育决策者对话的重要渠道，是沟通学习研究和学校课堂实践的桥梁，是联结课程标准、教学与评价，促进一致性的最具潜力的工具"^④。

美国教育家格兰特·威金斯和杰伊·麦克泰格提出了"逆向教学设计"理念，即确定预期结果、选择评估证据、再设计学习任务和教学活动，使教学评一体化具备可操作性，为教学设计提供了新方向。"逆向设计要求我们，当开始设计一堂课或组织一个学习单元时，其最终的归宿应当是先期确立的学习目标，这些目标是我们进行学习评价的根本依据……预期的学习结果、学习成绩、教学与学习行为之间的有机关联会使学生取得更好的学习成绩，这也正是逆向设计要实现的目的。"^⑤"逆向教学设计"为教学评一体化提供操作依据，使教学评一体化在课堂操作中有望实现。

随着理论研究的成熟，"教学评一体化"在实践方面的应用也逐渐发展起来。加拿大安大略省的教育质量与问责办公室发表的课程省级标准是对"教学评一体化"运用。德国累斯顿技术大学弗兰兹·肖特和佩特里卡·赛德尔共同开发了 PLANA 量表，用于测试学习者学习效果，以确保教学目标与教学评价的一致

① Popham, W. J. Curriculum, instruction, and assessment: amiable allies or phony friends [J]. The Teachers College Record, 2004, 106(3): 417−428.

② Duncan, R. G. Hmelo Silver, C. E. Learning progressions: aligning curriculum, instruction, and assessment[J]. Journal of Research in Science Teaching, 2009, 46(6): 606−609.

③ Duis, J. M. , Schafer, L. L. , &Nussbaum, S. , et al. A process for developing introductory science laboratory learning goalsto enhance student learning and instructional alignment[J]. Journal of Chemical Education, 2013, 90(9): 1144−1150.

④ National Research Council(NRC). Taking science to school: learning and teaching science in grades K−8[M]. Washington: National Academies Press, 2007: 213, 214, 219, 226−247, 224.

⑤ 威金斯，麦克泰. 理解力培养与课程设计 [M]. 么加利，译. 北京：中国轻工业出版社，2003: 14.

性。弗兰兹·肖特给出了 12 条标准来帮助教师对学生进行课堂评价[①]，对实践研究中的标准化教学评价起到了一定的推进作用。芬兰普通高中课程与教学评价采用多元的评价目标和评价方式，教师鼓励学生为自己设定学习目标并根据设定的目标调整学习方法和学习策略。此评价机制不仅仅关注成绩，更关注评价对学生学习的促进作用。[②]芬兰、德国学者强调了教学目标在教与学中的关键作用，并通过目标的达成情况对教与学进行评价，在实践研究方面取得了较大突破，但没有结合具体的学科进行研究，缺少对教学案例的分析。如何充分发挥教学目标在"教学评一体化"中的重要作用，需结合学科进行教学模式探究，需结合教学活动设计评价反馈机制。

20 世纪 90 年代，英国评价改革小组提出"为了学习的评价"（Assessment for Learning, AFL）理念，以评促教、以评促学。世界各国纷纷开展相关研究，倡导将评价与教学相结合。澳大利亚做出响应，并将"以评促学"付诸实践，新南威尔士州针对"为了学习的评价"提出教学与评价整合模型，经实践证明其具有合理性与可推广性。[③]澳大利亚则设计出"教学与评价整合的模型"，为一线教师提供了行之有效的操作方向。

在亚洲，日本对"教学评一体化"做了较为系统的研究。20 世纪 90 年代，日本学者水越敏行等人提出了"教学评一体化"，构建动态的"教育—评价循环体"，通过反馈导引，提高课堂教学效率，促进学生全面均衡地发展。[④]儿岛邦宏进一步指出，学校的教育活动是"计划—实践—评价"一系列活动的螺旋式发展过程。评价只有在下一步的计划制订中发挥作用，并且与改善教学相联系，才开始具有真正的意义。[⑤]日本文部省教育课程审议会于 2000 年 12 月发表的报告《关于儿童学生学习与教育课程实施状况的评价的应有状态》明确提出了"教

---

① 裴新宁. 学习与评价的一体化设计——PLANA 模型分析 [J]. 全球教育展望，2005, 34(5): 31–35.

② 贾海菊，朱成科. 芬兰普通高中课程评价及对我国课程改革的启示 [J]. 教育测量与评价，2009(2): 78–80.

③ 陈娟. 澳大利亚：教学评一体化，以评促学 [J]. 教育研究与评论（中学教育教学），2010(09): 91–92.

④ 张顺清. "教、学、评一致性"与"教、学、评一体化"的起源和含义 [J]. 中学化学教学参考，2019(13): 4–5.

⑤ 儿岛邦宏. 教育课程审议会指导要录修订的关键词解说 [J]. 学校运营研究，2001, (1)（临时增刊号）: 86–93.

学与评价一体化"的原则，"对于儿童、学生而言，评价具有使他们注意自己的学习状况，成为发现、矫正自我的契机，促进以后的学习和发展的意义"①。日本把"教学评价一体化"作为课堂改革的指导原则，但对于如何真实落实到课堂缺乏明确的策略。

二、国内关于"教学评一体化"的探索

我国对"教学评一体化"理论研究起步较晚。国内最早对"教学评一体化"进行理论研究的是韦斯林教授，他从学习进程的角度分析了如何促进课程标准、教学、评价一体化，极具启发意义。②崔允漷教授明确了教学评一致性的含义和意义，指出清晰的教学目标是教学评一体化的前提，实现有效教学是目的，教学评一体化的落实取决于教师的课程素养和评价素养。③他还从课程实施角度出发，提出由经验性教学转向基于标准教学的必要性，教师应整体性地思考标准、教材、教学、评价的一致性问题。④钟启泉教授明晰了"一体化"两层含义：一是评价结果有助于后续的课堂教学；二是评价本身就是一种教学。⑤2015年，在第12届上海课程论坛会上，国内外专家对"教学评一体化"研究进行了深入探讨，对该模式给出了新的定义，指出评价不仅仅针对学生的最终表现，也是教学的教与学生的学伴随的过程，三者有机统一。⑥岑利、张菊容和杨素霞在2016至2018年期间继续对理论进行了定性探索，设计出"教学评一体化"量表。杨莹设计了表现型任务与评价量规一体化量表，分别对学习目标、学习任务和评价量规进行细化，提出设计量表的理论依据，并在历史课堂实施。⑦已有量表

① 张德伟. 日本中小学教学与评价一体化原则及其对我国的启示 [J]. 外国教育研究，2005(02)：29-33.
② 韦斯林，贾远娥. 学习进程：促进课程、教学与评价的一致性 [J]. 全球教育展望，2010，39(09)：24-31.
③ 崔允漷，夏雪梅. "教-学-评一致性"：意义与含义 [J]. 中小学管理，2013(01)：4-6.
④ 崔允漷. 课程实施的新取向：基于课程标准的教学 [J]. 教育研究，2009(01)：74-79.
⑤ 钟启泉. 课堂研究 [J]. 全球教育展望，2016，45(12)：129.
⑥ 李凯. 教育"一致性"概念的理论与实践研究新进展 [J]. 教育测量与评价，2015(01)：8-10.
⑦ 杨莹. 表现性任务与评价量规一体化设计研究 [D]. 杭州：浙江大学，2017.

大多立足于对教师教、学生学的观察，再以目标为依据进行评价，缺乏一定的客观性，量表的设计还有待进一步精化。

"教学评一体化"的理论模式研究大多从国外引入，进行了本土化提升。崔允漷、夏雪梅教授基于课堂变革和教师专业化发展的诉求，建构了"教－学－评一致性三因素理论模型"。该理论模型为分析课堂行为的专业结构和课堂教学的一致性水平，实践并改进了教、学、评奠定了理论基础。① 王小平结合韦伯和 SEC 一致性分析模式的优势，从整体结构、具体内容、呈现顺序三个维度构建了具有一定信效度的目标－过程－评价一致性分析框架，并以小学数学为例进行了实证研究，提出实现教案一致性要基于目标撰写教学和评价过程。②

关于"教、学、评"三者关系的研究。吴晓亮结合教学说明目标在"教学评一体化"的重要作用，教学评价要全程跟进教学目标，落实于教学；教师要根据学情和目标达成情况调整教学，通过评价来构建高效课堂③。"教学评一体化"的教学强调教学与评价的同等地位，钟启泉指出评价不是为了完成任务，评价的功能在于辅助教育，教学评价是持续的过程，它是教与学的重要组成部分，应贯穿于教学的每一个环节。蒋银华认为要以学习目标为导向，综合分析课程、教材、学习等各要素，设计评价任务与教学活动，确保目标设计的精准性和课堂教学的有效性。④ 颜红波指出要实现教学评的一致性，需遵循"学习目标—评价任务—教学活动"的一体化路线。⑤

随着理论研究的发展，如何在课堂教学中有效实践受到许多学者关注。卢臻在"教学评一体化"实践研究中指出教是学的辅线，教师应充分利用评价反馈机制促进学习。⑥ 张菊荣认为"教学评一体化"是促进有效教学的前提。教学目标指导教学活动和评价设计，教学活动是实现教学目标的重要途径，教学评价是检测教学目标达成情况的工具。教师在进行教学设计时要以教学目标为核心，采用逆向思维设计与目标对应的评价任务和学习活动，注重课堂评价并将

① 崔允漷，雷浩. 教－学－评一致性三因素理论模型的建构 [J]. 华东师范大学学报（教育科学版），2015, 33(04): 15-22.
② 王小平. 基于一致性的小学数学教学案例研究 [D]. 上海：华东师范大学，2014.
③ 吴晓亮. 课堂现场的"教－学－评一致性"——以"解决问题的策略——替换"一课的教学为例 [J]. 中小学管理，2013(1): 15-16.
④ 蒋银华. 目标导向下"教－学－评一致性"的课堂设计 [J]. 中小学管理，2013(01): 12-14.
⑤ 颜红波. 课堂"学教评一致性"的实践探索 [J]. 上海教育科研，2016(07): 68-70.
⑥ 卢臻. 教－学－评一体化教学揭秘 [J]. 基础教育课程，2016(7): 8-11+28.

评价嵌于教与学之中，使目标、教学与评价高度匹配。①唐云波提出实现教学评一体化，应该将教学评价渗透到教学活动的全过程，实现围绕课程标准的教、学、评的有机互动。按照教学目标制定评价标准、选择多样化评价方式、设计教学活动，引导教师的教，促进学生的学。②顾文认为实现"教学评一体化"，教师要基于学生核心素养发展要求，设计并实施以目标为导向并能激发学生学习兴趣的教学与评价活动。他建议将游戏融入校本课程，通过游戏激发学习兴趣，采用多元的评价方式引导学习。③王云生教授从课程实施出发，阐述"教学评一体化"内涵，将学习目标达成度的测评嵌入到教学过程中，依据学生的学习表现，测评并调整教学，促进学习目标的达成。④李忻洁指出编写教学评一体化的教案要基于课程标准、学情和教材，以清晰的学习目标为核心，采用逆向思路设计与目标匹配的评价任务和学习活动。⑤徐瑰瑰从教案一致性、课堂教学一致性与作业一致性维度构建了"教学评一致性"框架。⑥徐玉根从教师和学生维度开发了课堂观察量表，其中教师版课堂观察量表以学习目标设置、学生学习表现、课堂评价任务为观察点，学生版课堂观察量表观察点为学习目标及达成、学生在课堂上是否自主与他人合作、课堂评价任务。⑦

近年来，"教学评一体化"的实践研究日趋增多，集中在案例编制、现状研究、具体学科的应用研究几个方面。崔允漷教授团队与江苏省汾湖区实验小学合作，进行了"教学评一体化"的课堂设计研究，并进行了长期跟踪式研究。郑州市在教研室主任卢臻的带领下进行了"教学评一体化"的教学实验，查找教学低效的原因，提出以评价驱动教学。⑧活动深入初中常态语文课，在观评课堂的基础上，探讨了当前课堂教学中的教学评不一致现象，发现义务教育初中阶段的

① 张菊荣. "教、学、评一致性"三要素：目标、评价与教学 [J]. 江苏教育，2019, 42: 63-66.

② 唐云波. 初中化学"教、学、评一体化"教学模式的构建与实施 [J]. 化学教育，2013, (6): 50-54.

③ 黄山，刘丽丽. 教-学-评一致性：课堂研究与教学的新动向——第十二届上海国际课程论坛综述 [J]. 教育发展研究，2014, 22: 82-84.

④ 王云生. "教、学、评"一体化的内涵与实施的探索 [J]. 化学教学，2019(05): 8-10;16.

⑤ 李忻洁. 教-学-评一致性教案的编制研究 [D]. 济南：山东师范大学，2019.

⑥ 徐瑰瑰. 论教-学-评一致性 [D]. 上海：华东师范大学，2015.

⑦ 徐玉根. 追求教、学、评的一致性——初中语文综合性学习课评价工具开发与运用 [J]. 上海教育科研，2016, 8: 63-66.

⑧ 卢臻. 教-学-评一体化教学揭秘 [J]. 基础教育课程，2016(07): 8-11+28.

课堂教学问题。随后，郑州市更多地区、学校参与到教学评一体化的调查研究中。其中，郑州市第六十五中学在分析学校现状后，提出并逐渐完善了"一个中心三个环节"的课堂分析模式。[①] 岑俐通过利用国内的实证数据对教学评一体化对学习结果的影响进行研究，证明了教学评一致性程度高的课堂能给学生带来高学业成就。[②] 苏州市平江中学强调要形成"学教融评"的课堂，构建了一套"四段一案一回头"的课堂教学模式[③]，为后续的实践研究提供了宝贵的经验。

为了推进"教学评一体化"改革，林建芬从学科知识、课堂表现、作业测试等方面对深圳市高中生化学学习现状进行了调查，[④] 刘学智采用"SEC"一致性分析模式从学习目标、学习主题和地区对初中化学课堂教学与课程标准的一致性进行调查，分析得出在同一学习目标和学习主题下，县城一致性高于城区，乡镇地区一致性最差。[⑤] 徐泓通过调查区域性试题和教师访谈，发现大多数教师凭借自身固有的理念、经验展开教学，对课程标准未予以重视，出现了教学评不一致现象。[⑥] 张志超通过对高中化学教师进行"教学评一体化"问卷调查和个案分析，发现"教学评一体化"在实施层面存在理解偏差、认同但未落实的现象，提出要强化教师"教学评一体化"理念，提升教师评价素养。[⑦] 吴晓亮针对课堂教学实施过程中出现的目标不明晰、只关注结果性评价、急于完成教学内容未充分展开教学等教学评不一致问题，提出课堂教学全程应指向学习目标、评价要全程嵌入学习活动等。[⑧] 蒋银华针对"虚目标"、评价设计滞后等现象，指出

① 卢臻. 教－学－评一体化教学·策略与实践 [M]. 郑州：河南科学技术出版社，2017:65.

② 岑俐. 教—学—评一致性对学习结果的影响研究 [J]. 教育参考. 2016(06): 81-87.

③ 邓大一，王恒昌. 基于"双核"的学－教－评相融合的课堂模式——来自苏州市平江中学的实践经验 [J]. 教育测量与评价（理论版），2015(04): 30-35.

④ 林建芬，解慕宗. 教学评一体化视角下深圳市高中学生化学学习现状的调研分析 [J]. 教育与装备研究，2018,34(09): 34-39.

⑤ 刘学智. 基础教育视域下教师课程教学质量状况调查与分析——基于初中化学课堂教学与课程标准一致性的视角 [J]. 东北师大学报（哲学社会科学版），2017,(4): 204-209.

⑥ 徐泓. 教学、评价与课程标准的一致性研究——以高中化学必修 1 "胶体"内容为例 [J]. 化学教学，2015,(2): 20-23.

⑦ 张志超. 高中化学教师"教－学－评"一体化教学现状研究 [D]. 长春：东北师范大学，2019.

⑧ 吴晓亮. 课堂现场的"教－学－评一致性"以"解决问题的策略——替换"一课的教学为例 [J]. 中小学管理，2013,(01): 15-16.

目标导向下的"教学评一体化"要在综合分析课程标准、教材、学情等基础上设计教学目标和学习活动。① 徐瑰瑰针对当前存在的目标不合理、评价任务设计与实施不匹配、评价任务未指向学习目标等不一致情况，指出要以目标为核心实施"教学评一体化"。教师要将多种评价方式结合，根据评价调整教学。② 吕建林针对教师缺乏对课程的整体认知与把握、课堂教学缺乏清晰的教学目标和评价方式单一、重"教"轻"学、评"、重结果轻过程等现象，提出教师要明确学与教的关系、分析学生的学情和需要达成的目标，依据课程标准和学习进程，实施专业化的课堂教学和学业成就评价，践行基于评价的教学。③

现实的课堂教学存在着教、学、评价不一致，甚至分离的现象。教师在传统课堂中常常忽视了评价与课标要求、教学目标的一致性，不能及时反馈信息，调整教学活动。④ "教学评一体化"如果只依靠个别教师的力量将很难实现，为了提高"教学评一体化"的可操作性，周建国指出要通过教研活动推动"教学评一体化"的实施，主张教研活动要树立正确的过程观，关注从体悟学习目标到评价任务的设计的整个过程。⑤

一线老师纷纷开展了基于教学评一体化的具体学科教学研究。经志俊、刘江田提倡"五线融合"的教学结构，强调在具体课堂实施中，借助"目标线、情境线、问题线、活动线、评价线"融合课堂教学结构，整合教学评的策略，推进教学评一体化。⑥ 刘霞结合地理教学实际，提出要进行学习行为分析、学习兴趣分析和素养发展分析，通过"教学评一体化"教学模式促进学生学科核心素养的提升。⑦ 许贞彩进行了现状研究，发现存在的问题，并提出了推动教学评

---

① 蒋银华. 目标导向下"教－学－评一致性"的课堂设计 [J]. 中小学管理，2013, 01: 12–14.

② 徐瑰瑰. 论教－学－评一致性 [D]. 上海：华东师范大学，2015.

③ 吕建林. 教－学－评一致实现专业化教学 [J]. 当代教育科学，2017, (9): 17–20.

④ 卢臻. 以评价驱动教学——教－学－评一体化教学实践与探索 [J]. 基础教育课程，2015(13).

⑤ 周建国. 变革教研活动，让"教－学－评一致性"思想落地生根 [J]. 中小学管理，2013(1): 10–11.

⑥ 经志俊，刘江田. 关注学科核心素养 追求教学评一致性——人教版《化学1》"氧化还原反应（第1课时）教学设计 [J]. 中学化学教学参考，2016(17): 27–29.

⑦ 刘霞. 基于核心素养的初中地理"教学评一体化"案例研究 [J]. 中学地理教学参考，2018(23): 42–44.

一体化的策略。① 刘晓东指出课堂教学中存在着教学与课程标准不一致及目标虚化的问题，为解决该问题，对"教学评一体化"的设计流程进行了探索，构建了匹配的教学模型。② 李凤仪将高中地理课堂的"教学评一体化"设计分为学习目标设计、教学评价设计、课堂观察量表设计和课堂教学反思设计四部分，并在新授课、习题课和复习课三种不同课型进行实践。③ 李亮结合英语学科探讨了项目式教学框架下的"教学评一体化"设计与实践④；温彬在政治学科尝试运用"教学评一体化"理念设计教学⑤；张玉娟认为实现化学教学评一体化，要结合核心知识、核心概念、情境任务，创设真实的问题情境，并结合课例进行了探讨。⑥ 唐云波用化学课例说明"教学评一体化"实施过程，强调要以课程标准为起点制定教学目标，以判断学生现有经验与目标的距离，将传统的"讲练结合"变为"学评结合"。⑦ 蒋荣魁强调促进语文学科阅读教学的教学评一致性等。⑧ 除了上述学科应用外，还有学者将"教学评一体化"理念运用到物理、美术、音乐、信息技术等课堂中。从已有文献看，"教学评一体化"理念已基本覆盖所有学科，为理论与课堂实践的结合提供了参考范例。但学科覆盖存在不均衡的现象，特别是语数英等主要学科的应用还不够。

　　"教学评一体化"阅读教学实践者主要有李卫东的单元视域下教学评一致的整体设计，黄伟基于教学评一致性的语文课堂实践，肖龙海、管颐的表现性学习与评估一体化，刘飞基于教学评一致的《赤壁怀古》教学设计等课例研究。

① 许贞彩. 地理课堂教学中"教－学－评"一致性研究——以郑州市 Y 初中为例 [D]. 郑州：河南大学，2018.

② 刘晓东. 目标导向下教—学—评一致的地理教学设计应用研究 [D]. 武汉：华中师范大学，2015: 22-32.

③ 李凤仪. 基于"教学评一致性"的高中地理教学研究 [D]. 武汉：华中师范大学，2017.

④ 李亮. 核心素养背景下教—学—评一体化设计与实践——以高中英语项目式教学为例 [J]. 中小学教师培训，2018(10): 62-66.

⑤ 温彬. 例谈课堂教学的"教、学、评一致性"[J]. 中学政治教学参考，2016(25): 48-49.

⑥ 张玉娟. "创设情境、驱动任务"的教、学、评一致性教学设计——以"电解池工作原理"为例 [J]. 化学教学，2018, (5): 37-40.

⑦ 唐云波. 初中化学"教·学·评一体化"教学模式的构建与实施 [J]. 化学教育，2013, 34(06): 50-54.

⑧ 蒋荣魁. 基于"读写共生"目标的"教、学、评"一致性实践研究 [J]. 语文教学通讯，2018(17): 37-42.

第三节 基于新课程的中学语文阅读教学评价

一、阅读教学评价的依据

1. 新课标对高中语文阅读教学评价的描述

为了有效提升语文阅读教学效率，新课标对高中语文阅读教学有了明确的学科要求，《普通高中语文课程标准（2017 年版 2020 年修订）》按学业质量五级水平对阅读能力进行纵向层级区分，并描述了不同水平学习结果的具体表现。水平一和水平二是必修课程学习的要求，水平三和水平四是选择性必修课程学习的要求，水平五是选修课程学习的要求。水平二是高中学业水平考试的依据，水平四是高校考试招生录取的依据，水平五则是对语文课程更有兴趣的学生所设的较高要求，修习情况可供高校或用人单位参考。

水平	质量描述
1	1-2 在理解语言时，能提取和概括主要信息，能区分事实和观点，分析各部分内容之间的关系，发现观点和材料之间的联系；能利用获得的信息解决具体的实际问题。在表达时，能做到观点明确、内容完整、结构清楚 1-3 有欣赏文学作品的兴趣，能整体感受作品中的形象，把握作品的思想观点和情感倾向；能运用口头语言和书面语言传达自己对作品的感受和理解。在文学鉴赏中，有正确的价值观 1-4 有通过语文学习理解文化的意愿，能通过阅读文学作品，扩展自己的视野，丰富自己的人生体验，感受和理解不同时代和地区的文化。能主动梳理语文课程中涉及的文化现象，了解其中包含的中国传统文化内容，重视优秀传统文化的继承
2	2-2 在理解语言时，能区分主要信息和次要信息，理解并准确概括其内容、观点和情感倾向；能对获得的信息及其表述逻辑做出评价；能利用获得的信息分析并解决具体问题。在表达时，能注意自己的语言运用，力求概念准确、判断合理、推理有逻辑 2-3 喜欢欣赏文学作品，能整体感受作品的语言、形象和情感，展开合理的联想和想象；能对作品的内容和形式做出自己的评价。在文学鉴赏中，有正确的价值观，有追求高尚审美情趣和审美品位的意愿

续表

水平	质量描述
3	3-2 在理解语言时，能准确概括观点和情感，能分析并解释观点和材料之间的关系；能比较两个文本或材料，能在各部分信息之间建立联系，把握主要信息，分析、说明复杂信息中可能存在的多种关系；能就文本的内容和形式进行质疑，并能主动查找相关资料支持自己的观点；利用文本中的相关信息解决具体问题。在表达时，讲究逻辑，做到中心突出、内容具体、语篇连贯、语言简明通顺 3-3 喜欢欣赏文学作品，借助联想和想象丰富自己对文学作品的体验和感受，能品味语言，感受语言的美；能运用多种形式表达自己的体验和感受；能对具体作品做出评论。在鉴赏中，能坚持正确的价值观，体现高雅的审美追求 3-4 关注语言与文化的关系，有探究文化问题的意识；对汉语、汉字和中华优秀传统文化有较浓厚的兴趣，有主动积累、梳理、探究富有文化意蕴的语言材料的习惯。有比较、分析古今中外各类作品所反映的文化现象、文化观念的意识，能根据语文课程学到的内容，对阅读和表达交流中涉及的有关文化现象展开讨论，有依据、有逻辑地阐明自己的观点。关心当代语言文化现象，积极参与多种实践活动，通过调查访问、辩论演讲、专题讨论等活动发展自己的文化理解与探究能力
4	4-2 在理解语言时，能准确、清楚地分析和阐明观点与材料之间的关系，能就文本的内容或形式提出质疑，展开联想，并能找出相关证据材料支持自己的观点，反驳或补充解释文本的观点。能比较、概括多个文本的信息，发现其内容、观点、情感、材料组织与使用等方面的异同，尝试提出需要深入探究的问题。能用文本中提供的事实、观点、程序、策略和方法解决学习和生活实际中遇到的具体问题。在表达时，讲究逻辑，注重情感，能综合运用多种表达方式，从多个角度、多个方面表达自己的理解和感受，力求做到观点明确，内容丰富，思路清晰，感情真实健康，表达准确、生动 4-3 在鉴赏活动中，能结合作品的具体内容，阐释作品的情感、形象、主题和思想内涵，能对作品的表现手法做出自己的评论。能比较两个以上的文学作品在主题、表现形式、作品风格上的异同，能对同一个文学作品的不同阐释提出自己的看法或质疑。喜欢尝试用不同的语言表现形式表达自己的思想和情感，尝试创作文学作品。在文学鉴赏和语言表达中，追求正确的价值观、高尚的审美情趣和审美品位 4-4 有通过语言学习深入理解、探究文化问题的浓厚兴趣和意愿，能在阅读和表达交流中探析有关文化现象；能结合具体作品，分析、论述相关的文化现象和观念，比较、分析古今中外各类作品在文化观念上的异同。能主动参与语言文化问题的讨论和相关的社会实践活动，能综合运用所学的知识，对自己感兴趣的某些语言、文学、文化现象及社会热点问题进行专题探究，尝试撰写相关调查报告或专题研究报告，发展自己的文化理解与探究能力，主动吸收先进的文化，传承中华优秀传统文化

续表

水平	质量描述
5	5-2 在理解语言时，能从多角度、多方面获得信息，有效地筛选信息，比较和分析其异同；能清晰地解释文本中事实、材料与观点、推断之间的关系，分析其推论的合理性，或揭示其可能存在的矛盾、模糊或故意混淆之处等；能依据多个信息来源，对文本信息、观点的真实性、可靠性做出自己的判断，并逻辑清晰地阐明自己的依据；能从多篇文本或一组信息材料中发现新的关联，推断、整合出新的信息或解决问题的策略、程序和方法，并运用于解决自己学习和生活中遇到的相关问题。能围绕某一方面的问题组织专题探讨，形成自己的观点。在表达时，讲究语言运用，追求独创性，力求用不同的词语准确表达概念，用多种语句形式表达自己的判断和推理；喜欢尝试用多种文体、语体、多种媒介，多样地表达自己的思想和情感，追求表达的准确性、深刻性、灵活性、生动性 5-3 在鉴赏活动中，能从不同角度、不同层面鉴赏文学作品，能具体清晰地阐释自己对作品的情感、形象、主题和思想内涵、表现形式及作品风格的理解。能比较多个不同作品的异同，能对同一作品的不同阐释发表自己的观点，且内容具体，依据充分。能对作品的艺术形象及价值有独到的感悟和理解。有文学创作的兴趣和愿望，愿意用文学的形式表达自己的情感，追求正确的价值观、高尚的审美情趣和审美品位 5-4 有通过语言学习深入理解、探究文化问题的浓厚兴趣和意愿，能在阅读和表达交流中探析有关文化现象；具有文化批判和反思的意识，能结合具体作品，从多角度、多层面分析、论述相关的文化现象和观念。能主动参与语言文化问题的讨论和相关的社会实践活动，能综合运用所学的知识，对生活中自己感兴趣的某些语言、文学、文化现象及社会热点问题进行专题探究，写相关调查报告或专题研究报告，组织专题讨论和报告会；尝试用历史眼光和现代观念，辩证地审视和评论古今中外语言文学作品的内容和思想倾向，对当代文化建设发表自己的见解

注：此表依据《普通高中语文课程标准（2017年版2020年修订）》制作。

依据图表，我们可以看到语文学科对中学生阅读能力的纵向评价。新课标从四个维度建构学科核心素养，并细化为高中语文课程内容的十二个方面。在课程内容上，创造性地提出了以"学习任务群"为依托的细化内容。新课标既有着眼课程整体对基于"学习任务群"的阅读学习的明确描述，对阅读学习目标与教学内容的具体规定，还有对教师阅读教学设计清晰的提示。相较于以往缺少参照标准，新课标为教师准确把握高中语文阅读教学内容的教学提供了依据。我们以"学习任务群9 中国现当代作家作品研习"为例说明。新课标明确提出了学习目标与内容：

（1）精读代表性作家作品，把握其精神内涵与艺术价值。至少选读 10 位现当代代表性作家的诗歌、散文、小说、戏剧方面的作品，大体了解现当代文学的发展概貌。

（2）关注当代文学创作动态，选读新近发表的有影响的作品及相关评论。

（3）养成撰写读书笔记的习惯，阅读作品应写出内容提要和阅读感受。选择喜欢的作品，从不同角度撰写作品评论，发表自己的见解。

（4）可根据自己的兴趣，选择喜欢的文学体裁，练习创作短篇作品。

选择性必修下册第二单元列于"中国现当代作家作品研习"学习任务群，教材在设定单元目标时就要求：

（1）深入研读本单元所选作品，结合社会历史背景思考作品内涵，理解现当代文学的精神追求与思想意义；探究作品所表现的近代以来中国人社会生活和情感世界变动的轨迹，把握现当代文学的成就和意义。

（2）研读小说、诗歌、散文、戏剧等各种体裁的作品，综合运用多种欣赏方法，多角度、多层面探究这些作品的艺术成就和思想意蕴，提高文学鉴赏能力和审美品位。

（3）尝试分析和评价不同作家的创作风格，选择一位作家或一部作品，学写文学评论；从语言锤炼的角度，探究作品的语言表达技巧，撰写语言鉴赏札记。[①]

这样明确的规定避免了教师在教学内容选择上随心所欲的问题，从根本上省去了教师确定教学内容的烦恼以及可能造成的教学跑偏现象，为基于高中语文阅读教学开展言语实践活动和基于文本阅读促进学生言语思维发展奠定了坚实基础。同时新课标也从课程实施、课程评价等不同角度强调要"创设丰富多样的学习情境，设计富有挑战性的学习任务"，"评价应注重学生在真实生活情境中的语言运用的实际表现"。语文学科的教学评价应紧扣学科特色，采用丰富多样的形式，以提高评价的有效性。

2.高考评价体系对语文阅读能力的相关要求

2020 年 1 月 7 日，教育部考试中心发布了《中国高考评价体系》，并结合各学科特点提出学科高考内容改革的实施路径。

---

① 普通高中教科书．教师教学用书 [M]．北京：人民教育出版社，2020: 56.

阅读能力	要　求
信息性阅读能力	1. 在熟悉论述性文本和实用性文本的主要文类及其基本特征、体式惯例的基础上，能整体感知文本，把握文本的主要概念、观点、方法等关键信息，分析评价观点和材料的关系、主要信息和次要信息的关系 2. 能评价文本的主要观点和基本倾向 3. 能评估作者的写作意图、读者意识和信息来源，评价文本的社会价值和现实意义，有理有据地评判文中观点，发展新的观点，或呈现更客观的事实 4. 能在不同文本的信息之间建立联系，分析比较多个文本在内容、材料、观点、表达方式和价值倾向等方面的异同，对有关问题形成更全面的认识，能够提出值得进一步探究的问题等
文学性阅读能力	1. 能在积极主动的阅读中，感受、想象、体验作品呈现的社会生活和情感世界 2. 在领悟作品表达的感情、思想和观念的基础上，充分调动生活经验和知识积累，进行审美鉴赏和审美评价 3. 对常见文学类作品的基本特征、一般体例和主要表现手法有所掌握，在了解文学史常识和文学创作一般规律的基础上，对文本艺术创新的主题意向、思想蕴涵能有所领悟并展开联想，对作品的表达效果和思想艺术价值做出合理分析与评价 4. 对文本建构和文本理解所涉及的复杂因素，前者如作者倾向与意图、作品语言与形式，后者如读者立场、阅读取向、欣赏角度、评价标准等，具有一定的认识，并能够从不同角度和层面发掘文本反映的人生价值和时代精神
古诗文阅读能力	熟悉掌握常用文言实词、虚词及古汉语词类活用的一般规则和常见的特殊句式，能准确理解文意，正确标点古代诗文，并能将古代诗文准确地翻译成现代汉语的规范表达

通过比较，我们发现高考评价体系对学生阅读能力的要求与高中语文新课程学业质量水平的描述大致相同。

二、阅读教学评价中现存的问题

1.评价主体和评价模式单一

传统的阅读教学，评价主体往往是教师，评价模式单一。新课程要求参与阅读教学评价的主体是多元的，评价方式是多样而行之有效的，评价机制应该科学合理。以往过度关注终极评价，以成果为导向，忽略了过程性评价。教师在教学过程中往往只对学生的学习成果进行检测点评，却没有给予学生学习策略的指导，即教学缺少过程性评价元素，以至于学生在课堂教学中经常是被动听讲，普遍对阅读教学评价的感知不强。

2.教学评（考）不一致

我国高考制度历经40多年风雨，已被证明是人才选拔的重要组成部分，然而高考作为终极性评价只能够检测部分学习效果，并不能检测学习过程。针对语文阅读教学而言，评价学生需从综合能力出发，仅靠单一的结果评价，不利于阅读教学的开展。高考作为重要的选拔性考试，是中学语文阅读教学的指挥棒，若不能实现教学评（考）的一致性，将不利于新课程理念的落地。

3.对评价的理解不够充分

影响教学评价的因素还有评价主体对评价的理解。有一些教师没有全面了解阅读教学评价的功能及重要性，应用力度不足。部分教师的评价意识不强，在开展阅读教学评价时，缺乏科学理论的引导，评价缺乏明确的指向性，很难发挥以评促教的功效。部分语文教师无法转变传统教学方法，加上对新课程理念认识存在偏差，导致实际开展教学评价时，过于注重形式化，无法调动学生的阅读兴趣。

三、阅读教学评价策略的优化

1.构建多元评价体系，明确评价目标

构建学生自评、学生互评、教师评价等多元评价体系。

学生自评。学生是阅读学习活动的主体，引领学生开展自评，可以提升学生的阅读质量及效果。学生的自评需要确定目标、自我监督和反思。学习前期，教师需要重点培养学生的目标意识，让学生清晰地了解到通过阅读学习需要掌握的知识点以及各层面素养需要达到什么程度。学习过程中要综合分析、辨识阅读行为和学习目标是否一致，而后针对性地调整优化。最后综合评价反思，提升阅读能力。

学生互评。在开展阅读学习活动时，我们通过小组互评，使学生在评价自己与他人的同时，加强自我反思，促进自我成长。这是一种共同提升、相互促进的学习方式。学生指出同伴优缺点的过程也可以加强对自我的反思，实现彼此之间的优势互补，共同进步。在阅读教学过程中，教师需要注重强化学生的主体意识，明确阅读评价目标，从而调动学生学习的热情。

教师是阅读教学活动的引领者和组织者，在开展阅读教学评价过程中需全面观察学生的学习过程，不断优化评价策略，观察学生在阅读学习期间遇到的难点，给予及时指导。教师还需树立多元的评价意识，综合性评价阅读教学的质量及效果，监督自己的阅读教学评价是否实现了预期目标，以此为基础对教学计划优化和完善。

在评价环节，学生始终是主体，家庭对培养学生良好的阅读习惯也有着积极作用。家校共育，有利于促进阅读教学的发展。

2. 立足多维评价，发挥评价功能

立足语文学科素养，建立多维评价，包括对阅读能力（理解运用能力、概括分析能力、审美鉴赏能力等）、语文学科素养（听说读写）、综合素养（人文素养、科学素养等）、阅读兴趣、阅读品质、阅读效率、阅读水平，阅读质量等评价。形成有效的语文阅读素养评价的方法包括发展性评价、成长记录袋评价、单元形成性评价、期中诊断性评价、期末综合性评价、课堂评价、日常作业评价、游戏活动评价、表现性评价等。

尤其要注重表现性评价，评估阅读学习状态。以《红楼梦》整本书阅读表现性评价为例，我们可以通过绘制人物关系图、制作明信片、读书札记等方法评估学生阅读效果。学生在阅读学习过程中会结合多种学习方式，教师需及时点评学生学习过程中所采取的学习方法，以促进阅读学习。

3. 根据学情，清晰界定评价标准

阅读教学评价标准的设定需立足高中生的阅读学习情况和发展规律。开展阅读教学，需要全面了解学生在多个层面的表现，针对性调整和优化教学目标和策略。这恰能体现出评价标准的层次性，要求教师在学生阅读学习过程中设置评价性问题，结合学生的发展水平把问题细分成阶段性的小问题，引领学生逐步探索和实践，强化和锻炼学生的阅读思维及逻辑拓展能力。

阅读教学评价标准需清晰界定，保持与目标的一致性。评价标准要细化，方便操作。实施阅读教学评价，有四点需要注意：一是在设计教学方案时，要同步构思教学目标、评价任务和标准；二是在实施教学方案时，要将课堂评价与教学活动融合，为学而教，教评一体；三是在学生完成某个学习任务后，要组织学生对照评价标准，研判学习成果的得失，找到不足的原因，获得解决问题的方法和路径；四是要为学生提供足够的时间和空间，促进学习的改进和完善，最终实现教学目标。

　　"评价促进学习"是教育评价改革重要的理念转变，要求注重提高学生的自我评价、自我反思能力，引导学生合理运用评价结果改进学习。这标志着教育评价从"对学习的评价"转向"为学习的评价"和"作为学习的评价"。阅读教学评价是阅读教学的核心组成部分，其在阅读教学过程中发挥着导向、激励、评估、调控的作用，有利于教师和学生适时调整与完善教学状态，切实提升高中语文阅读教学的质量。

第四节　如何开展基于教学评一体化视角的阅读教学活动

　　"教学评一体化"的教学理念要如何在阅读教学实践层面有效实施呢？

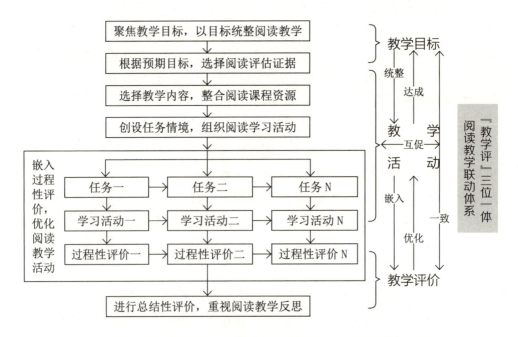

基于教学评一体化视角的高中语文阅读教学实施的六级路径框架图

一、聚焦教学目标，以目标统整阅读教学

实施"教学评一体化"阅读教学的第一步即师生共同制订目标。这一目标既是学生的学习目标，也是教师教学的目标。崔允漷教授指出"没有清晰的目标，就没有明确的依据来处理教材和选择方法，也就没有标准来评价学生到底学会了什么。"①在教学实施过程中，教学目标起到了统帅作用。具体清晰的教学目标使整个教学过程更为明晰，也能将阅读教学导向深入。然而在实践中，教学目标的设置常常被忽视。合理设置教学目标，以目标统整阅读教学显得十分必要。我们应该紧扣新课标，依据核心素养、学业质量水平、学习任务群设计目标：

1.聚焦核心素养，落实质量标准

紧扣新课标培育阅读素养的总目标，以语言建构与运用、思维发展与提升、审美鉴赏与创造、文化传承与理解四大素养为本位，以学业质量水平为标准，分解阅读课程学段、学期目标。实施"教学评一体化"最终是为了提升学生的核心素养，因而在设计教学目标时应关注核心素养的达成。新课标中强调"以任务为导向，以学习项目为载体，整合学习情境、学习内容、学习方法和学习资源，引导学生在运用语言的过程中提升语文素养"②。这启示我们在设计教学目标时应当充分体现核心素养的要求，落实新课程质量标准。以往的课标分析只是对课标的简单摘录，而"教学评一体化"的课标分析要求对课标进行分解。

2.提炼单元主题，设计单元目标

部编教材创新设计，围绕人文主题与学习任务群双线组织单元结构，强化语文学习的综合性和实践性，共有二十八个单元主题。基于单元主题，设计单元目标，目标要可观、可测、可评。

单元教学目标既要体现素养目标和质量标准要求，还应当能够细化为任务学习目标，以目标导引教学活动。教师只有立足教材，充分挖掘单元的内涵价值，才能设计出合适的阅读教学目标，统整单元教学。以必修上册为例：③

---

① 崔允漷，夏雪梅. "教－学－评一致性"：意义与含义 [J]. 中小学管理，2013(01): 4-6.

② 中华人民共和国教育部. 普通高中语文课程标准（2017年版2020年修订）[M]. 北京：人民教育出版社，2020: 8.

③ 普通高中教科书教师教学用书语文必修上册 [M]. 北京：人民教育出版社，2019.

单元	人文主题与学习任务群	单元目标
第一单元	"青春激扬""文学阅读与写作"	感受革命领袖的伟大抱负，激发青春热情； 体会诗歌和小说独特魅力； 从语言、形象、情感特点等不同角度欣赏作品； 结合本单元诗作的学习，尝试诗歌写作
第二单元	"劳动光荣""实用性阅读与交流"	学习优秀劳动者的杰出事迹，感受劳动精神； 学习通讯报道，学会准确把握新闻信息； 学习新闻评论，理解评论直面现实，有的放矢的特点； 鉴赏表现劳动生活的古代诗歌，体会劳动之美
第三单元	"生命诗意""文学阅读与写作"	认识古诗词的当代价值，增强文化自信； 感受诗歌意境之美，独立欣赏诗歌独特的艺术魅力； 知人论世、以意逆志，理解诗人精神境界； 学写文学短评
第四单元	"我们的家园""当代文化参与"	思考家乡文化生活与自我成长的关系，形成参与当代文化的意识，培养家国情怀； 掌握有关访谈的基本知识、方法、程序、技巧等； 形成专题研究意识，学习调查报告
第五单元	"乡土中国""整本书阅读与研讨"	阅读《乡土中国》全书，了解中国乡土社会的特点； 理解书中概念，厘清本书的知识体系； 以书中理论和分析方法，认识当下乡村社会的巨大变迁； 掌握学术类整本书的阅读方法
第六单元	"学习之道""思辨性阅读与表达"	学习富有思辨色彩的古今中外文本，形成正确的学习观； 学习有针对性地表达观点的方法； 把握说理的逻辑思路，提升理性思维水平； 学习文本论述方法，学会阐述自己的观点
第七单元	"自然情怀""文学阅读与写作"	学习写景抒情散文，激发对自然的珍爱之心； 分析和把握文章观察景物的角度和表现景物的艺术手法； 反复诵读，感受作品的语言之美； 学写写景抒情的散文

3. 依托学习任务群，细化学习目标

部编高中语文教材包括必修两册，覆盖七个学习任务群，以"学习任务"结构单元；选择性必修三册，覆盖九个学习任务群，以"研习任务"结构单元，成进阶式。对"初步领悟""提高欣赏品位"一类难以测量的目标我们要细化，这些表述难以直接用于评价学习情况。我们要基于所属任务群、学情和教材内容，进一步细化单元学习目标及学习任务。

阅读学习目标集学习、教学、评估三大功能于一体，是课堂教学的灵魂所在。反观当前的教学设计，学习目标存在很大问题。一是学习目标的确立依据不足。课程标准和学情是制订学习目标的重要依据，目前的教学设计中目标的叙写存在课标分解不到位、学情分析笼统模糊的情况，既难基于课标，又对学情把握不准，目标的叙写只是依据经验。二是学习目标叙写不够专业，出现错误较多。不论是围绕语文核心素养叙写教学目标，还是围绕单元教学叙写目标，学习目标的叙写应是清晰具体、可测量，要清楚传达"学生学什么""学到何种程度"。语文教师要有分解目标和叙述目标的能力，撰写目标需要懂得目标呈现的基本原则：目标实现的行为主体是学生；主体者行为表述要切合语文能力的恰当表述；目标实现内涵要可量化、可持续。二是学情分析要量化，在上课之前对学生的已有知识水平进行测验，精确地了解学生的学习起点。

二、根据预期目标，选择阅读评估证据

基于教学评一体化视角的阅读教学，在实施前就要对预期目标进行预估和设定。设计教学目标时要构思评价任务和标准，设计何时评、谁来评、如何评，并与其他教学活动整体布局，使得教学评形成联动。

传统的阅读教学设计，目标的设定是基于课程或教材中的相关内容，指向的是输入端。基于教学评一体化视角的教学设计，将目标转向输出端，是基于学生学业的完成程度。"完成程度"的核心是"理解"，体现的是学生有能力转化所学知识，并能够进行迁移与应用。教师应在教学伊始明确指出学习的最终结果，即学生在课堂教学结束时应该知道什么，掌握什么，能做什么，以及程度如何。教师应从知识维度、认知维度和难度维度三个层面对学习的结果进行明确设定。部分教师有一定的目标意识，但随着课堂的进行，可能控制不住课堂的生成，目标意识逐渐淡化，因而造成教、学、评活动逐渐脱离目标。所以在明确教学目标后，我们要选择阅读评估证据，即表现性的核心任务，以终为始，以评估证据驱动阅读学习活动。

根据"逆向设计"理论，在确定学习项目和活动任务环节后，评价学生在学习任务中的真实表现。评价先行，使活动任务更具真实性、可操作性，教学过程可测可视。在进行学情前测的同时，逆推学习目标达成需要的条件，从而制定具体明晰的评价量表。根据学生的差异会有不同的评价标准，列出评价细则，

有助于不同学生明确任务活动中实践的目标和方向。分析真实学情，逆推达成预期阅读学习目标需要的条件，制定明晰的评价方案，选择适当的评估证据，以评价学生在阅读学习中的真实表现。

以部编教材必修上第二单元"走进新闻人物，感受劳动精神"为例，我们将单元学习活动定为"评选最美劳动者，拟写颁奖词"。设计评价量表如下：

类别	一等(20～16分)	二等(15～11分)	三等(10～6分)	四等(5～0分)	得分
评选标准拟写	语言流畅，用词精准，逻辑缜密，标准清晰	语言流畅，用词准确，逻辑清楚，标准清晰	语言较通顺，用词自然，逻辑较清楚，标准较清晰	语言不通顺，用词直白，逻辑混乱，标准不清晰	
候选人宣传	对人物的主要事迹概括精准全面，有典型细节，感想有启发性	对人物的主要事迹概括准确，有细节，感想真实	引述课文相关语句，能针对人物的主要事迹进行适当的概括，有细节，有感想	只是简单堆砌课文语句，没有针对人物的主要事迹进行概括，无细节，无感想	
评论员点评	对人物的评论有个人独特的见解、观点，评论语句文采斐然，采用了多种评论方法	对人物评论观点明确，语言表达流畅自然，结合了两种以上的评论方法	对人物评论观点明确，语言表达不够精练，采用了简单的评论方法	对人物评论观点不鲜明，只是泛泛而谈，语言表达平淡无华，未采用必要的评论方法	
颁奖词设计	能用恰当的关键词概括人物形象、事迹，语言简洁精练，句式灵活，修辞手法运用娴熟	能准确概括人物形象、事迹，语言生动形象，语句连贯得体，能灵活使用多种修辞手法	能够概括人物形象、事迹，语言朴实自然，语句通顺得体，修辞手法运用得当	简单罗列人物形象、事迹，概括不准确，语言平淡直白，语句缺少逻辑性，修辞手法残缺或运用不当	
模拟颁奖表达	可脱稿，表达准确流畅，感情饱满，仪态大方，有现场感	可脱稿或念稿，表达准确流畅，感情真实，仪态自然，有现场感	念稿，表达准确欠流利，感情真实，仪态较自然，略有现场感	念稿，表达机械，感情欠缺，仪态拘谨，无现场感	
总分（满分100分）					
说明：学生单元学习总分60分以上为达标，可以得到0.5学分。					

该评价量规对本单元阅读学习活动的表现水平做出不同层级的描述，为教师的评价和学生的学习指明了方向。适配的评估让学生知道"我现在在哪里""我要去哪里"的问题。适配的评估包含两个方面：一是针对性评价方式，针对学习的基本情况。二是科学的评价标准，包含基于群体均数的传统纸笔评价的常模参照和基于量规的具有指导学习作用的标准参照。虽然制定评价标准和开发表现性评价量表等评价工具一开始会很难，但从长远考虑，不仅可以提高教师的教学质量，而且有利于促进学生的学习。

三、选择教学内容，整合阅读课程资源

①根据预期目标和评估证据，合理选择阅读学习内容。

阅读学习内容包括诸如概括赏析、评判等阅读能力，朗读、默读等阅读途径，精读、略读和浏览等阅读方式，摘录、提要、评析等阅读方法。教师对学生进行阅读素养评价，不只是在阅读积累、阅读体验、阅读审美、阅读成果分享这几个方面，还要注意情感教育和心理因素，以促进学生各方面的发展。

②根据教学内容，整合阅读课程资源。

一是整合课内和课外资源。除了课内资源，要拓展课外资源，给学生以丰富的视野与阅读学习进阶的支架。包括补充相关的阅读资料、影视资料、学习工具等，拓展学生视野，使学习内容更丰厚。二是整合线上线下课程资源，搭建学习支架。围绕学习任务，利用互联网获取相关信息，更加高效地完成阅读学习任务。并培养学生主动搜寻相关材料，进行自主探究学习的习惯和能力。

四、创设任务情境，组织阅读学习活动

围绕"情境、任务、问题"三要素组织自主合作探究的阅读学习活动：

①创设真实阅读情境，设计作用于学生发展的问题链式学习项目。

新课程鼓励创设真实情境，重塑学习空间。新课标指出："语文学科核心素养是学生在积极的语言实践活动中积累与构建起来，并在真实的语言运用情境中表现出来的语言能力及其品质。"[1] 真实情境指的是具体的语言文字运用环

---

[1] 中华人民共和国教育部. 普通高中语文课程标准（2017年版2020年修订）[M]. 北京：人民教育出版社，2020: 8.

境，包括个人体验情境、社会生活情境和学科认知情境。[①] 王宁教授认为："真实指的是这种语境对学生而言是真实的，是他们在继续学习和今后生活中能够遇到的，也就是能引起他们联想，启发他们往下思考，从而在这个思考过程中获得需要的方法，积累必要的资源，丰富语言文字运用的经验。"[②]

以必修上第二单元"走进新闻人物，感受劳动精神"为例，创设情境——我们将举办以"劳动光荣"为主题的表彰大会，设计了四个子任务分别是"评选最美劳动者，拟写候选者宣传""向时代楷模学习，设计颁奖词""探究劳动精神，模拟现场颁奖""为新时代劳动者撰写新闻稿"。四个任务有机关联，将三篇人物通讯整合到同一个生动有趣的学习项目中，有利于调动学生的学习积极性，在具体真实的情境中学习实现了素养的提升，认识劳动的价值和意义，树立新时代的劳动观念。

②围绕阅读学习项目，开展以学生为中心、自主合作探究的深度阅读学习活动。

以项目化学习的形式整合学习活动，将学生置于真实的问题情境，以任务为驱动，以项目为依托，在合作探究中完成学习任务，从而提升多元能力。

以"走进新闻人物，感受劳动精神"的学习任务为例，我们设计任务活动举行一次以"劳动光荣"为主题表彰大会，向时代楷模袁隆平、张秉贵、钟扬致敬，请作为主持人的你为他们写一则颁奖词。

这一情境设计结合了新教材读写结合的特点，将颁奖词的知识要点和写作能力融入情境活动中。颁奖词应该包括人物的典型事迹、精神品质、价值贡献、礼赞等要素。学生在活动中掌握了相关知识，实现了阅读学习目标。

五、嵌入过程性评价，优化阅读教学活动

将过程性评价（包括阅读学习情境中的观察对话、随机评述、互动式激励式评价、随堂测验等）嵌入阅读教学全过程，对过程性评价及时反馈，包括学习目标的达成、个体学习情况、小组合作学习情况等，以促进教师优化阅读教

---

① 王宁，巢宗祺. 普通高中语文课程标准（2017 年版）解读 [M]. 北京：高等教育出版社，2018：197.

② 《语文建设》编辑部. 语文学习任务群的"是"与"非"——北京师范大学王宁教授访谈 [J]. 语文建设，2019(01)：4-7.

学活动，学生改善阅读学习活动，双方形成深度互动。教学情境中的随机评述，随课堂教学生成，有利于及时调整阅读教学活动。教学过程中的测验作业主要目的在于引起学生的思考。成果展示主要为了记录学生努力学习的成果，增强学生自信心和学习兴趣。

我们要让"评"成为推动"教学评一体化"阅读教学的关键。将课堂评价与教学活动融合，以评促教，以评导学。在完成某个阶段的学习任务后，组织学生对照评价标准，进行自我测评、生生互评、教师点评，找到问题和解决方法，调整学习，最终实现教学目标。课后教师也需对评价过程、评价结果进行分析，以促进学习方法的优化。就某种程度而言，评价即教学指导。本质上说，指导的目的在于缩短学生"所在之处"和"要去之处"的距离，缩小当下所得与成功标准之间的差距。

最后，形成输入—建构—输出—反馈的过程，让教学评相互连接。利用评价将教学与学习联结，需要课堂评价介入教学。相较于终结性评价，课堂评价作为表现性评价的一种，具有及时反馈的作用。在完成学习任务后，课堂评价可以及时考查学生的学习结果，反思教学策略。

六、进行总结性评价，重视阅读教学反思

进行总结性评价包括读书会、阅读随笔等展示性评价和纸笔测验（含高考）等选拔性评价。

①建立多元评价主体，结合多种方式评价。

新课标要求"发挥语文课程评价的多种功能，尤其应注意发挥其诊断、反馈和激励的功能，有效地促进学生的发展"[①]。评价的主体应该是多元的，包括老师、学生、家长的评价共同体。评价方式应该是多样的。既可以是读书会、辩论赛、舞台剧等展示性评价，也可以是纸笔测验等评价。评价以培育学生核心素养，促进学生终身成长为目标，不应局限于识记类知识的考查，可重点考查对作品的理解鉴赏。可借鉴国际阅读评价方法，提出适合学生实际的阅读素养的发展性评价方法，关注学生人格的全面发展。我们还可以为每位学生建立一个阅读档案袋，专门收纳阅读活动中的各种阶段性成果，如读书笔记、读后

---

① 中华人民共和国教育部. 普通高中语文课程标准（2017 年版 2020 年修订）[M]. 北京：人民教育出版社，2020: 44.

感等，并对学习效果进行评价，做好记录。档案袋可以伴随学生阅读学习生涯，见证学生成长。不论采取何种形式进行评价，师生之间更应该共同讨论、制定评价标准。

②重视阅读教学反思，总结阅读教学经验。

教师要重视阅读教学后的反思，如学习任务是否完成、质量如何、问题及其根源何在。要对此做出准确诊断必须有据可依，而与教学目标和学习任务相对应的评价标准便是最客观、最可靠的依据。教师还要及时总结阅读教学经验，以指导日后的教学。

③真正实现教学考一致，促进阅读教学发展。

考试作为教学评价的重要手段之一，对提升阅读教学质量至关重要。在阅读教学实践中，常常存在教、学、考不一致的问题，既影响了教师阅读教学的方向，也影响了学生阅读学习的积极性。尤其是高考作为重要的选拔性考试，对教学有指挥棒作用。

"教学评一体化"要求教师不仅要知道教什么、怎么教，还要知道为什么教和如何评，使评价不再凌驾于教学之上或游离于教学之外，而是嵌于教学之中，使教什么、怎么教，学什么、怎么学，以及评什么、怎么评体现出高度的一致性。让评价成为教学的有机组成部分，与素养导向的教学目标和服务于目标的学习活动紧密联结，发挥学生的主观能动性，引导学生成为各类评价活动的设计者、参与者和合作者，自觉运用评价结果改进学习。在素养导向的教学中，如果学生的学习主体性没有得到发挥，素养的养成是不太可能的。如何让学生运用评价结果来促进学习？首先，不仅教师要为学生提供评价结果反馈，学生自己和同伴也应是评价结果反馈的提供者。其次，评价结果反馈要及时，并且要给予学生吸收、运用的时间。最后，评价结果要有可操作性，学生收到的评价结果必须是学生能理解、能用来改进的。如果我们反馈给学生的评价结果是貌似精确的分数，而不是提供具体的描述性信息——描述其表现与目标的距离，那么这些反馈往往无法被学生用来改进学习，甚至有时候会带来负面作用。单元学习任务往往融合了多种测评形式，走出了单一评价的狭小圈子，适应时代的发展需求，更是课标育人理念的体现。

课例 基于教学评一体化视角的单元阅读教学设计示例

展多样文化，促文明共鉴

——部编高中语文教材选择性必修上第三单元教学设计

白帆文学社拟策划举办"展多样文化，促文明共鉴"的外国文学微型展览，通过"设计海报，展作品概貌""深入研读，设人物雕像""文学创作，架读写桥梁"三个课段整合本单元的作家作品，开展整本书阅读与鉴赏、表达与交流、梳理与探究等语文实践活动，采取自主合作探究的学习方式，嵌入过程性评价以促进教学活动的实施，实现"教学评一体化"，引导学生关注了解多样文化，全面提升阅读鉴赏能力。

【单元教学设计解读】

部编高中语文教材选择性必修上册第三单元对应"外国作家作品研习"任务群，并涉及"整本书阅读与研讨""文学阅读与写作""跨文化专题研讨"多个任务群。选编的四篇来自不同国家的小说，展示了不同国家和民族不同时期的社会文化风貌和多样化文学风格，无论是主题内容、叙事手法、语言风格，都呈现出独特的艺术成就，具有较高的文学史地位和世界影响力。

本单元以"多样的文化"为人文主题，共收入四篇节选的不同流派的外国小说。《大卫·科波菲尔》选自第十一章"独自谋生"，讲述的是主人公大卫做童工的经历以及与房东米考伯夫妇的交往，再现了十九世纪伦敦社会生活的实景；《复活》刻画了主人公聂赫留朵夫与玛丝洛娃重逢，一步步实现精神复活的心路历程；《百年孤独》描写的是随着商道开通，马孔多这个小镇受到的外界冲击，用魔幻现实主义的手法再现了拉美的孤独与抗争；《老人与海》塑造了"硬汉"桑地亚哥，揭示了可贵的"人可以被毁灭，但不可以被打败"的永不言弃的精神。通过学习这些文学作品，学生可以窥见欧洲、拉丁美洲以及美国文学的面貌，从而达成"了解若干国家和民族不同时期的社会文化面貌，感受人类世界的丰富"[①]的语文课程目标，增进对人生的思考。

---

① 中华人民共和国教育部. 普通高中语文课程标准（2017 年版 2020 年修订）[M]. 北京：人民教育出版社，2020：24.

新课标鼓励创设真实情境，重塑学习空间。本单元以白帆文学社策划举办的"展多样文化，促文明共鉴"外国文学微型展览为情境。单元设计围绕以此为基础的专题学习展开。专题分为三个课段，分别对应展览三大板块"设计海报，展作品概貌""深入研读，设人物雕像""文学创作，架读写桥梁"。

第一课段"设计海报，展作品概貌"，旨在引导学生利用寒暑假完成整本书阅读，了解作品概貌，掌握整本书阅读的基本方法，感受不同时代、地域的文学作品呈现的多样文化和社会风貌。

第二课段"深入研读，设人物雕像"，旨在引导学生深入文本，关注作品中塑造的经典文学形象，结合时代背景分析文学形象的经典性和独特意义。引导学生深入研读作品中有关人物的细节描写，探究其文学史意义，以人物雕像这一具体可感的形式呈现学习成果，展现创意。

第三课段"文学创作，架读写桥梁"，着眼于读写结合，鼓励学生通过阅读学习创作方法。首先通过创设个性化文学奖项，评选获奖作品并撰写颁奖词的学习活动，培养学生多角度赏析评价文学作品的能力，增强审美鉴赏能力，提升思维品质。其次通过"小小说"创作评比，锻炼学生的表达能力。

本单元学习的流程：首先，通过阅读整本书，了解其作品概貌，感悟外国作家作品不同的文学风貌。然后从文学形象及意义等角度研读作品，为设计文学人物雕像做好铺垫。最后用设置文学奖项、撰写颁奖词和创作小小说来实现读写融合。采取自主合作探究的学习方式，由浅入深设置教学环节，实时进行学习评价反馈，促进深度阅读学习的发生。

【单元教学目标】

1. 感受小说多样的风格，学习不同流派文学作品的语言风格、叙事手法及艺术特点。

2. 比较不同时期不同地域文学作品在主题内容、表现手法上的区别和联系。

3. 挖掘作品的丰富内涵，把握作品独特的艺术成就，学写文学赏析，尝试创作小小说。

4. 感受作品展示的不同国家和民族的社会文化风情，感受人类文化的差异性和多样性，吸收人类文化的精华。

【课时设置】

课内 12 课时，课外阅读利用寒暑假

【教学流程】

🕐 第一课段：设计海报，展作品概貌

【学习目标】

1. 选择本单元一部作品做整本书阅读，摘录精彩语言并撰写赏析。

2. 初步把握作品的主要内容，探究作品呈现的主题。

3. 感受小说中展现的不同时代地域的社会生活以及呈现的多样文化。

【学习任务】

1. 利用假期阅读整本书，按要求完成一篇读书札记。

2. 利用线上平台学习海报制作，分小组合作设计展览海报。

【课时设置】

4 课时

【学习资源】

《狄更斯传》（彼得阿克罗伊德）、《〈大卫·科波菲尔〉译者序》（宋兆霖）、《浅析〈大卫·科波菲尔〉折射出的 19 世纪英国社会》（徐晨迪）、《托尔斯泰传》（罗曼罗兰）、《列夫·托尔斯泰最后的日子》（茨威格）、《世间最美的坟墓》（茨威格）、《〈复活〉的四重含义》（赵宁）、《八分之七的冰山：海明威传》（弗娜卡莱）、《番石榴飘香》（加西亚马尔克斯、P.A. 门多萨）、《拉丁美洲的孤独——诺贝尔文学奖演讲词》（加西亚马尔克斯）等。

【教学活动】

学习活动一

依据导学案完成包括摘录、心得、评论等形式的读书笔记，记录阅读过程中对作品的感悟与理解。

导学案

名著	《大卫·科波菲尔》	《复活》	《百年孤独》	《老人与海》
导读任务	了解大卫在谋得斯通做工前后的经历，并思考对他成长的影响	了解聂赫留朵夫和玛丝洛娃精神复活的心路历程	了解马孔多小镇的变化历程	了解老人与鲨鱼搏斗前后的故事

续表

名著	《大卫·科波菲尔》	《复活》	《百年孤独》	《老人与海》
学习活动	1. 阅读小说，梳理故事情节，重新拟章节标题，熟悉故事内容，并能简要复述 2. 用自己的方式（思维导图）厘清人物关系	1. 阅读小说，梳理故事情节，熟悉故事发生的场景 2. 通过聂赫留朵夫（玛丝洛娃）口吻重新叙述故事	1. 阅读小说，梳理马孔多的变化 2. 理解人物关系，为布恩迪亚家族绘制族谱	阅读小说，熟悉故事内容，请你选择一种视角（老人的视角、孩子的视角、全知视角）讲述这个故事
阅读时间	高一寒假	高二上学期阅读课	高二下学期阅读课	高二下学期暑假
评价方式	1. 读书笔记 2. 读书汇报会	1. 读书笔记 2. 读书汇报会 3. 舞台剧（选做）	1. 读书笔记 2. 读书汇报会	1. 读书笔记 2. 读书汇报会

【学习评价】

　　阅读小组内成员的读书札记，并依据下表的评价标准，小组推选出优秀的读书札记进行班级展示。

"读书笔记"评价量表

评价内容	一等 （20～16分）	二等 （15～11分）	三等 （10～6分）	四等 （5～0分）
语言表达	语言流畅优美 表达准确生动 书写美观整齐	语言通顺 表达正确 书写较工整	语言基本通顺 表达基本正确 字体清楚	语言不通顺 表达不清楚 字迹难辨
思维能力	观点明确有启发性 多角度辩证看问题 论述严密有力	观点较明确 能从不同角度分析 论证较为严密清晰	观点基本明确 能就一个角度展开思考 偶有评论	观点不明确 仅谈文本本身 没有评论
发展层级	认识深刻 见解独到 材料丰富 使用富有新意	认识较深刻 材料较丰富 使用得当 较有创意	有自己的思考 引用材料支持观点，但部分使用不当（或者缺乏论证过程） 略显创意	呈现初步思考 观点无必要的材料支持 无新意

学习活动二

小组合作制作展览海报，海报将放在展览入口处，用来介绍展览主要作家作品内容。请根据对作品的理解设计海报，介绍作品主要内容和展览亮点。包括创意构思、绘制海报、解说撰写、作品汇报四个步骤。并依据下表的评价标准，评选出最佳展览海报。

"展览海报"评价量表

	一等（20～16分）	二等（15～11分）	三等（10～6分）	四等（5～0分）
主题	契合主题 中心突出 内容充实	切合主题 中心明确 内容较充实	基本契合主题 中心基本明确 内容单薄	偏离主题 中心不明确 内容不当
海报文案	内容形式与主题完美切合 创意新颖独特	内容形式与主题切合 创意较新颖独特	内容形式与主题基本切合 创意平实较符合逻辑	内容形式与主题不切合 创意不合逻辑
画面构图	版面布局合理 整体美观协调 色彩搭配合理	版面布局较合理 整体舒服协调 色彩搭配较合理	版面布局基本合理 整体较协调 色彩搭配欠佳	版面布局不合理 整体不协调 色彩搭配突兀
内涵解读	内涵丰富 解读清晰	内涵较丰富 解读较清晰	内涵单薄 解读基本清晰	缺乏内涵 解读不清晰
PPT 制作及汇报	PPT 制作精美 汇报思路清晰	PPT 制作较精美 汇报思路较清晰	PPT 制作不精美 汇报思路欠清晰	PPT 制作粗糙 汇报思路不清晰

⏱ 第二课段：深入研读，设人物雕像

【学习目标】

1. 研究作品中人物的语言、动作，尤其是心理变化描写对人物塑造的作用，赏析人物语言及叙事技巧。

2. 比较不同作品在主题、艺术手法上的区别和联系，增强文化理解力，发展批判性思维，树立文化自信。

3. 把握小说中人物成长的精神轨迹，分析人物的形象特征及文学意义。

4. 感受小说中展现的不同时代、地域的社会生活，深入探索民族心理。

【学习任务】

从本单元四部作品中选取一个（或一组）人物，设计一尊（或一组）雕像，探寻并讲述雕像背后的故事，布置展览的第二板块。

【课时设置】

4 课时

【学习资源】

必读：《荒诞世界中的无奈人生——海明威〈老人与海〉对世界和人生的独特感悟》（刘建军）、《外国文学经典中的人生智慧》（刘建军）、《孤独是一个永恒的主题——解读马尔克斯的〈百年孤独〉》（昂智慧）、《福斯特：圆形人物和扁形人物（节选）》（E.M. 福斯特）、《狄更斯式的幽默：泪水中的微笑和抒情——〈大卫·科波菲尔〉节选)解读》（孙绍振）、《在人物情感的错位中实现精神复活——读托尔斯泰〈复活〉》（孙绍振）、《她们何以能"复活"——探析〈复活〉中女性形象的塑造》（李卓航）、《永远的胜利者——海明威〈老人与海〉精神内涵分析》（刘红梅）、《爱与死亡——从精神分析理论看〈百年孤独〉中布恩迪亚家族的孤独命运》（周晓燕）、《〈百年孤独〉中的寓言化人物形象分析》（巩云霞）等。

选读：《〈大卫·科波菲尔〉个性化人物语言探析》（鲜娓娓）、《思想的外貌　人物的面孔——〈大卫·科波菲尔〉中的修辞技巧举隅》（邓敏、冯梅）、《〈复活〉的人物形象分析》（高杰）、《〈复活〉人物形象的结构学意义》（季明举）、《〈老人与海〉中的悲剧意识》（许亮琴）、《〈老人与海〉的象征意义及现实解读》（宿桂艳）、《人格心理学视域下奥雷里亚诺·布恩迪亚形象探析》（唐乐、杨婧）、《明修栈道　暗渡陈仓——从〈百年孤独〉的人物主体性看马尔克斯的叙述策略》（于鲸）、《浅析〈百年孤独〉中的人物发展怪圈》（卢娟）、《〈百年孤独〉的文化反思——对乌苏拉这一人物形象的文化分析》（熊冰）、《论〈大卫·科波菲尔〉人物刻画技巧与特征》（杨跃）、《大卫·科波菲尔的性格分析》（朱晓利）、《玛丝洛娃的爱情悲剧与自我救赎》（王枝）、《自我的追寻：聂赫留朵夫形象的原型新释》（杨珍珍）、《解读〈老人与海〉中桑地亚哥的形象》（牛玫）、《从积极人格特质角度探析海明威小说〈老人与海〉中桑地亚哥的性格特征》（张莹莹）、《浅析〈百年孤独〉中典型人物形象及其体现的孤独内涵》（刘舟玲、李丽敏）等。

【教学活动】

学习活动一：设计一尊（或一组）人物雕像。（2课时）

外国文学作品中留下来许多经典的文学现象，有狄更斯笔下的大卫·科波菲尔、米考伯夫妇，有托尔斯泰笔下的玛丝洛娃、聂赫留朵夫，有海明威笔下的桑地亚哥，有加西亚马尔克斯布恩迪亚、乌苏拉……这些都是世界文学画廊中著名的人物形象，有些甚至已成为某一类人物的象征。请从四部作品中选择一个（组）人物，为他/她（们）设计一尊雕像，并从作品原文中选择一句话作为经典语录，附上简要说明（200字左右）。

提示：

（1）设计角度：根据人物身份、外貌、性格、文学意义等考虑雕像服装、动作、材质。

（2）设计说明：包括灵感来源（原作文本）、设计角度等。

【学习评价】

"人文雕像"设计评价量表

类别	一等（20～16分）	二等（15～11分）	三等（10～6分）	四等（5～0分）
人物雕像	形象典型鲜明个性气质突出	形象符合原著个性气质较突出	形象较符合原著个性气质不鲜明	形象典型鲜明毫无个性气质
雕像简介	语录贴合人物简介内蕴丰富	语录较贴合人物简介内蕴充实	语录较符合人物简介内容平实	语录不符合人物简介内容单薄
发展层级	设计新颖独特文字富有表现力	设计有创意文字通顺	设计合理文字较通顺	设计有创意文字苍白

人物雕像介绍语示例：

大卫·科波菲尔："永远不要把你今天可以做的事留到明天做。延宕是偷光阴的贼。抓住他吧！"

童年的你，小小身躯承载了生活的承担；成年的你，有来自周遭的微光照亮。你用善良、坚毅谱写了一曲命运的悲歌，你用人道主义精神打开了希望之门。你珍惜光阴，扼住命运的咽喉，激励了一代代读者，成为他们成长路上的燃灯者。

聂赫留朵夫："对灵魂的千锤百炼，是一个人重生的开端。"

一次偶然重逢，一次精神复活。青年时期的你纯真热忱、朝气蓬勃，进入上流社会后的你在声色虚无的世界里迷失了自我，堕入恶的深渊。再遇玛丝洛娃的你，重新审视内心，人性良知开始苏醒。内心的一次次挣扎，灵魂的一次次熬煎，一次次自我救赎，在道德的复活中，绽放出美丽的人性之花。

桑地亚哥："一个人可以被毁灭，但不能被打败。"

一个人，一苇船，在茫茫大海中，你渺小如浪花；一老翁，一身勇，在波涛汹涌中，你坚定如磐石。人可以被毁灭，但不可以被击败。你是海上的硬汉，是提鱼叉的战士，残酷的现实磨砺英雄品质，乐观与坚韧造就了不屈的灵魂。桑地亚哥，你用行动向我们诠释了什么是永不服输，你用行动捍卫了人类灵魂的尊严。

乌苏拉："生命中曾拥有过的所有灿烂，终究都需要用寂寞偿还。"

你勇于承担起家庭责任，通透智慧，坚毅果敢，以勤劳务实的态度与落后闭塞的生存状态相抗衡，以坚强刚毅的姿态改变着落后民族久存的痼疾和恶习。你是布恩迪亚家族的守护者，用爱温暖身边的每一个人。你传奇的一生见证了家族每一代人循环往复走向孤独的宿命。

学习活动二：讲述雕像背后的故事。（2课时）

请从以下两个任务中选择一项完成，以帮助参观者了解雕像背后的故事。

（1）简述一段作家轶事。

请结合文学作品的背景和作者生平，向参观者解释作者创作这一文学形象的原因（可用视频的方式呈现）。

（2）寻找一个文学物件。

请选择一个与雕像相关的文学物件，并撰写一段说明，向参观者解释文学物件与作品主旨的关系（可用视频的方式呈现）。文学物件包括但不限于：

作品中的意象：《百年孤独》中的小金鱼首饰，《老人与海》中的鲨鱼、大马林鱼、狮子、打满补丁的船帆、鱼骨、旧报纸等。

创作源泉：童年的大卫、马孔多小镇照片、老人与鲨鱼搏斗等。

文学相关衍生品：《复活》的电影海报、《老人与海》明信片等。

⏱ 第三课段：文学创作，架读写桥梁

【学习目标】

1. 学习用基本术语解读作品，丰富学生的阅读策略，提升语文综合能力。

2. 对作品意蕴进行多层面研讨，引导学生关注自我，反思社会，提升思想认识。

3. 感受世界文学史上优秀的小说名家的风格特征，选择喜欢的作品进行文学鉴赏。

4. 感受生活中的"小说元素"，借鉴优秀外国作家作品的创作手法，创作小小说。

【学习任务】

1. 准备展览第三板块的内容——创设外国文学作品特色奖项并撰写颁奖词。

2. 白帆文学社拟举办小小说创作比赛，评选最佳文学创作奖。

【课时设置】

4 课时

【教学活动】

学习活动一：创设外国文学作品特色奖项并撰写颁奖词。（2 课时）

同学们设计的前一板块已经完成，展览的第三板块"文学颁奖"，需要设置至少一个外国文学特色奖项。请你自设奖项，确定获奖作品并撰写颁奖词，说明获奖理由。以下奖项设置仅供参考：

最佳叙述奖：《大卫·科波菲尔》运用双重视角（儿时的"我"，成年的"我"）叠加，既能把读者真切地带入故事情境，体验"我"的喜怒哀乐；又能跳出情境给予往事一种成熟理性的评判，丰富了读者的阅读体验，也突出了"我"的成长。

最佳人物塑造奖：《复活》通过描写心理变化过程展示人物思想的演变。将人物置于特定的矛盾处境中，用内心独白、对话等手法细细展现一个内心矛盾，灵魂痛苦，艰难迈出忏悔第一步的青年贵族心理的转变。

最独特艺术风格奖：《百年孤独》刚一面世即震惊拉丁美洲文坛及整个西班牙语世界，风格独特，既气势恢宏又奇幻诡丽。作者把根植于拉美文化的历史现实和虚幻的表现手法结合在一起，通过夸张象征和虚实交错的艺术笔触来讲述故事，折射了拉丁美洲一个世纪以来风云变幻的历史。

学习活动二：白帆文学社拟举办小小说创作比赛，主题不限，内容积极向上，贴近生活，可借鉴展览作品的风格和写作手法，每篇字数在 1500 字以内。

提示：深化对生活的思考，明确想要表达的人生认识；运用叙事技巧进行创作等。

【学习评价】

小组成员交换写好的作品，听取同学的建议，修改再创作。利用 QQ 群建立学习圈，小组参照下表打分、评点，推选出优秀作品，发表在校刊《白帆》上，并向各级杂志投稿。

小小说创作比赛评价量表

类别	一等（20～16分）	二等（15～11分）	三等（10～6分）	四等（5～0分）
主题立意	主题鲜明 集中深刻 新颖独特	中心明确 内容充实 有创新	基本符合题意 中心基本明确 内容单薄	中心不明 或立意不当 没什么内容
人物形象	形象鲜活 描写生动 刻画细致	形象较鲜活 描写较生动 刻画较细致	形象单薄 描写平实 缺乏细节	现象模糊 描写混乱
情节结构	脉络分明 构思巧妙 跌宕起伏	脉络较清晰 结构完整 情节有波澜	脉络基本清晰 结构基本完整 情节缺少起伏	脉络不清晰 结构不完整
叙事艺术	线索清晰 详略得当 叙事手段丰富	线索较清晰 详略较得当 叙事手段较丰富	线索基本清晰 详略基本得当 能运用叙事手段	线索不清晰 详略不当 缺少叙事手段
语言风格	语言流畅 用词贴切 句式灵活	语言通顺 用词准确 句式得当	语言基本通顺 用词基本准确 句式基本得当	语言不通顺 用词不准确 句式不得当

【单元教学反思】

部编高中语文教材必修上册第三单元归属"外国作家作品研习"任务群，主题是"多样的文化"。本单元核心研习任务主要分为三个部分。一是从外国作家作品和整本书阅读任务群出发，引导学生从感知探究中外社会历史、文化差异的角度阅读鉴赏，习得文学类整本书阅读的方法；二是从文学阅读与写作任务群出发，从小说赏析的角度，学会赏析人物形象等；三是从读写结合的角度，以写作促读，包括读书札记、赏析评论、创作小小说等。在"展多样文化，促文明共鉴"的专题学习中，学生一开始对"文学展"可能没有概念，不知道文学展要陈列什么展品，因而会产生畏难情绪。老师可以补充学习资料，引导学生利用互联网获取信息。还可以给学生提供已有文学展的样例，组织学生参观文学展馆或文学名人故居。本单元写作训练多，利用好作品本身的写作范例，学写文学评论或创作小小说。在整个教学过程中，老师扮演组织者、引导者的角色，提供具体的过程性指导和清晰的评价细则，以评促学，提供适时交流的机会和展示的平台；学生扮演主动者的角色，通过自主合作探究，提升文学鉴赏力和语文核心素养。

课例 欣赏经典剧目，创造舞台生命

——部编高中语文教材必修下册第二单元教学设计

【单元教学设计解读】

部编高中语文教材必修下册第二单元属于"文学阅读与写作"学习任务群，该任务群旨在引导学生学习阅读古今中外诗歌、散文、小说、剧本等不同体裁的优秀文学作品，使学生在感受形象、品味语言、体验情感的过程中提升文学欣赏能力，并尝试文学写作，撰写文学评论，借以提高审美鉴赏和表达交流能力。本单元的人文主题是"良知与悲悯"，意在引导学生理解作品对社会现实的认识和对人生的深切关怀，把握作品的悲剧意蕴，激发同情他人、追求正义、坚守良知的情怀。单元选编了中外文学史上颇负盛名的剧目《窦娥冤》《雷雨》《哈姆莱特》。《窦娥冤》是元代戏剧家关汉卿的代表作，塑造了与黑暗势力不屈斗争的窦娥这一光彩照人的形象。《雷雨》是我国现代戏剧奠基人曹禺按照"三一律"创作的经典剧目，以两个家庭、八个人物、三十年的恩怨为主线，展现了一个带有浓厚封建色彩的资产阶级家庭的悲剧。《哈姆莱特》是世界著名剧作家莎士比亚的代表作，讲述了哈姆莱特为父王向叔叔复仇的故事。根据"单元导语""学习提示""单元学习任务"，本单元意在通过阅读鉴赏、编排演出等活动了解戏剧这一文学体裁，领略悲剧的艺术魅力。通过把握戏剧冲突，分析人物形象，品味动作性和个性化的戏剧语言，理解戏剧的舞台性。基于此，本课以"良知与悲悯"为核心，以单元为活动单位，"戏剧知识普及""台本设计""排演演出"三个学习任务组成，旨在帮助学生提高鉴赏和创造美的能力，提升综合素养。

【单元教学目标】

1. 了解戏剧特点及相关知识，抓住个性化、动作性来赏析人物形象。

2. 把握戏剧的矛盾冲突，分析行为动机，探究作品的艺术魅力。

3. 获得对戏剧表演性的直接体验，理解戏剧的舞台性。

4. 理解戏剧主人公的悲剧命运，探讨悲剧命运发生的深层原因。

【评价标准】

能把握戏剧基本知识：①戏剧定义和分类；②戏剧的要素；③戏剧的特点；④戏剧其他相关概念。

能准确赏析剧本：①用简明的语言概括剧情，找准戏剧冲突；②通过品味个性化、动作性的戏剧语言，分析角色性格；③理解悲剧命运，把握悲剧文学的特征。

能尝试创作台本：①揣摩潜台词，补充表演细节；②根据演出需要，对剧本加工改编；③根据演出需要，准备服装道具，设计舞台灯光等。

能积极体验表演：①根据兴趣和特长选择角色；②对角色有深入的理解和认识；③在表演中不断感受戏剧的舞台性，在合作中获得共同成长的喜悦。

【学习情境】

一年一度的校园文化艺术节即将到来。今年学校以"欣赏经典剧目，创造舞台生命"为活动主题，要求高一年级精选戏剧剧本，积极编排三个节目。高一年级组将以语文必修下册第二单元"良知与悲悯"单元中三篇戏剧为表演素材，请你为活动设计主题方案。

【课时设置】

8课时

【教学流程】

🕐 第一课段：戏剧科普讲堂

学习活动一：校园文化艺术节设立了"戏剧科普讲堂"。

高雅艺术进校园，为了让同学们加深对戏剧知识的了解，湖南省曲艺协会定于本周五在学生活动中心开展戏剧知识科普讲座，作为活动负责人，请你们完成以下任务分工：

（1）运用网络、书籍等查阅资料，了解戏剧文学的基本常识。作为活动参与者，向同学们介绍舞台说明、戏曲角色等戏剧知识。分析传统戏剧和现代戏剧的差异，介绍中外戏剧代表性作品。

（2）布置活动展板：为了普及戏剧知识，增强同学们对戏剧的认识，请你结合本单元作品，选择一幅你最喜爱的戏剧剧照，为它附上解说词。

【知识链接】

1. 戏剧的定义和分类

戏剧是一门综合性舞台表演艺术，它由演员来扮演角色，通过台词、动作、音响等形式在有限的时空内来展现故事情节、揭示矛盾冲突、反映广阔的社会生活。比较常见的戏剧形式有话剧、戏曲、音乐剧、舞剧等。

按照不同的标准，戏剧可以分为不同种类。

按照艺术形式和表现手法：话剧（如《雷雨》）、歌剧（如《白毛女》）、舞剧（如《红色娘子军》）。

按剧情繁简和结构：独幕剧（如《三块钱国币》）、多幕剧（如《雷雨》）。

按题材所反映的时代：历史剧（如《屈原》）、现代剧（如《雷雨》）。

按矛盾冲突的性质：悲剧（如《屈原》）、喜剧（如《威尼斯商人》）、正剧（如《白毛女》）。

2. 戏剧作为一种舞台艺术，包含音乐、舞蹈、文学、美术等多个要素。戏剧的三大要素：舞台说明、戏剧冲突、人物台词。

3. 戏剧的特点：戏剧文本是为了表演而创作出来的，它只有被表演出来才能展现其真正的价值。它的创作受舞台的制约，要适合演出的需要。

4. 戏剧的其他相关概念

（1）戏剧冲突：戏剧冲突主要是通过戏剧语言和动作表现出来。戏剧冲突主要为人与人之间的矛盾冲突、人物内心的矛盾斗争以及人物与环境之间的冲突。戏剧冲突比生活矛盾更强烈、更集中。要把握作品的主题思想，就要理解冲突背后的深层原因。

（2）戏剧语言：包括台词和舞台说明。在戏剧中，人物形象只能通过舞台语言和动作来刻画。所以戏剧语言要显示人物的性格特征并展开冲突，具有高度的个性化。戏剧语言具有五个特点：一是动作性；二是个性表现力；三是抒情性；四是有潜台词；五是动听上口，浅显易懂。

（3）戏剧结构：戏剧结构是指剧作家对人物及人物关系的设定，戏剧冲突的组织设置以及对事件的处理。作家在创造戏剧时，往往是先创造出几个人物，然后再组织人物在有限的时空中去构成复杂的戏剧冲突。戏剧结构的构建具有高度的技巧性，因此分析戏剧的结构艺术有助于提高戏剧鉴赏的能力。

（4）舞台说明：舞台说明是剧本中的一些说明性文字，是帮助导演和演员掌握剧情，为演出提示一些注意点的描述语言。内容包括剧情发生的时间、地点、人物以及场景布置等，对戏剧情节的推动和展开以及人物性格的刻画有一定作用，通过分析舞台说明可以帮助演员掌握剧情。

（5）幕和场：幕，即拉开舞台大幕一次，一幕就是戏剧一个较完整的段落。场，即拉开舞台二道幕一次，它是戏剧中较小的段落。

学习活动二：演绎经典，重塑舞台

高一年级组将在校园文化艺术节上举行经典剧目展演，请各小组根据必修下册第二单元的剧本进行改编，并成立演出组、道具组、媒体组等进行排练，保障公演的顺利进行。

1.阅读课本剧，完成任务清单

利用假期，阅读课本剧，初步了解《窦娥冤》《雷雨》《哈姆莱特》这三部戏剧，厘清人物关系、主要剧情、矛盾冲突等，完成以下学习任务单。

	《窦娥冤》	《雷雨》	《哈姆莱特》
主要人物			
次要人物			
人物关系			
主要剧情			
主要冲突			
印象最深的场景			
阅读疑问			

2.根据兴趣和能力，完成演出分组

戏剧是集合表演、音乐、舞美、造型艺术等表演艺术，是团队协作的成果。学生可根据自身兴趣与能力，选择想要加入的组别，包括演出组、道具组和媒体组。

（1）演出组：学生们可以根据兴趣加入一个剧组（有《窦娥冤》组、《雷雨》组、《哈姆莱特》组），然后各组再推选出一名导演，负责整个戏剧的选角与排演。

（2）道具组：动手能力强的同学可加入道具组，帮助准备服装、演出道具以及场景布置等。

（3）媒体组：擅长表达与交流的同学可以加入媒体组，主要是在戏剧表演完后对演员们进行采访并撰写新闻稿。

3.揣摩人物性格，完成角色分工

精湛的戏剧表演离不开表演者对角色的把握，请同学们选择一位最触动你的角色，为他（她）写一篇"角色分析"。

（目的：帮助学生对剧中主要角色做出合理的定位。）

比如《雷雨》中的鲁侍萍属于外柔内刚的女子，对周朴园爱恨交织。她曾发誓不再走进周家的门。但30年后，鬼使神差又见到了那个"周大少爷"，她在周朴园怀旧之情前不禁有所触动，道出了真实身份，她还向周朴园承诺不把这段隐情告诉鲁贵。鲁侍萍身上存有封建思想和宿命思想，认识不到自己的不幸是僵化腐朽的社会制度造成的，把悲剧归结为命运的安排。她毕竟是刚强的女性，痛惜自己的女儿又走上了老路，对周朴园不再抱任何幻想，她控诉周朴园的罪行，拒绝周朴园的施舍，人物丰富立体。

周朴园，角色极具复杂性。他出身于封建地主家庭，青年时期去德国接受了资产阶级教育，兼具封建主义和资本主义作风，在家是大封建家长，在矿上对工人残酷剥削。他三十年来一直在怀念侍萍，但这种怀念是基于侍萍不会影响他家庭的圆满秩序。当知道站在他面前的鲁妈就是侍萍时，他第一时间感到了威胁。与侍萍谈判结束后，他果断地解雇鲁贵和四凤，通过鲁大海和他的对话，我们感受到周朴园冷酷无情的一面。但周朴园作为一个有血有肉的人，也有着残存的温情。三十多年来，保留着侍萍喜欢的家具、习惯性地关窗户，也会关心儿子，想要与孩子亲近。

4.演员"试镜"，选出各剧组符合角色的演员

演出组的学生以自荐的方式选择角色，若出现多人同时倾心于同一角色的情况，则可采取试镜的方式，选出最佳扮演者。"无人问津"的角色，则可由同学们共同推选决定。在排练过程中，也可能会出现个别演员无法胜任的情况，可内部微调。

附：演员试镜评分表

演员	角色	语言	动作	表情处理	表演	人物理解	打分
分值	25分	15分	15分	15分	15分	15分	
演员1							
演员2							
演员3							

5.写作台本，准备演出

教材节选的是剧本片段，在时间充裕的情况下，为了演出顺畅和表现人物的需要，编剧可以对教材选段进行补充和改写。

台本指专供演出使用的剧本，台本明确了演员上下场时间，顺序、灯光变化，音效设计，舞台布置、道具等要素。排演前，最好能编写一本作为排演依据的演出本。根据角色和场景需要，演出本可以适当补充人物说话的方式、舞台走位、身体姿态、细微动作等。比如《雷雨》中鲁侍萍向周朴园讲述梅姑娘跳河的旧事，周朴园的两次回答：（苦痛）"哦！"和（汗涔涔）"哦！"通过分析舞台说明，会发现周朴园这简单的两个反应蕴含着复杂的心理变化，具体表演中如何诠释需要演员反复揣摩。教师可选择其中的一段带领学生逐句鉴赏，了解演出本是如何在剧作的基础上处理的。然后，教师带领学生尝试着对一小段对话进行改编练习。

学习任务（任选其一）：

（1）请你归纳台本写作的基本要素，并对演出剧本进行台本写作。

（2）请你认真品读本单元三篇文章的"舞台说明"，写一份舞台说明书。

（3）戏剧的语言富有个性，又富有动作性，还有丰富的意蕴（潜台词），请以"台词的背后"为主题，选择你喜欢的戏剧台词进行赏析。

教学目的：深入体验戏剧语言、舞台说明等戏剧要素，抓住戏剧文体特点，设计能提升学生审美鉴赏能力的活动。通过写作台本，我们把原剧本对氛围基调的描述转化为可操作、可实践的内容。例如在演出中加入低沉的背景音乐，或者引入旁白为观众营造身临其境之感。台本由集体讨论创作。首先由演员们各自分析揣摩台词，结合角色性格并加入个性化理解，为角色设计出最合适的表演方式（以批注的形式记录人物说话的方式、舞台走位、身体姿态、细微动作等）；由道具组对舞台布置、灯光设计以及服装安排等加以详细的补充说明。然后由各组导演将其整合，在小组内分析讨论。最后教师给予指导，形成初步的台本（《窦娥冤》因其戏曲唱白的专业性，学生们可以根据实际情况将其改为白话文形式）。提供相应视频资料，供各小组观摩学习。

6.指导排练，完成演出

将学生分成《窦娥冤》《雷雨》《哈姆莱特》三个剧组进行排练，由导演组进行编排，老师加以指导。

（1）精心排练，反复揣摩角色

学生要演好一个角色，要懂得对人物的个性化、动作化的语言进行揣摩。从以下几个方面把握角色：

①理解富有动作性的语言。

如《雷雨》中周朴园见到侍萍时的一连串发问：

（抬起头来）周朴园："你姓什么？"

（忽然立起）周朴园："你是谁？"

（徐徐立起）周朴园："哦，你，你是——？"

（看向周朴园）侍萍：我是从前伺候过老爷的下人。

周朴园：哦，侍萍？（低声）是你？

鲁侍萍：你自然想不到，侍萍的相貌有一天也会老得连你都不认识了。

（周朴园不觉地望望柜上的相片，又望侍萍。半晌。）

周朴园：（忽然严厉地）你来干什么？

侍萍：不是我要来的。

周朴园：谁指使你来的？

鲁侍萍：（悲愤）命，不公平的命指使我来的！

【敷衍】→【疑惑】→【警觉】→【惊惧】→【严厉】

周朴园四次问鲁侍萍的身份，每一次的动作、姿态、问法都不同，而这样的不同显示出周朴园逐渐紧张的内心。教师应提醒表演者注意揣摩人物感情变化，做到情感上的节制，不要一味地用大声表达愤怒。

②分析语言的个性化。

如《雷雨》：

鲁大海：好，好。（切齿）你的手段我早明白，只要你能弄钱，你什么都做得出来。你叫警察杀了矿上许多工人，你还——

周朴园：你胡说！

鲁侍萍（至大海前）：走吧，别说了。

鲁大海：哼，你的来历我都知道，你从前在哈尔滨包修江桥，故意叫江堤出险，——

周朴园（厉声）：下去！

仆人们（拉大海）：走！走！

……

明确：周朴园严厉而不容反驳，鲁大海鲁莽直接，鲁侍萍则是内敛平缓。

③探究人物在不同身份下语言的变化

朴园有着多重身份——"父""夫""董事长"，而他的人物语言也随着面对的人、事变化。揣摩戏剧语言，就要分析人物在动作性、性格化的语言下复杂的心理变化。

④揣摩人物潜台词，体会言外之意。

鲁侍萍（大哭）：这真是一群强盗！（走至周萍面前）你是萍，……凭——凭什么打我的儿子？

周萍：你是谁？

鲁侍萍：我是你的——你打的这个人的妈。

（2）注重表现人物之间的互动

借此体现人物的性格特点与相互关系。在一场戏中，有时候登场人物并不多，往往只有一两个，有时候登场人物比较多，表演者要厘清人物之间的关系和矛盾冲突，促使这些人物在戏中始终处于互动状态，让戏真正"活"起来。

学生通过观看经典戏剧、研读剧本角色、反复排练，做好公演的充分准备，在此期间其他同学需要给予演出建议并负责演出的宣传工作，设计宣传语或者宣传海报，负责统筹工作。在校园艺术节之际，演出在学校学生活动中心正式进行。本场演出可以邀请老师、家长作为特邀观众，邀请有时间的科任老师或者其他班的语文老师做评委。

此次表演由教师组成的专业评委与学生组成的大众评委共同打分，分数为十分制，精确到小数点后两位。大众评委分为基础分，专业评委分为附加分，最后分数的总和即为该项的最后得分。奖项设置分为："最佳女演员""最佳男演员""最佳女配角""最佳男配角""最佳编剧""最佳导演""最佳场务"七个奖项。演出结束后，由特邀家长颁发奖状。

表演评价量表

评价项目	评价指标	分值	专业评分	大众评分	总分
角色塑造	1. 台词吐字清晰干练，融入人物感情 2. 能够配合语言，做出符合人物形象的动作 3. 面部表情随着角色的心情而变化，可以传递出情感，引起共鸣 4. 人物形象塑造贴合剧本形象，丰满立体，将角色情感表现得淋漓尽致	7～10分			
	1. 台词吐字较清晰干练 2. 动作较符合人物形象 3. 有一定的面部表情 4. 能运用语言、动作、表情等塑造人物，但是缺乏表现力	4～6分			
	1. 能运用语言、动作、表情等塑造人物，但是缺乏表现力 2. 无法通过言行进行有效沟通表演	1～3分			
角色动机	1. 对戏剧的矛盾冲突理解充分 2. 角色动机明确 3. 舞台动作恰当反映人物动机	7～10分			
	1. 对戏剧矛盾冲突理解较到位 2. 行动表现和角色动机有一些不一致的地方	4～6分			
	角色行动和目标无法辨识，机械地背台词	1～3分			
专注与投入	在戏剧表演中保持百分之百的专注和投入	7～10分			
	能在某些情节演绎中呈现专注和投入	4～6分			
	无法持续投入演出	1～3分			
演员合作	能很好地与其他演员互动，演好对手戏	7～10分			
	能较好地与其他演员互动	4～6分			
	不能与其他演员配合	1～3分			

最佳导演评价量表

评价指标	分值	专业评分	大众评分	总分
1. 剧目完成度高，极大还原剧本场景 2. 演员塑造的人物贴合原作 3. 剧目表演环节流畅，场景转换自然高效 4. 整场剧目展现的表演效果具有感染力	7～10分			
1. 剧目完成度较高，较大还原剧本场景 2. 演员塑造的人物较贴合原作 3. 剧目表演环节较流畅，场景转换较自然 4. 整场剧目展现的表演效果较具有感染力	4～6分			
1. 没有完成剧目表演 2. 演员塑造 3. 剧目表演环节流畅，场景转换突兀 4. 整场剧目展现的表演效果	1～3分			

最佳编剧评价量表

评价指标	分值	专业评分	大众评分	总分
1. 剧本完成度高，极大还原了场景 2. 剧本情节改编有效，有利于冲突展开 3. 人物改编鲜活，具有感染力 4. 能引起观众感同身受，具有美感的体验	7～10分			
1. 剧本完成度一般，基本能还原场景 2. 剧本情节改编较符合情节发展 3. 人物改编合理，具有感染力 4. 能引起观众共鸣	4～6分			
1. 剧本完成度低 2. 剧本情节改编突兀 3. 人物改编不真实 4. 观众审美体验感差	1～3分			

最佳场务

评价指标	分值	专业评分	大众评分	总分
1. 服装符合角色 2. 化妆符合人物身份 3. 道具符合环境场景 4. 灯光和音效符合氛围创设	7～10分			
1. 服装较符合角色 2. 化妆较符合人物身份 3. 道具较符合环境场景 4. 灯光和音效较符合氛围创设	4～6分			
1. 服装不符合角色设定 2. 化妆不符合人物身份 3. 道具不符合环境场景 4. 灯光和音效不符合氛围创设	1～3分			

学习活动三：模拟谢幕发布会

请观看的同学化身记者采访导演和演出人员，模拟谢幕的发布会。设置主创团队（导演和演员）发言、记者采访和观众互动三个环节，由两名学生主持负责发布会的流程。

准备工作：通过多种途径了解戏剧鉴赏，导演和编剧可以讲述自己改编剧本的心路历程，演员们可以讲讲对角色人物不断加深认识的过程，有哪些特别的表演细节设计。

而观看戏剧表演的观众或者扮演记者的同学们，可以就自己在观看戏剧表演时产生的困惑提出疑问。比如，周朴园对鲁侍萍有感情吗？通过表演者与提问者的交流，让学生更直观地感知人物形象。记者也可以就演员的表演、道具的使用、音乐音效的适配发表自己的见解，通过观点的交流使同学们更多地了解戏剧这一门表演艺术。发布会结束后，扮演记者的同学可以写一篇新闻稿，扮演观众的同学可以写一篇观剧心得，而演员们也可以写演戏体会。

1. 演员谈心路历程。

（1）演员是如何揣摩这个角色的？演员用何种方法呈现角色的内心活动？你最得意的设计是什么？

（2）演员之间互评，谈谈最想成为哪个角色或最想拥有哪个角色的性格及原因。

2.记者提问示例

（1）单独戏剧提问示例

①提问周萍扮演者：如果周萍与四凤成功出走，你认为周萍会成为下一个周朴园吗？

②提问周朴园扮演者：如何看待与繁漪的关系？

③提问蔡婆扮演者：如果没有遇见张驴儿父子，窦娥的悲剧还会上演吗？

④提问监斩官扮演者：你见到血溅、飞霜时是什么想法？

⑤提问哈姆莱特扮演者：如果有一次重来的机会，你复仇会更果断吗？

⑥提问克劳狄斯扮演者：面对哈姆莱特的疯言疯语，你的心理是什么？

（2）戏剧联动提问示例

①提问窦娥扮演者：你觉得《雷雨》中的鲁侍萍和你扮演的人物有什么异同？（鲁侍萍扮演者也可回答）

②提问哈姆莱特扮演者：《雷雨》中的周萍是个懦弱的人，这个和你扮演的角色有点像，你觉得你们的软弱有啥区别？（周萍扮演者也可回答）

现场观众互动。

主持人总结，并颁发"最佳女演员""最佳男演员""最佳女配角""最佳男配角""最佳编剧""最佳导演""最佳场务"等奖项。

小记者对本次活动进行相关报道，并撰写新闻稿。

【单元教学反思】

部编高中语文教材必修下册第二单元归属"文学阅读与写作"学习任务群，主题是"良知与悲悯"。单元"导语"写道："学习本单元，通过阅读鉴赏、编排演出等活动深入理解戏剧作品，把握其悲剧意蕴，激发心中的良知与悲悯情怀。要初步认识传统戏曲和现代戏剧的基本特征；欣赏剧作家设计冲突、安排情节、塑造人物的艺术手法，体会戏剧语言的动作性和个性化；还要理解悲剧作品的风格特征，欣赏作者的独特艺术创造。"[①] 戏剧作品最能体现文体特色的环节的就是舞台演绎，所以设计了校园艺术节这个情境，让学生组成三个小剧组，自编自导自演，揣摩角色语气、感受人物情绪，以剧中视角走进剧本世界，体会剧情的跌宕起伏，感受矛盾的冲突爆发，升华戏剧的阅读体验。

表现性评价贯穿整个戏剧单元学习过程，它既是评价也是支架，支撑并构

---

① 中华人民共和国教育部. 普通高中教科书语文必修下册 [M]. 北京：人民教育出版社，2019：21.

建起整个单元活动。评价标准和细则由师生共同商定。在四个评价维度之下，我们将具体评价标准再细化。老师收集并汇总学生阶段性的文本和视频材料作为档案文件，记录学生的成长过程。

课例　基于教学评一体化视角的群文阅读教学设计示例

独具匠心的新闻报道

——部编高中教材《别了，"不列颠尼亚"》教学设计

【教学设计解读】

　　《别了，"不列颠尼亚"》是高中语文部编教材选择性必修上册第一单元的一篇课文，属于"中国革命传统作品研习"学习任务群。高二的学生已接触过新闻作品，再加上平常也经常接触到现实生活中的新闻报道，对于新闻这种文体是熟悉的。学生有了解新闻时事的渴望，喜欢同学之间发表看法，交流或争论，具备了判断、筛选、整合信息的能力，具有一定的阅读欣赏能力，但关于新闻的写作技巧还不能很好地掌握，本课教学将加强这方面的训练。

　　《别了，"不列颠尼亚"》摘得了当年中国新闻消息一等奖，它在众多的新闻报道中脱颖而出，原因之一在于作者匠心独运，采用了独特的报道角度。当举国同庆欢呼回归时，作为胜利者一方的他们，没有描写中方欢呼激动的场面，没有剖析事件的历史意义，而是选择安静撤离的英方作为描写对象，冷静叙述，理性思考。在设计时采取了群文阅读的方式，以同时期同主题其他新闻报道为切入，感受不同立场不同视角下的新闻报道。本文的创作精神和细节描写都是值得我们好好学习的写作范本，借鉴本文写作技巧，学写新闻报道。

【教学目标】

　　1. 学习本篇新闻，了解本篇新闻独特报道角度。

　　2. 探析本篇新闻独特视角下的写作特色，并学以致用。

　　3. 重温历史时刻，感受国家尊严和民族自豪感。

【学习评价】

　　1. 通过群文阅读学习，掌握本篇新闻独特报道角度。

　　2. 探析本篇新闻的写作特色并学以致用，学写新闻报道。

【教学流程】

（一）情境导入——视频导入，重温历史时刻

导入：1997 年 7 月 1 日，全世界都把目光投向了中国。这一天的零点，全世界都在聆听从东方古国响起的庄严钟声。下面我们通过一段视频，重回历史现场，感受一下当时的氛围。

（播放香港交接仪式的视频，感受这一重要历史时刻。）

为了报道并见证这一具有划时代意义的盛事，世界各大新闻传播媒体聚集香港，其阵容之大、人数之多乃属世界新闻史罕见。截至 1997 年 5 月 8 日，就有 778 家传媒，8423 人登记对交接仪式进行采访。假设你是在场的一名记者，你打算选择什么角度来写这篇报道？请一位同学来说说。

提示：如从中国人民的欣喜自豪、中国领导人此日行程、香港回归的进程回顾、香港市民的态度等。

（二）群文阅读，感受独特的报道视角

在当时的众多报道中，我选择了三则报道，分别是 BBC 英国广播公司《BBC 香港 1997 年 7 月 1 日报道》、美联社《美联社香港 1997 年 6 月 30 日电》与来自人民日报的《中英香港政权交接仪式在港隆重举行》和《别了，"不列颠尼亚"》。因为立场不同，媒体选择的报道角度各异，所蕴含的情感态度也千差万别。

BBC 英国广播公司从英国撤离香港后的角度报道："用挥手画下悠长告别的句点。这是"不列颠尼亚"号的最后一次航行，大英帝国的最终章。"新闻语言背后满含对交还香港的无奈、不舍。结尾还不忘夸耀对香港的贡献："那时候，香港是个荒凉寂寞的地方，英国人的帝国主义冒险最不可能发生于此，当时香港还没有成为大英帝国最有价值的战利品。"而忘记了 156 年殖民统治对香港资源的掠夺和对香港人民造成的伤害。美联社从"香港回归对中英双方的影响"这一角度报道："开始了在欢欣鼓舞的共产党中国主权下捉摸不定的新时代。""这个事件已通过使英国感到沮丧的方式提醒英国：英国在世界舞台上的作用已缩小。"文字充满了对中国行使香港主权的不信任和对英国没落的嘲讽。而来自中国的两篇报道都洋溢着香港回归的喜悦、激动，以及强烈的民族自豪感。在群文阅读中，学生感受到了基于不同立场，新闻报道情感态度的不同。

接着，再比较情感态度相同的来自新华社的两篇报道。《中英香港政权交接仪式在港隆重举行》以"中方接管"为视角，中英政权交接仪式为核心场面，

属于传统的新华体。而《别了，"不列颠尼亚"》以"不列颠尼亚号"撤离为报道角度，另辟蹊径，视角独特。

篇名	出处	立场	情感态度	选择新闻角度
《别了，"不列颠尼亚"》	新华社	中国	香港回归的喜悦、激动，以及强烈的民族自豪感	交接仪式中的降旗、升旗，"不列颠尼亚号"撤离
《中英香港政权交接仪式在港隆重举行》	新华社	中国	香港回归的喜悦、激动，以及强烈的民族自豪感	以"中方接管"为视角，中英政权交接仪式为核心场面
《BBC香港1997年7月1日报道》	BBC英国广播公司	英国	交还香港的无奈、不舍，表明对香港的贡献	英国撤离后的香港
《美联社香港1997年6月30日电》	美联社	美国	对中国行使香港主权不信任，对英国没落的嘲讽	香港回归对中英双方的影响

（三）探析本篇新闻独特视角下的写作特色

《别了，"不列颠尼亚"》在成百上千的报道中脱颖而出，获得了当年中国新闻界的最高奖项——第八届"中国新闻奖"一等奖。分析本篇新闻报道的写作特色，有利于把握这篇新闻的独特性。

提示：客观真实是新闻报道的生命。香港回归，对全体中国人来说，是洗雪国耻、大振国威的喜事。这篇新闻报道打动了评委，也打动了无数读者，它是如何通过客观真实的记录来传达香港回归带给人们欣喜自豪之情的？

1. 标题：人民日报的标题《中英香港政权交接仪式在港隆重举行》，非常客观地概括了中英香港政权交接这一重要历史事件。而《别了，"不列颠尼亚"》这一标题巧妙而别致：

（1）语意双关：现实场景、象征意义

字面上看是写查尔斯王子和末任港督乘坐"不列颠尼亚"号离开香港，这是现实的场景；实际上，"不列颠尼亚"号的离去象征着英国殖民统治在香港的终结，中华民族的一段耻辱被洗刷，一语双关。

（2）倒装句式，旧题新用

《别了，"不列颠尼亚"》化用了毛主席的旧文《别了，司徒雷登》，用委婉中略含嘲讽的口气，表明英国殖民统治的结束。

2. 场景赏析

场景一：港督府告别仪式

4 时 30 分，面色凝重的彭定康注视着港督旗帜在"日落余音"的号角声中降下旗杆。根据传统，每一位港督离任时，都举行降旗仪式。但这一次不同：永远都不会有另一面港督旗帜从这里升起。（第 3 段）

这里用了对比的手法，将此次降旗与以往对比，强调这次降旗不再是以往港督换人的重复，它是具有标志性意义的一次。

掩映在绿树丛中的港督府于 1885 年建成，在以后的一个多世纪中，包括彭定康在内的许多港督曾对其进行过大规模改建、扩建和装修。随着末代港督的离去，这座古典风格的白色建筑成为历史的陈迹。（第 4 段）

这一段补充了港督府的背景材料。"对其进行过大规模改建、扩建和装修"这一细节反映了英国人以主人翁自居，想要永远占领下去的意识。苦心经营最后人去楼空，港督府变成历史的陈迹。企图永远统治下去的港督府灰溜溜地离开，对比中暗含对英殖民者的讽刺。

场景二：添马舰东面广场告别仪式

停泊在港湾中的皇家游轮"不列颠尼亚"号和邻近大厦上悬挂的巨幅紫荆花图案，恰好构成这个"日落仪式"的背景。（第 5 段）

英国曾占领了广大的殖民地，被称为"日不落帝国"，喻指在它的领土上，永远都有阳光照耀。香港作为英国在东方的最后一块殖民地，于 1997 年脱离英国的统治，回归祖国，在香港的土地上，英殖民统治的太阳落了，所以被称为"日落仪式"。

7 点 45 分，灯光渐暗……156 年前，一个叫爱德华·贝尔彻的英国舰长带领士兵占领了港岛，在这里升起了英国国旗；今天，另一名英国海军士兵在"威尔士亲王"军营旁的这个地方降下了米字旗。（第 7 段）

这一段背景材料暗含鲜明的对比。156 年前的英国国旗的升起意味着屈辱历史的开始，今天的降旗仪式意味着中国终于收回了香港，饱含了中国人民对长达一个半世纪的殖民统治结束的欣喜之情。

场景三：易帜仪式

当然，最为世人瞩目的是子夜时分中英香港交接仪式上的易帜。在 1997 年 6 月 30 日的最后一分钟，米字旗在香港最后一次降下，英国对香港长达一个半世纪的殖民统治宣告终结。（第 8 段）

<u>在新的一天来临的第一分钟</u>，五星红旗伴着《义勇军进行曲》冉冉升起，中国从此恢复对香港行使主权。（第9段）

国旗是国家的象征，米字旗的降下意味着英国殖民统治的结束。"长达"二字写出了屈辱历史之长，以及中国人民历经长时间的屈辱、等待，终于扬眉吐气的自豪和欣喜之情。分析"新的一天来临的第一分钟"一句时，我设置了一个问题，把它改成"1997年7月1日的第一分钟"效果如何？学生马上感觉到这个"新"字意味着新的希望，屈辱历史已经翻篇，冉冉升起的岂止是一面旗帜，更是国家尊严，属于中国的时间开始了。

场景四：最后的撤离

从1841年1月26日英国远征军第一次将米字旗插上港岛至1997年7月1日五星红旗在香港升起，一共过去了<u>156年5个月零4天，大英帝国从海上来，又从海上去</u>。（11段）

作者在《历史的定格和新闻的生命力》一文中提到，当时查阅大量资料，反复确认英军从占领到撤出香港共156年5个月零4天。这么详细地记录香港被割让的时间，说明香港这段被殖民统治的历史是刻骨铭心的，是不应该被忘记的。经过漫长等待，终于迎来了香港回归，于作者于人民，都是心潮澎湃的，而新闻语言却含蓄而有分寸，春秋笔法。"从海上来"是说当年不可一世的英国远征军强占了中国的领土，开始殖民统治。"从海上去"，明写查尔斯王子和港督彭定康乘坐"不列颠尼亚"号离开香港，实指英国殖民统治的结束。平的语言含蓄表达了胜利的自豪之情。在这沉着平静的语言背后，我们可以感受到报道者的激动。

分析这篇文章后，小结写作特色：

（1）独特的角度和巧妙的标题

（2）现场与历史的交织，事实与情感的辉映

（3）入微的细节描写

（4）恰到好处的对比

回顾中外新闻史的经典作品，我们不难发现，这些作品之所以能够历经岁月的洗礼而散发出永恒的光芒，并不在于它们在时效性上的"保鲜"，而在于它们蕴含着厚重的人文情怀，温暖了读者的心窝，触动了读者的心弦，而这篇新闻中所蕴含的家国情怀贯穿了中华文明的始终，厚植于中华儿女的心中。

（四）写作升格训练

电影《长津湖》近期热映。2021 年 10 月 9 日，湖南师范大学附属中学 2020 班组织观看了影片《长津湖》，你作为一名校报记者参与了此次观影活动，请写一则简短的新闻报道，并按照评价量表打分，由同学们推选最佳报道。

评分角度	一类（10～9分）	二类（8～7分）	三类（6～4分）	四类（3～0分）
标题	标题高度、形象地概括了内容，吸引读者	标题概括了新闻事实但只是要素的叠加，不够醒目	标题信息冗杂，包含了一些次要信息，不够简洁	标题并未揭示新闻的主要事实
导语	能够突出新闻事实中最新鲜、最具吸引力的事实，能够激发读者的阅读兴趣	简洁地呈现新闻导语核心事实，但表达稍显死板	导语呈现信息过多，包含了许多次要信息，显得啰嗦	导语呈现的并非新闻的主要内容
主体	主体内容充实，新闻主体要素完备；新闻背景起到了说明、补充、衬托新闻事实的作用	主体内容较为充实；有些新闻背景显得多余	新闻要素有残缺，读者读完后，对于新闻事实还会有不明之处	基本上没有主体内容，类似于一条短讯
结构	结构清晰；层次清晰，主题内容运用倒金字塔结构，按重要性递减原则推进	格式正确、清晰；层次不够清晰，未按重要性递减原则推进	格式有问题，内容混杂	缺少新闻的基本格式，类似于一篇记叙文
语言	语言细腻、形象，抓住了细节描写，描写生动，运用多种修辞手法	语言不够细腻，够简洁，有一定的描写；专业术语过多	语言不准确，信息表达模糊；语言啰嗦	语言表达混乱，不符合写作的基本要求
打分				

学生在学习《别了，"不列颠尼亚"》写作特色后，对之前的习作进行了升格，选取了两篇有代表性的作品，如下：

原稿 1：

《长津湖》上映，展现时代精神

10 月 9 日，2020 班全体同学到影院观看了电影《长津湖》，该影片在同学中反响热烈，同学们纷纷表示被伟大的抗美援朝精神震撼。

《长津湖》是由陈凯歌、徐克等人联合导演，由吴京、易烊千玺主演的歌颂伟大的抗美援朝精神的战争历史类影片。影片以其生动的战争场面，震撼的战斗特效和将士们不畏强敌、英雄牺牲的主题收获颇多好评。

（2020班方熙娜）

升格：

《长津湖》上映，新时代青年新感怀

10月9日，2020班全体同学到影院观看了电影《长津湖》，该影片在同学中反响热烈，同学们纷纷表示被伟大的抗美援朝精神震撼。

走出影院，现代都市车水马龙，热闹非凡，同学们脑海中浮现的却是抗美援朝战士们在 -40℃ 的低温下被冻成冰雕的画面，是战士们小心翼翼地传递怀中焐热的冻得发黑的土豆的艰辛画面，是影片中雷爹在牺牲前唱起"人人都说那个哟，沂蒙山好"的悲壮场景。有人说，走出影院看到的万家灯火和喧嚣人间，就是这部影片最好的续集，正是战士们英勇无畏的牺牲换来了今天的幸福生活。

（2020班方熙娜）

点评：原稿平实地报道了全体同学观看影片《长津湖》这一事件，升格后的文章选取了影片中冰刀连和雷爹牺牲前的细节，表达了对抗美援朝牺牲战士的敬意与感动，更具体可感，具有打动人心的力量。

原稿2：

2020班观影《长津湖》

10月9日，我校2020班组织观看了电影《长津湖》，向最可爱的人致敬。

电影《长津湖》以伍氏三兄弟从军经历展现了抗美援朝时期的大环境，真实生动，受到同学们好评。电影将伍万里的成长线和抗美援朝进程的时间线完美契合，生动再现了第九兵团第七连在冰天雪地中与敌人殊死搏斗，浴血奋战的血泪史，再现抗美援朝时期的英雄品格，让观众在笑与泪中珍惜来之不易的和平。

（2020班陈雁）

升格：

《长津湖》上映，让抗美援朝精神深入人心

10月9日，我校2020班组织观看了电影《长津湖》，向最可爱的人致敬。

电影《长津湖》以小见大，以伍氏三兄弟从军经历展现了抗美援朝时期的大环境，真实生动，受到同学们好评。电影将伍万里的成长线和抗美援朝进程

的时间线完美契合，中国军人在与美军备物资差距巨大的情况下，艰苦抗争，在冰天雪地中与敌人殊死搏斗，展现了保家卫国的决心。影片中的小细节也引人泪目，如车站女站员送围巾给战士，雷公驾车转移标识弹以吸引美军注意等。这部集历史真实性与制作艺术性于一身的电影，让家国情深入人心，让观影者体会到炽热的责任和信仰，感恩和平，铭记历史，传承抗美援朝精神。

（2020班陈雁）

点评：陈雁选取了影片中车站女站员送围巾给战士和雷公为保护战友牺牲小我的细节，再现了军民团结，抗美援朝士兵舍生忘死的牺牲精神，使报道更生动具体。

结语

《长津湖》这部电影成为现象级的事件，感动国人的是那段真实存在的历史，那群创造奇迹、舍生忘死的先烈们。历史不会忘记，从香港沦陷之后，中华民族的百年梦魇；历史更不会忘记，国家领导人和无数革命志士为维护国家统一和民族尊严所做的艰苦卓绝的斗争。从1949年，毛主席宣告中国人民站起来了，到焦裕禄、王进喜及一批批共和国建设者使中国富起来了，到今天在抗击新冠疫情背后，国家实力的强大。我们看到了祖国的伟大复兴，我们今天的幸福生活离不开一代代人的努力。

1997年香港回归，1999年澳门回归，我们可以期待不久的将来，台湾的统一。世界现在面临百年未有之大变局，只有国家强大了，我们才能在国际上赢得更多的尊重。然而，我们知道在一些关键领域，我们还存在"卡脖子"的问题。作为祖国未来的接班人，我们现在寒窗苦读，精习课业是为了什么呢？正如进校门石碑所刻的"成民族复兴之大器"，希望大家能不忘使命，青春无悔，祖国的明天因你们而更好。

第二章
新高考语文阅读教学研究

新课标在各学科"课堂教学评价建议"中，明确提出了"教学评一体化"的要求，并予以了具体指导。着重强调了教学评价改进的三个重点：更新评价观念，创新评价方式方法，提升考试评价质量。以学业质量标准为核心，落实"教学评一体化"成为中小学校教学改革的重点。2020年中共中央、国务院发布了《深化新时代教育评价改革总体方案》，文件提出要"强化过程评价，探索增值评价，健全综合评价"，这为当前中学教育领域倡导的"教学评一体化"理念注入了新的活力。教学评价从聚焦知识与技能的测试向聚焦学生核心素养发展的评价转型；从结果导向的评价向过程导向的评价转型；从重分数的评价向重学生全面发展的评价转型。新的评价理念倡导通过评价促进教师改进教学和促进学生学习进步，通过设计丰富的评价活动，选择科学合理的评价技术手段，有效地利用评价结果达到促教促学的目的。高考作为中学教学的指挥棒，也体现了这一变化和趋势。

高考作为终结性评价的手段之一，重要的人才选拔考试历来备受关注。高考反映了学生语文核心素养的发展水平，能准确判断这个发展过程中的问题和原因，对中学语文阅读教学改革将发挥积极的引领和导向作用。[①]高考评价体系包括"一核四层四翼"。"一核"即高考的中心作用，回答了高考"为什么考"这一问题，即"立德树人、服务选才、引导教学"三个目的。"一核"作为一面旗帜，引领高考改革的总方向；"四层"指高考"考什么"这一问题，即"核心价值、学科素养、关键能力、必备知识"四个层面的内容，其中以学科素养为关键环节。"四翼"即高考的四个考查要求，即"基础性、综合性、应用性、创新性"，回答的是高考"怎么考"的问题，"四层"与"四翼"相互影响和映照。它们的关系如图所示：

---

① 中华人民共和国教育部. 普通高中语文课程标准（2017年版2020年修订）[M]. 北京：人民教育出版社，2020：47.

在语文科目的评估内容上，以阅读应用为核心，分为信息性文本阅读、文学性文本阅读和思辨性阅读、古诗文阅读四大类，要求在阅读命题中分层展现语文关键能力，包括语言文字应用、信息梳理、阅读鉴赏、批判性思考和辨析能力等。综观新高考改革，我们发现阅读命题呈现出以下特点：

高考评价体系

1. 立足时代语境，紧扣时代脉搏

素材选取反映了时代精神，有效融合党史学习教育和优秀传统文化，引领当代青年坚定理想信念，厚植爱国情怀，强化价值引导，全面落实立德树人的根本目标，引导学生树立正确的世界观、人生观和价值观，促进学生德智体美劳全面发展。

2. 重能力运用，落实核心素养的考查

依据新课程标准中关于语文核心素养的要求，加大了对考生阅读理解、信息整理、应用写作、语言表达、批判性思维和辩证思维等六项关键能力的考查，凸显应用性考查要求，引导考生重视实践，学以致用。从知识立意向能力立意转变，试题呈现出基础性、综合性、应用性、创新性的特点。

3. 对接课程标准，体现"教学评一体化"

试题以高考评价体系为支撑，通过精心选择材料、设计题型、完善试卷结构等，加强教考衔接，将高中课程标准要求和语文命题紧密结合，促进高中育人方式改革落地。试题内容兼顾课标部编教材，语料和知识点与教材衔接，活用显性和隐性关联。突出对教材内容的灵活迁移运用，引导教学力避机械重复训练、忽视高阶能力发展等问题，引导学生从"解题"向"解决问题"转变。

4. 营造真实情境，设计典型任务

新课标的"实施建议"规定了"语文高考试题的命题思路和框架、命题和阅卷的原则，语文学科的考试、测评题目应以具体的情境为载体，以典型任务为主要内容，具体情境中的个人体验情境是语文试题中运用最多的情境"。① 阅

① 中华人民共和国教育部. 普通高中语文课程标准（2017 年版 2020 年修订）[M]. 北京：人民教育出版社，2020：48.

读题型的变革为学生创设了个人体验和社会生活的具体情境，从而体验各类文体中的丰富情感、体悟写作手法。命题指向规定"阅读与鉴赏，应侧重考查整体感知、信息提取、理解阐释、推断探究、赏析评价等内容"[①]高考语文试题中的情境主要分为"个人体验情境""学科认知情境""社会生活情境"三类，新高考以来阅读能力评估在"情境化"命题的过程中有了很大的突破，在设计典型任务中提出"考试材料的选择与组合要角度多样，视野开阔，为学生的思考与拓展留有足够的机会和空间。减少针对单一知识点或能力点的简单、碎片化的试题数量，应体现语文素养的综合性、整体性"。将此标准放在阅读板块中应理解为选材的典型性，试题考查能力不能单一，要综合化，并要综合地体现语文素养。语文新课标中关于命题和阅卷原则如图：

功能	要素	体现方式
考查目标	语文学科核心素养	1. 阅读与鉴赏；2. 表达与交流；3. 梳理与探究等实践活动
主要载体	情境任务	1. 个人体验；2. 社会生活；3. 学科认知等特定情境中完成
命题导向	综合考查	1. 综合性语言实践活动；2. 综合性的测试形式
语言材料	时代性、典型性、多样性	1. 贴近学生生活；2. 充分体现语文学科特点；3. 重视中华优秀传统文化材料的选用
指向一致	学业水平考试与高考	1. 健全主观性、开放性试题的阅卷标准；2. 逐步建立阅卷人资格制度

　　本章将分信息性文本阅读、文学性文本阅读、思辨阅读和古诗文阅读来探讨新高考语文阅读教学考一体化的问题，以期对复习备考提出有效建议。

---

① 中华人民共和国教育部. 普通高中语文课程标准（2017 年版 2020 年修订）[M]. 北京：人民教育出版社，2020：48.

第一节　信息性文本阅读

　　信息化时代对人才培养提出了新要求。在信息爆炸的时代，新时代人才应具备选择有效信息、提取重要信息、综合分析信息、理解转化信息等基本能力。当碎片化阅读已逐渐成为主流阅读方式，快速获取和处理信息成为一种必备能力。为了更有效适应时代需求，信息性文本阅读应运而生。新课标明确指出，中学生要能有效把握单个文本或多种文本的有效信息（包括主题思想、现实意义、创作意图等），可以对文本素材形成自己的见解和感悟，能够把握和评价作者的观点，对文本进行深入的剖析等。顺应时代需要，新高考卷中的"现代文阅读一"将以往考查的"论述类文本"与"实用类文本"统一为"信息性文本阅读"，以非连续性文本阅读的形式出现。就文本构成来说，通常由两则大篇幅的文字材料组成，材料多为学术论文、书评、文学评论等。

一、信息性文本阅读命题依据

　　信息性文本阅读命题依据主要来自新课程标准、高考评价体系和部编教材。新课标将"实用类阅读与交流"列为一个独立的学习任务群，包括选择性必修的"科学与文化论著研习"和选修"学术论著专题探讨"。在"命题指向"中，强调"'阅读与鉴赏'侧重考查整体感知、信息提取、理解阐释、推断探究、赏析评价等内容"。信息性文本阅读重在阐述观点、分析事实，具有很强的理论性、逻辑性和针对性。它是基于核心概念、关键信息、文本观点、相关论证和逻辑推理，实现对阅读文本把握整体结构、梳理论证思路、厘清观点阐述、分析逻辑推理能力的考查。

　　信息性文本选文主题贴近生活、根植传统文化，与"一核"即立德树人的考查目的相符；考查形式多样、考查内容丰富，与"四层"即必备知识、关键能力、学科素养、核心价值等考查内容的规定一致；"四翼"是考查要求，即"基础性、综合性、应用性、创新性"，信息性文本的命题对学生进行全方位的能力考查，可以满足高考语文评价维度的要求。

　　部编语文教材也是命题的重要依据。为顺应新课改教学要求，教材将论述类文本和实用类文本依据不同文体特征编入单元教学，不同的文体有不同的阅读要求。信息性文本阅读关涉的文体类型较多，有学术著作、新闻文本、调查报告等。每一种文体都有相应的文体知识，掌握这些知识是提升文本阅读素养与能力的基础。

单元	选文名称	作者或出处	文本形式
必修上 第六单元	《劝学》	《荀子》	古代议论散文
	《师说》	韩愈	
	《反对党八股（节选）》	毛泽东	讲话
	《拿来主义》	鲁迅	杂文
	《读书：目的和前提》	黑塞	随笔
	《上图书馆》	王佐良	
必修下 第三单元	《青蒿素：人类征服疾病的一小步》	屠呦呦	科学小论文
	《一名物理学家的教育历程》	加来道雄	
	《说中国建筑的特征》	梁思成	
	《说木叶》	林庚	文艺评论
必修下 第五单元	《在〈人民日报〉创刊纪念会上的演说》	马克思	演讲词
	《在马克思墓前的讲话》	恩格斯	
必修下 第八单元	《谏太宗十思疏》	魏征	古代议论性奏疏
	《答司马谏议书》	王安石	古代议论书信
	《阿房宫赋》	杜牧	古代议论辞赋
	《六国论》	苏洵	古代议论史论
选修上 第二单元	《〈论语〉十二章》	《论语》	古代论说文
	《大学之道》	《礼记》	
	《人皆有不忍之心》	《孟子》	
	《老子四章》	《老子》	
	《五石之瓠》	《庄子》	
	《兼爱》	《墨子》	
选修中 第一单元	《社会历史的决定性基础》	恩格斯	书信
	《改造我们的学习》	毛泽东	会议报告
	《人的正确思想是从哪里来的》	毛泽东	哲学论文
	《实践是检验真理的唯一标准》	《光明日报》 特约评论员	新闻评论
	《修辞立其诚》	张岱年	学术论文
	《怜悯是人的天性》	卢梭	学术论文
	《人应当坚持正义》	柏拉图	对话体散文

续表

单元	选文名称	作者或出处	文本形式
选修中 第三单元	《过秦论》	贾谊	古代议论散文
	《五代史伶官转序》	欧阳修	古代议论散文
选修下 第一单元	《自然选择的证明》	达尔文	科学小论文
	《宇宙的边疆》	卡尔萨根	
	《天文学上的旷世之争》	关增建	

信息性文本在每一册语文教材都占据一席之地，共涉及五册教材八个单元24篇文章，占教材选文比重的28.98%。从教学安排来看，信息性文本集中安排给具备一定逻辑思维的高一、高二阶段学生使用，每册教材均有所涉及，集中在高一下学期阶段，这种安排与高中阶段学生的认知水平和思维能力相适应。从文体构成来看，该类文本具有极丰富的文学形式，如文艺评论、新闻评论等。根据不同的语言风格、结构架造及表达技巧，相对应的教学内容与要求也各有千秋。信息性文本在思维的培养过程中具有不可估量的价值，兼具文艺性与哲理性，对学生审美、理性思辨能力培养也具有积极作用。

二、信息性文本阅读的命题特点

分析近五年全国卷，我们发现信息性文本阅读的选材范围扩大，多则材料不仅可以出自新闻、报告，还可以出自学术论文、科普文章等。此外，阅读材料篇幅增加，呈现出跨学科组合的趋势，更注重核心素养的考查，着眼于解决真实情境中的问题。这些变化符合信息性文本的文体特征，迎合了新课改趋势，体现了"教学评一体化"，必将成为未来命题发展的长期趋势。具体而言，呈现出以下特点：

（一）由连续性文本向非连续性文本转变

2017年开始，使用新高考卷的省份"现代文阅读一"大多采用非连续性文本的形式进行考查。从连续性文本到非连续性文本体现了对思维方式考查的转变，连续性文本以线性思维方式为主，非连续性文本阅读更需要整合分析并重组阅读材料的能力。非连续性文本能够容纳不同类型、不同特点的文本选段，因而成为考查认知能力、逻辑思维、批判意识的重要方式。例如2022年新高考信息性文本阅读试题将理论文章与文艺评论巧妙联系起来，材料一摘自习近平

《加快构建中国特色哲学社会科学》，强调了中华文明要薪火相传，也要推陈出新。材料二分析了中国当代新诗创作面临的困境与应对策略。试题中第2小题的A选项"材料一与材料二都谈到了传统和创新的关系，不过二者论述的重心并不相同"要求我们结合两段材料来做整体判断。不难发现二者论述的重心并不相同，材料一侧重的是在比较、对照、批判、吸收、升华的基础上，让民族性符合当前中国乃至世界的需要；而材料二讨论的是中国当代的新诗发展，需要发掘中国自身的诗歌传统，相应地在寻找与之相当的艺术形式，借鉴西方文论的重要观点，为我所用。

（二）选文主题鲜明、取材广泛

年份	卷别	选文	内容	涉及学科
2023	全国卷新高考Ⅰ	赫克托·麦克唐纳《后真相时代》	蒺麦的新闻报道	生物学
	全国卷新高考Ⅱ	习近平《谈谈调查研究》	社会调查	社会学
		费孝通《亦谈社会调查》		
	全国卷（甲）	徐良高《以考古学构建中国上古史》	考古学研究	考古学
	全国卷（乙）	王富仁《文学史与文学批评》	文学史与文学批评	文艺学
2022	全国卷新高考Ⅰ	习近平《加快构建中国特色哲学社会科学》	哲学	哲学
		郑敏《新诗百年探索与后新诗潮》	文艺理论	文艺学
	全国卷新高考Ⅱ	辛红娟《中国典籍"谁来译"》	翻译理论	文艺学
		党争胜《霍克思与杨宪益的翻译思想刍议》		
		杨乃乔《〈红楼梦〉与 The Story of the Stone——谈异质文化观念的不可通约性及其翻译的创造性》		
	全国卷（甲）	扬之水《"更想工人下手难"（中国金银器）导言》	中国金银器工艺	民俗学
	全国卷（乙）	杨义《中国叙事学：逻辑起点和操作程式》	叙事学	文艺学

续表

年份	卷别	选文	内容	涉及学科
2021	全国卷新高考Ⅰ	朱光潜《诗论》	诗和画的同质问题	文艺学
		钱钟书《读〈拉奥孔〉》	绘画和诗歌的区别	文艺学
	全国卷新高考Ⅱ	肖峰《从底线伦理到担当精神：当代青年的网络文明意识》	网络文明	伦理学
	全国卷（甲）	严佐之《〈中国目录学史〉导读》	中国目录学史书籍导读	历史学
	全国卷（乙）	王军《从人文计算到可视化——数字人文的发展脉络梳理》	数字人文	经济学
2020	全国卷Ⅰ	汤一介《"孝"作为家庭伦理的意义》	孝的社会意义	伦理学
	全国卷Ⅱ	巫鸿《实物的回归：美术的"历史物质性"》	美术的历史物质性问题	历史学
	全国卷Ⅲ	振甫《谈谈〈古文观止〉》	《古文观止》广泛流传的原因	历史学
	新高考Ⅰ卷	葛剑熊《中国历史地理学的发展基础和前景》	历史地理学的发展	历史学
		刘盛佳《历史地理学的研究对象》	历史地理学的发展	
2019	全国卷Ⅰ	铁凝《照亮和雕刻民族的灵魂》	文艺创造问题	文艺学
	全国卷Ⅱ	叶嘉莹《论杜甫七律之演进及其承先启后之成就》	杜甫七律	历史学
	全国卷Ⅲ	李荣启《论传统表演艺术的保护与传承》	传统表演艺术的保护、传承问题	民俗学

　　以上梳理得知，信息性文本阅读取材广泛，内容涉及生物学、历史学、文艺学、社会学、伦理学、经济学等多学科。具有以下几个突出特点：

　　1.主题鲜明，厚植传统文化

　　高考命题选用的语言材料要具有时代性、典型性和多样性。纵观近5年高考语文全国卷，信息性文本阅读的选文主题鲜明、观点新颖、内容与时俱进，关注社会热点、贴近日常生活，弘扬家国情怀，注重对学生价值取向的引导。例如2023年全国卷（甲）选自徐良高《以考古学构建中国上古史》，从考古学的角度介绍了上古史的发展，2022年全国卷（甲）选自扬之水《"更想工人下手难"（中国金银器）导言》介绍了中国传统的金银器工艺发展艺术。

2.来源权威，关注时事

选材或取自学术著作，或取自核心研究期刊等。例如 2022 年新高考 Ⅰ 卷信息性文本阅读试题，选自习近平《加快构建中国特色哲学社会科学》文章片段、郑敏《新诗百年探索与后新诗潮》片段，贴合当下现实问题。前者强调了"民族性并不是要排斥其他国家的学术研究成果，而是要在比较、对照、批判、吸收、升华的基础上，使民族性更加符合当代中国和当今世界的发展要求，越是民族的越是世界的"的社会现实观点，后者则针对"不少评论家、诗人和诗歌读者都感觉到当代新诗创作与理论进入了一种停滞不前、缺乏生命力的状态"的时代问题做出了回应。

3.学科融合，科普知识

一方面，选材涉及了历史学、文艺学、社会学、伦理学等多学科，体现了学科融合的特点。例如 2020 年语文新高考 Ⅰ 卷的"历史地理学"取自其他学科热点研究；另一方面还体现在跨学科元素的应用上，如对数理化等科目统计图表，以及史地科中地形图的应用。

（三）注重能力考查，着眼于真实情境的问题解决

信息性文本阅读侧重于综合能力的考查。2020 年后，新高考 Ⅰ、Ⅱ 卷均超过 2000 字，最多为 2647 字。为了获得更好的测试效果，阅读材料长度要适当，篇幅过长会影响考试完成度，而篇幅过短则达不到测试阅读速度的效果。信息性文本选文字数的多少直接影响着学生阅读方法选择，反映了学生的阅读积累和阅读水平高低。

客观题聚焦复合能力的考查，包括理解、筛选、分析、推断和评价等能力，以区分学生的思维品质和语言表达水平。命题角度主要是文章的重要概念、关键语句、内容、结构、主题等，符合新课标"以综合考查作为命题导向"的要求以及《中国高考评价体系》提出的"凸显对复合能力的要求"准则。

主观题重视对真实情境问题的解决。新课标提出语文教学"要创设真实情境，形成真实且有意义的互动学习环境，帮助学生高效投入语文实践"，并且在"学业水平考试与高考命题建议"方面提出考题应"以具体的情境为载体""帮助学生适应未来生活"的需要。信息性文本阅读也体现了这一点。比如 2022 年全国新高考 Ⅰ 第 5 题："如何推动中国古典诗论的创造性转化、创新性发展？请结合材料谈谈你的看法。"这样的问题设置无法单纯在文本中找到答案，它要

求考生借助阅读材料的信息给出方案和创新性策略，并对以往和现在的方案做出中肯评价。第 5 题考生要能够从"加强对中国古典诗论的挖掘与阐发""批判性地吸收和借鉴西方文论""寻求古典诗论与当下审美需求的契合""向世界传播中国古典诗论的审美意义和当代价值"等角度来呈现答案，这样批判性分析才更符合命题人的初心。这道题注重真实情境下的问题解决，基于文本阅读体验和认知给出有效的解决方案。这就有意识地对利用信息解决现实问题的能力进行了评价，这种考查方式将延续下去。

4. 关注信息转化能力和批判性思维考查

前些年，信息性文本阅读命题主要注重考查筛选提取信息、归纳概括信息的能力。具体表现在客观题选项基本上是对原文信息的转述、归纳概括，主观题大多就原因、变化、对策、建议等设问，答案基本上可以在文本中直接提取。但近两年，信息性文本阅读命题加大了信息转化能力和推理能力的考查。例如2022 年全国新高考 I 第 3 题：

3. 下列选项，最适合作为论据来支撑材料一观点的一项是（　　　）（3分）

A. 韩愈《答刘正夫书》："或问为文宜何师？必谨对曰：宜师古圣贤人。"

B. 晚清洋务派人物冯桂芬提出："以中国之伦常名教为原本，辅以诸国富强之术。"

C. 鲁迅《文化偏至论》："外之既不后于世界之思潮，内之仍弗失固有之血脉。"

D. 季羡林认为："东西方文化的相互关系是'三十年河西，三十年河东'。"

这道题一方面考查考生对阅读材料的认识，是否具有迁移证据、比较证据的能力；另一方面也需要考生在富有文化气息的选项中辨析比较，确定最佳选项。A 项强调学习古圣先贤，B 项强调学习外国先进技术，D 项强调东西方文化地位的变化，只有 C 项"外之既不后于世界之思潮"指要借鉴世界成果，"内之仍弗失固有之血脉"指不能失去传统文化的固有根脉，是既要吸取世界的优秀文化，又要保持自己的文化，与材料一观点一致，故选 C。这与以往单纯考查论证手法、训练套路答题完全不同，需要在比较、辨析、理解、表达中，实现对语言建构与运用、思维发展与提升等核心素养的评价。我们可以预测新高考卷在学生对文本理解、证据辨析、批判认识、迁移运用等指向素养层面的评价会越来越具体细致。单纯通过梳理文本找到答案的命题思路已成为过去时。带有探索发现、深度理解、批判认识的新题型将成为新趋势。这就要求考生能够深度阅读并多维度理解，且有理有据创新性地呈现出答案。

新高考更注重对学生批判性思维的考查，涉及解释、分析、评估、推论等多种能力。例如2022年全国新高考Ⅰ第4题"'己所不欲，勿施于人'出自《论语》，现已成为国际社会公认的处理人际关系和国际关系的黄金准则。请结合材料一对这一现象加以分析。"需要考生梳理信息、细心筛选、恰切表达。考生首先要了解"己所不欲，勿施于人"彰显的传统儒家思想的"恕道"，体现中国立场、中国智慧的理念。其次要正确看待民族性与世界性的问题，挖掘文化民族性特征和当代价值，才能符合世界的发展的潮流，也进而能为谋求中国与世界共同发展进步提供思路和方法。这道题旨在考查认知能力、阐述水平，前者注重考查运用文本理论阐释实际问题的能力。

三、信息性文本阅读的有效教学与备考策略

基于近两年信息性文本阅读命题转向，在新一轮复习备考中，提升"信息性文本阅读"基本素养和关键能力是基本策略。

（一）培养文体意识，搭建知识体系

我们首先要了解不同文体的类型特征，整理相关的文章作为学生拓展阅读的资料。部分特征举例：

文体类型		内容	典型特征
社科类	自然	自然科学	科学性、专业性、准确性等
	人文	历史、人文、语言等	
学术类	文艺学	文艺学是一门以文学为对象，以揭示文学基本规律，介绍相关知识为目的的学科	科学性、理论性、学术性、创造性等
	哲学	对世界基本和普遍之问题研究的学科，是关于世界观的理论体系，具有反思性、大概念性和积累性。	
	伦理学	以道德现象为研究对象，不仅包括道德意识现象（如个人的道德情感等），而且包括道德活动现象（如道德行为等）以及道德规范现象	

在日常教学中，我们要注重不同文体的教学重点。例如新闻具有真实性、准确性和及时性等文体特点，主要功能是运用简练、通俗的语言向大众传递重要信息。教师应积极引导学生把握新闻内容，准确筛选信息，提高新闻阅读能力。

此外，还要教会学生如何鉴别新闻的真伪，分清新闻中的客观叙述和主观评价。既要掌握新闻的表面信息，还要关注隐藏在新闻背后的信息，从而提升批判思维能力。科普文章兼具科学性和通俗性，一般由从事某一科学领域的专家编写，主要用来向非专业人员科普某种专门知识及相关规范。科普文章的阅读以理解为目的，阅读的基本姿态是解释型的。教师教授科普文章，应引导学生掌握科普文章说明事理、表达观点的说明方法，并借此培养学生敢于质疑权威的科学精神和不懈进取的探究精神。例如在学习《动物游戏之谜》时，教师不仅要教会学生"提出问题—分析问题—解决问题"这种科学思考问题的模式，还要引导学生去体会科普文章所表现出的求实精神。

我们要在教学中注意培养学生的批判性思维。从不同角度对文本进行分析阐述，从而激发学生思考。碰到语言艺术魅力极佳的论述类文本时，聚焦在感受论述类文本语言风格。这种论述类文本的批判性阅读教学聚焦语言形式的特征，引导学生去认识其深层次意义。还可以采取对比阅读的方式，扩大学生的认知范围，突破认知局限。例如可以选用学生有一定认知基础的文章来实施操作，破除文本形式的限制，使学生在对论述类文本的主旨有把握的情况下，触及同一主旨差别化的行文特色与风格，减少盘根错节的信息对主旨解读的干扰。分析文本差异，突破学生的固有认知，感受论述类文本的多种魅力，实现批判性阅读教学。这种批判性阅读教学，学生宏观掌握文章内容时难度不大。但在论述过程较复杂的批判性阅读学习中，难点可能会集中于文本的论证过程。通过纵向对比阅读，可以突破陈旧的论说方式，锻炼学生灵活运用材料论说观点的能力，学会如何说理，而不是勉强堆砌。

（二）聚焦文本结构，形成整体思维

非连续性文本围绕一个主题，由两篇或者三篇文本构成，我们需要梳理文本结构，形成整体性思维。要引导学生在阅读中构建文本框架，明确文本的论证结构。前提是能够读懂文本传达的信息，在引导学生阅读、梳理关键信息的过程中逐渐理解文本主要内容，厘清文本段落间的层次关系，并根据文本难易程度选择合适的归纳方式，比如思维导图、结构图、列表等。《中国高考评价体系》中提出"筛选材料中的信息分解，剖析相关的现象和问题"，要求教师在阅读指导中注重培养学生的逻辑思维，能够由表及里、由浅入深地引导学生分析文本，从而筛选出有效信息，提升概括能力。教师需要聚焦学生的逻辑思

维训练，引导学生分析不同文本信息，做到有效概括。

学生需要在考场上学会快速阅读。2022 年全国新高考 I 卷现代文阅读选取了两篇文本，摘编自习近平的《加快构建中国特色哲学社会科学》和郑敏的《新诗百年探索与后新诗潮》，都属于学术著作，阅读难度较大。考场上，受认知经验的限制，阅读时存在一定陌生感。学生需要快速准确地找到解读文本的切入点，梳理信息内容。可以借助思维导图，对文本的思路进行梳理，形成整体思维，从"提出问题—分析问题—解决问题"角度进行文脉梳理。针对信息性文本阅读试题的变化，我们要立足日常文本研读训练，整合文本解读方法，并参照整体性阅读感悟与批注式细节剖析策略，从而在最大限度上有序、有法、有效应对指向核心素养测评的试题。

（三）强化多文本阅读，提升思维品质

非连续性文本试题对文本研读的能力提出较高要求，而这种能力不是在考场临时爆发出来的，需要我们日常在多文本阅读中寻求方法，加强群文阅读、主题阅读训练。多文本阅读的教学方法和文本呈现形式是伴随新教材出现的一种教学方法。新教材提出文章可以是一组一组的学习，而不是单篇学习。多文本阅读有利于打开阅读者的视野，训练思维能力。多文本阅读最重要的方法就是比较辨析，因为有时候这些文本之间的观点不完全相同，甚至会出现相左的情况。通过比较不同文本的思路，与文本深度对话，可以激发思维的开放性和灵活性。同时比较阅读还能帮助考生培养批判性思维，在某一个话题上进行深入思考，提升思想格局。在具体的教学实践中发现进行多文本教学不仅仅要改变学生的阅读材料、转变学生的阅读习惯和方法，更有效的方法和途径是加强教师的引导，改变教学方式从而促进学生转变阅读方式。

思维的深度与广度与学生的阅读能力密切相关。在阅读教学中，教师应有目的地引导学生进行深度思考。在课堂上，教师设置基于阅读能力考查的问题，从而促进学生思维能力发展。

关于论题：文本主要论述的对象是什么？或就什么事情阐述道理？

关于论点：作者对这一对象持有怎样的立场、观点、情感和态度？

关于论证：文章论证过程有怎样的特征？文章运用的哪些方法来论证观点？

关于论据：行文中为突显论点主要运用了哪些材料？

关于结构：本文依照怎样的顺序来组织文章？其段落之间的关系是怎样的？

（四）提升获取、关联比较信息的能力

1.提升有效获取和转化信息的能力

有效筛选获取信息是"信息性文本阅读"的基本素养。新课标在必修课程学习要求中指出："阅读实用类文本，能准确、迅速地把握主要内容和关键信息。"在学业质量水平4-2描述中提出"能从多角度、多方面获得信息，有效筛选信息"。《中国高考评价体系》把"信息获取"作为学科素养的一项评价指标，具体表现为"适应社会信息化趋势，通过各种方式与渠道获取信息，根据应对问题情境的需要，合理地组织、调动各种相关知识与能力，完成信息获取活动"。基于此，信息性文本阅读复习要把提升有效获取信息的能力放在首位。

如何提升有效获取信息的能力？首先，要教会学生区分显在信息和隐含信息。显在信息是文本中直接呈现出来的，隐含信息是隐藏在文字背后的被遮蔽的信息，包括图表信息、对比信息、比喻信息、类比信息、事例信息等。我们要强化训练学生区分信息的意识，教会学生根据题干要求，在文本中筛选与题干有关的显在信息和隐含信息，尤其是隐含信息。以2021年高考全国卷Ⅰ文本阅读第1题为例，B选项和C选项、D选项在材料一有分别对应的显在信息，表述正确。A选项的表述，"莱辛是历史上质疑'诗画同质'观念的第一人，他的《拉奥孔》在近代诗画理论中产生了广泛影响。"对应材料一第一段。从第一段"十八世纪德国学者莱辛的《拉奥孔》是近代诗画理论文献中第一部重要著作"可以推断，A选项的后半句表述属于隐含信息。而比对前半句与原文"从前人们相信诗画同质，直到莱辛才提出丰富的例证，用动人的雄辩，说明诗画并不同质"并不能证明"莱辛是历史上质疑诗画同质观念的第一人"，这个表述在原文中无依据，属于无中生有，A选项错误。所以考生如果能区分显在信息和隐含信息，这道题就能轻松解答。

其次，要教会学生转化信息，即教会学生将隐含信息转化为显在信息。具体而言，教会学生将图表信息转化为文字信息，将具体信息转化为概括信息，将比喻信息还原为本体信息等。

2.提升关联比较概括信息的能力

新课标在学业质量水平4-2描述中，将"能比较概括多个文本信息"作为高校招生评价高中生学业质量水平的一项指标。近两年信息性文本阅读加大了"比较概括多个文本信息"能力的考查。如何比较概括多文本信息？要在有效筛选、转化信息的基础上，依据题干要求，关联比较多文本的相关信息，在此基础上归纳概括信息。

比对的方向：

（1）比对词语

①表示范围的词语。注意修饰对象的词语（一般是定语），是否有扩大或缩小范围的表述。

②表示程度的词语。注意选项中是否有加重或减轻程度的表述及轻重倒置、夸大过度的现象。

③表示指代的词语。注意指代对象是否一致，是否有张冠李戴、偷换概念等错误。

④表示时间或时态的词语。注意选项是否有时间先后错乱、混淆已然与未然的错误。要留心是否有故意将"即将出现的情况"表述或推断为"已经发生的情况"的内容。

⑤表示语气的词语。注意选项是否有混淆或然与必然、说法绝对化的错误。

⑥重要的动词、形容词等。主要是判断一些词语的替换有没有篡改原文，有没有曲解文意。

（2）比对语句间关系

①比对单句各个成分之间的关系以及与文本的异同。通过分析句子的主、谓、宾、定、状、补等句子成分，提取句子主干，从而判断选项有没有杂糅、混淆等错误。

②比对复句中各个分句间的关系与原文表述是否一致。分句间的关系主要有因果、条件、假设、目的、转折、并列等，特别要注意强加因果、因果关系倒置、必要条件变成充分条件、并列关系变成转折关系等错误。

③比对依据和结论。

比对原文，看选项中的结论是否有依据。看选项中所述原因、条件、结论在原文中是否涉及或可从原文分析得出。另外，原因或条件与结论之间是否有合理的逻辑关系。

题目中的选项，往往会有诸多的漏洞点。比如主观臆断、以偏概全、强加因果、因果颠倒、无中生有等。面对题选项中的困惑，我们要学会回到原文中对细节处，批注深思，从而在"点"的层面上寻求突破。

比如，2022年全国卷新高考Ⅰ试题第1题D选项，表述就存有漏洞。材料二最后一段"西方文论强调……优点是……但其弊病是……而中国古典诗论……却能以富有内涵和想象力的诗样的语言传递给读者审美的智慧和哲理"。通过对比，我们会发现，作者认为"中国古典诗论比西方文论更有生命力"属于无中生有，原文没有依据。

信息性文本阅读能力，是高中课程重视学生创新意识、运用能力的一种体现，通过选择适合的方法对学生进行教学，可以提升学生的阅读理解能力，适应新时代的需求。

第二节　文学性文本阅读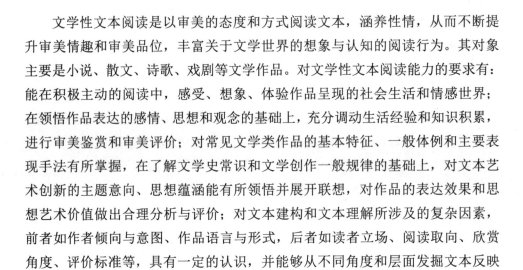

文学性文本阅读是以审美的态度和方式阅读文本，涵养性情，从而不断提升审美情趣和审美品位，丰富关于文学世界的想象与认知的阅读行为。其对象主要是小说、散文、诗歌、戏剧等文学作品。对文学性文本阅读能力的要求有：能在积极主动的阅读中，感受、想象、体验作品呈现的社会生活和情感世界；在领悟作品表达的感情、思想和观念的基础上，充分调动生活经验和知识积累，进行审美鉴赏和审美评价；对常见文学类作品的基本特征、一般体例和主要表现手法有所掌握，在了解文学史常识和文学创作一般规律的基础上，对文本艺术创新的主题意向、思想蕴涵能有所领悟并展开联想，对作品的表达效果和思想艺术价值做出合理分析与评价；对文本建构和文本理解所涉及的复杂因素，前者如作者倾向与意图、作品语言与形式，后者如读者立场、阅读取向、欣赏角度、评价标准等，具有一定的认识，并能够从不同角度和层面发掘文本反映的人生价值和时代精神。

一、文学性文本阅读怎么考

文学性文本阅读是高考中非常重要的板块，也是难度系数较大，得分率不高的板块，一直备受关注。近年来，文学性文本阅读命题稳中有变，呈现出回归教材，关注名家经典，重视思辨性和个性化解读等特点。

（一）命题特点

1.选材彰显"立德树人"，荟萃名家经典

统计近五年高考全国卷文学性文本阅读，选文包括小说14篇、散文6篇，报告文学1篇。如下图：

年份	卷别	选文	体裁	国别	作者
2023	全国卷新高考Ⅰ	给儿子	小说	中国	（当代）陈村
	全国卷新高考Ⅱ	社戏（节选）	小说	中国	（现代）沈从文
	全国卷（甲）	机械的诗 ——旅途随笔之一	散文	中国	（现代）巴金
	全国卷（乙）	长出一地的好荞麦	小说	中国	（当代）曹多勇
2022	全国卷新高考Ⅰ	江上	小说	中国	（现代）冯至
	全国卷新高考Ⅱ	到橘子林去	散文	中国	（当代）李广田
	全国卷（甲）	支队政委（节选） 长征：前所未闻的故事 （节选）	小说、 报告 文学	中国 美国	（当代）王愿坚 ［美］哈里森·索 尔兹伯里
	全国卷（乙）	"九一八"致弟弟书	书信体 散文	中国	（现代）萧红
2021	全国卷新高考Ⅰ	石门阵	小说	中国	（现当代）卞之琳
	全国卷新高考Ⅱ	放猖 莫须有先生教国语	小说	中国	（现代）废名
	全国卷（甲）	当痛苦大于力量的时候	散文	中国	（当代）王小鹰
	全国卷（乙）	秦琼卖马	小说	中国	（当代）谈歌
2020	全国卷Ⅰ	《越野滑雪》	小说	美国	［美］海明威
	全国卷Ⅱ	《书匠（节选）》	小说	中国	（当代）葛亮
	全国卷Ⅲ	《记忆里的光》	散文	中国	（当代）蒋子龙
	新高考Ⅰ卷 （山东卷）	《建水记（之四）》	散文	中国	（当代）于坚
	新高考Ⅱ卷 （海南卷）	《大师（节选）》	小说	中国	（当代）双雪涛

续表

年份	卷别	选文	体裁	国别	作者
2019	全国卷Ⅰ	《理水（节选）》	小说	中国	（现代）鲁迅
	全国卷Ⅱ	《小步舞》	小说	法国	［法］莫泊桑
	全国卷Ⅲ	《到梨花屯去》	小说	中国	（当代）何士光

选文以小说为主，涵盖中外，尤以中国现当代小说所占比例最高。出现了群文阅读的趋势。选文荟萃名家经典，深植文化根脉，彰显了"立德树人"的立场。既有关注中华优秀传统文化传承的《社戏》《书匠》，又有西方名家经典《越野滑雪》《小步舞》，还有关注革命的文学题材《江上》《支队政委（节选）》《"九一八"致弟弟书》《赵一曼女士》，关注改革的《理水（节选）》《记忆里的光》《到梨花屯去》……选文内容丰富多元，凸显了新课程理念和当下关注的热点话题，涵盖了十八个学习任务群的"文学阅读与写作""思辨性阅读与写作""中国现当代作家作品研习""外国作家作品研习""中国革命传统作品研习"等。

2.命题注重审美鉴赏，知识与能力并重

近五年全国卷文学性文本阅读选文篇幅呈逐年上升趋势，题量稳定在3至4道题。客观题主要结合文本细节考查文本内容鉴赏和艺术特色。主观题结合考纲要求，围绕小说的必备知识展开命题。

年份	卷别	题量	分值	主要考点
2023	全国卷 新高考Ⅰ	4	18	1. 分析鉴赏文本内容和艺术特色（3分） 2. 分析鉴赏文本内容和艺术特色（3分） 3. 分析人物心理（6分） 4. 写作文学短评思路（6分）
	全国卷 新高考Ⅱ	4	18	1. 分析文本内容（3分） 2. 鉴赏文本艺术特色（3分） 3. 分析场面描写（6分） 4. 语言鉴赏（6分）
	全国卷 （甲）	3	15	1. 分析鉴赏文本内容和艺术特色（3分） 2. 分析文本内容之间的联系（6分） 3. 鉴赏谋篇布局的好处（6分）
	全国卷 （乙）	3	15	1. 分析鉴赏文本内容和艺术特色（3分） 2. 赏析文本场景描写的艺术效果（6分） 3. 分析人物心理（6分）

续表

年份	卷别	题量	分值	主要考点
2022	全国卷 新高考Ⅰ	4	18	1. 分析鉴赏文本内容和艺术特色（3分） 2. 文本内容的理解和分析（3分） 3. 对人物思想感情的概括和分析（6分） 4. 对文本处理艺术和效果的理解和分析（6分）
	全国卷 新高考Ⅱ	4	18	1. 文本内容的理解和分析（3分） 2. 艺术特色的分析鉴赏（3分） 3. 文章标题的理解（6分） 4. 赏析细节的作用（6分）
	全国卷 （甲）	3	15	1. 对文本相关内容和艺术特色的分析（3分） 2. 人物形象的分析（6分） 3. 分析作品艺术表现手法（6分）
	全国卷 （乙）	3	15	1. 分析鉴赏文本内容和艺术特色（3分） 2. 对文本情感的分析（6分） 3. 分析鉴赏文本内容（6分）
2021	全国卷 新高考Ⅰ	4	18	1. 分析鉴赏文本内容和艺术特色（3分） 2. 小说艺术特色的分析和鉴赏（3分） 3. "反复"手法的艺术效果（6分） 4. 赏析物象在文章的作用（6分）
	全国卷 新高考Ⅱ	4	18	1. 对文本相关内容和艺术特色的分析（3分） 2. 对文本相关内容和艺术特色的分析（3分） 3. 品味语言艺术，分析写作意图（6分） 4. 对文本相关内容和艺术特色的分析（3分）
	全国卷 （甲）	3	15	1. 对文本相关内容和艺术特色的分析（3分） 2. 对文本细节的分析（6分） 3. 赏析情节的作用（6分）
	全国卷 （乙）	3	15	1. 分析鉴赏文本内容和艺术特色（3分） 2. 分析情节作用（6分） 3. 人物心理变化（6分）
2020	全国卷Ⅰ	3	15	1. 分析鉴赏文本内容和艺术特色（3分） 2. 分析人物心理（6分） 3. 对作品进行个性化阅读和有创意的解读（6分）
	全国卷Ⅱ	3	15	1. 分析鉴赏文本内容和艺术特色（3分） 2. 分析人物心理（6分） 3. 分析人物精神内核（6分）
	全国卷Ⅲ	3	15	1. 分析鉴赏文本内容和艺术特色（3分） 2. 鉴赏小说情节结构（6分） 3. 探究标题的作用（6分）

续表

年份	卷别	题量	分值	主要考点
2020	新高考Ⅰ卷（山东卷）	4	16	1. 理解文本内容（3分） 2. 分析鉴赏艺术特色（3分） 3. 品味语言艺术，分析写作意图（4分） 4. 分析作品的结构（6分）
	新高考Ⅰ卷（海南卷）	4	18	1. 理解文本内容（3分） 2. 分析鉴赏艺术特色（3分） 3. 品味细节寓意（6分） 4. 赏析句子的含义（6分）
2019	全国卷Ⅰ	3	15	1. 分析鉴赏文本内容和艺术特色（3分） 2. 分析人物形象（6分） 3. 对作品进行个性化阅读和有创意的解读（6分）
	全国卷Ⅱ	3	15	1. 分析鉴赏文本内容和艺术特色（3分） 2. 分析人物形象塑造的方法（6分） 3. 对作品进行个性化阅读和有创意的解读（6分）
	全国卷Ⅲ	3	15	1. 分析鉴赏文本内容和艺术特色（3分） 2. 鉴赏景物描写的功能（6分） 3. 鉴赏细节描写（6分）

　　通过梳理，我们发现命题主要集中在"鉴赏文本内容和艺术特色、分析人物形象、景物描写的作用、语言品味、表现手法、细节分析"等常见知识点的考查，涉及范围较广，对小说必备知识的考查比较充分。新高考改变了以知识识记为主的考查传统，转向能力运用。主要包括理解能力、分析综合能力、鉴赏评价能力和探究能力四方面。其中，分析综合和鉴赏评价的考查是重中之重。

　　其次，命题变化表现在局部考查与整体把握并重，并向局部考查倾斜，关注文本细节的理解分析。既有从整体着眼，如2020全国卷Ⅲ《记忆里的光》第9题"从文章谋篇布局的角度，分析题目'记忆里的光'是如何统摄全文的。"也有对文章细节内容的理解，比如2019年全国卷Ⅲ的《到梨花屯去》第9题"两个乘客为什么沉默？小说为什么首尾均有这一细节？"2020全国卷Ⅲ《记忆里的光》第8题"作者对儿时看火车经历的叙述很有层次感，请结合作品具体分析"。

　　3. 考点回归教材，重视能力运用

　　在教学实践中，遇到教、学、考不一致的问题时，这既影响教师教教材的积极性，也影响学生学教材的积极性。所谓教、学、考不一致，主要指的是试卷内容与教材内容不一致。高考内容与教材内容不一致会降低学生和教师对教材的重视程度。近年来，全国卷文学性文本阅读有意关联教材，考查知识迁移。

比如 2020 全国卷 I《越野滑雪》第 7 题中 D 选项"年轻人不甘平庸的滑雪冒险与《老人与海》中'硬汉'形象不同"将选文中的人物形象与教材中老人的硬汉形象进行对比。第 9 题更是直接考查了海明威重要的创作原则——冰山理论的运用，即在简洁的文字背后蕴含着丰富的内涵。这样的试题命制有利于引导每一位备考者回归教材，重视必备知识，温故知新，而不是机械刷题，寻找套路。

其次，考点体现了新课程理念，"阅读与鉴赏"侧重考查整体感知、信息提取、理解阐释、推断探究、赏析评价等内容；"表达与交流"侧重考查叙述表现、陈述阐释、解释分析、介绍说明、应对交流等内容；"梳理与探究"侧重考查积累整合、筛选提炼、归整分类、解决问题、发现创新等内容。

4.重思辨性阅读和个性化阅读考查

"思辨性阅读与表达"是新课标十八个学习任务群之一，"旨在引导学生学习思辨性阅读和表达，发展实证、推理、批判与发现的能力，增强思维的逻辑性和深刻性，认清事物的本质，辨别是非、善恶、美丑，提高理性思维水平"[①]。近年来，文学性文本阅读的考查巧设思辨类试题。这类试题比比皆是。如 2019 全国卷 I《理水》第 9 题"《理水》是鲁迅小说集《故事新编》中的一篇，请从'故事'与'新编'的角度简析本文的基本特征"。这道题从"故事"与"新编"的关系入手，考查学生的辩证思维。"故事"是从历史的维度，于史有据；"新编"是现实的维度，表现为新的历史讲述方式。

除了思辨性，高考也越来越注重阅读的个性化。以"对作品进行个性化阅读和有创意的解读"为重点。比如 2023 年全国卷 I《给儿子》第 9 题"读书小组要为此文写一则文学短评。经讨论，甲组提出一组关键词：未来·回忆·成长；乙组提出一个关键词：河流。请任选一个小组加入，围绕关键词写出你的短评思路"。这道题允许考生从不同的角度出发，考查了学生文学鉴赏的能力，体现了新教材文学阅读与写作相结合的理念，体现了"教学评一体化"，是一道开放度高的测试题。

纵观近五年的高考试题，在坚守文学本位的立场上，凸显了对语文必备知识、关键能力和核心素养的考查。新高考文学性文本阅读的考查仍会延续这一趋势，并逐步与新课程，新教材接轨，而体现新课程学习任务群要求的革命文学和当代文化、整本书阅读也要适当关注。

---

① 中华人民共和国教育部. 普通高中语文课程标准（2017 年版 2020 年修订）[M].
北京：人民教育出版社，2020：19.

二、为什么文学性文本阅读难拿高分

文学性文本阅读作为高考试卷中考查的重点，也是备考中的一个难点。每次学生答完都感觉很好，拿到答卷却傻眼了。长年以来，文学性文本阅读得分率较低，是学生之间拉开差距的主要板块。纵观多数考生失分情况，大致原因有以下四方面：

1.忽视教材，基础知识不扎实

教材是我们语文教学的重要蓝本，但纵观中学语文教学，很多学生只把教材当作默写识记的工具，对教材持可有可无的态度。部分老师在教授课文时浮光掠影，只为完成任务，没有把知识点讲透，也忽视了知识的迁移。复习时却千方百计地去找经典文本，事倍功半。学生对教材不熟悉，在考试答题中暴露无遗。比如2020全国卷Ⅰ《越野滑雪》第9小题设置了对海明威重要创作理论——"冰山"理论的分析。借用"冰山"理论，引导学生对海明威的创作风格进行探究，考查其在小说情节安排上的应用。很多考生因为对"冰山"理论感到陌生，不知从何作答。还有部分考生难以从情节背后探索隐藏的内容。事实上，海明威这一创作理论在《老人与海》等作品中都有体现。

2.单纯机械记忆，缺乏知识迁移能力

在高三复习备考过程中，老师都会注重知识点的讲解，重视题目类型的归纳、总结和训练，但部分学生阅读理解不到位，只是机械记忆。部分学生拿到试卷后先看题干猜测文意，没有仔细阅读文本、厘清阅读思路、了解作者创作意图。部分学生缺乏收集信息的能力，无法整合文本中的关键信息，出现了表达不准确、答题不规范等现象。

其次，部分学生知识迁移能力较差，当文本或提问形式发生变化，便无所适从。由于长期的机械记忆，部分学生面对思辨性问题，无从下手，感到为难。

3.答题标签化，文本理解不够

忽视文本阅读，直接从题目入手，是部分一线教师教给学生的做题"法宝"，这样可以节省阅读时间，留足时间回答其他板块的题目。文学性文本阅读的得分率低也导致部分中下层学生对这一板块比较"佛系"——得之我幸不得我命的态度。新高考注重素养考查，忽视阅读重套路重刷题，往往欲速度则不达。

高中生学业繁重，大多时间都被做题挤占，缺少对经典名著的阅读，阅读理解能力不够。在2021年八省适应性考试中，很多考生表示川端康成的《秋雨》阅读难度太大，看不懂。这是对川端康成这样的名家创作风格缺乏了解造成的。

中学语文重视篇章教学，重视阅读训练，但部分学生单纯依赖答题套路，答题标签化，忽视了理解文本这个重点。诚然，我们要重视答题方法的教学，但单纯依赖模板也会因表述缺乏针对性而失分。如有的考生看到结构的作用就是"承上启下"，看到情节的作用就是"吸引读者阅读兴趣"，却不能结合具体文本来分析。还有部分学生在关于文章主题的总结，总是想当然地将文本内容类型化解读，生搬硬套。或上升到一定政治高度，过度解读。

4.审题不清，答题不规范

首先，审题不清，答非所问。审题是基础，很多学生之所以失分较多，在于并没有认真审题，没有明确提问的方向；还有一部分同学也不会审题。面对题目，不知道如何提炼问题核心，常常不知道在考什么，也不能与文本内容进行有效的联系。

其次，答案繁琐，缺乏逻辑。一些学生在答题过程中为了多得分，盲目罗列文本信息，没有重点，没有主次。他们密密麻麻，将答题框写满，却没有一个重点与得分点相吻合，还有的学生以次要信息作为答题的重要依据，失分严重。

最后，主观臆断，缺少"作者""命题人""阅卷人"的视角。学生在阅读时只是根据自己的阅读经验，没有站在作者写作的角度去揣摩写作意图，更有甚者在答题的时候全然不顾命题人设题的角度，武断作答，导致错答、漏答。个别学生盲目抄袭选择题题干的表述，投机取巧。此外，考生中还存在答题不分点，一点多答，逻辑混乱；书写潦草，笔迹太轻或太重，行距太小，增加阅读障碍等问题。

三、如何攻克文学性文本阅读难点

我们可以从以下几个方面复习备考：

1.回归教材，夯实基础知识

每一道试题都可以从教材中找到影子。学教材就是巩固知识点，学习阅读鉴赏的方法。教材选文具有代表性，知识点设计具有系统性，是最为珍贵的教学资源。一轮复习必须回归教材，关注教材内容和基础知识的进一步积累与巩固，吃透知识点，并学会迁移运用。

我们在平时的教学中，不要忽略教材，要注重在教材学习中培养学生举一反三、融会贯通的能力。教师可以利用选文精讲知识点，整合知识点，建立知识体系。文学性文本阅读备考，可以梳理教材内出现的作家及相关文学创作理论，整理教材中的相关知识点。高三复习要关注学生必备知识的系统建构和能力运用的转化。在复习备考时，以教材为起点，引导学生归纳整理不同文体的阅读规律。培养学生在立足文本的基础上联系现实生活，融入生活常识，以更好地揣摩作品，走进人物心理。

2. 回归文本，提升文学鉴赏力

让素养落地，首先是要避开套路，防止大量无效的刷题训练，让阅读真正发生。高考需在规定时间内读懂文本，日常训练要加大对文本解读能力和审美鉴赏能力的培养。有些课堂"三要素"走天下，答题模板化，学生死记硬背知识清单。在复习备考时，如果只是就题讲题，就会让学生失去审美体验，久而久之，失去文本鉴赏能力。"刷题"走天下的时代已终结，"轻阅读重套路，轻思考重刷题"的复习备考已经不能应对新高考对学生文学素养的要求。2022年新高考Ⅰ卷冯至先生的历史小说《江上》，2020年全国新高考Ⅰ卷美国著名作家海明威的《越野滑雪》，2019年全国高考卷Ⅰ鲁迅先生的《理水》，皆为名家作品，如不能读懂，都很难完成后面的试题。《伍子胥》写于1942至1943年，取材于春秋时期伍子胥的复仇故事；《理水》是故事新编，学生需对大禹治水的故事有一定了解，再结合文本，读懂读透小说；《越野滑雪》主要用对话形式推动情节发展，考生需通过细读文本品出小说隐藏的信息，才能较好理解"冰山理论"。这都要求学生重视文本阅读，提升阅读素养。忽视文本阅读，就是忽视鉴赏小说的根本，对提高小说备考效益、提高小说鉴赏能力而言，无异缘木求鱼。

重套路、重刷题形成的定式思维无法对接新课标的要求。如2020年《越野滑雪》第9小题，海明威的"冰山"理论将文学作品同冰山类比，他说："冰山在海面移动很庄严宏伟，这是因为它只有八分之一露在水面上。"这篇小说正是只描写了这露出水面的八分之一。请据此简要说明本小说的情节安排及其效果。题目设置"冰山"理论考查学生分析小说情节安排的特点以及艺术效果。不少考生看到"冰山"理论就蒙了，不懂"冰山"理论，连八分之一的情节露出来也把握不了；有些考生的答案"放之四海而皆准"，未能结合文本本身进行分析，套题作答。这都是重套路重刷题在新高考面前"水土不服"的表现。

复习文学性文本阅读时，我们不仅要传授阅读方法，还要结合文本，培养学生阅读作品时的代入感，在立足文本的基础上联系现实生活，融入生活常识，以更好地揣摩作品，走进人物心理。我们还可以把文本细读、知人论世等阅读方法落实到复习教学中，切实提升学生的文学鉴赏力。

3. 注重细节，提升答题规范

培养审题意识，强化以问定答的能力。认真审题是一切答题的基础。审题务必仔细，同一个词语如果前后位置调换就会产生不同的效果。例如"请赏析文中画线句子景物描写的特点"与"请赏析文中画线句子描写景物的特点"两个类似的句型，考查的是截然不同的内容。前者强调的是描写的特点，即描写的手法；后者强调的是景物本身的特点。答题前，我们一定要明确题目的真正含义，找准答题方向。

关注要点，答题思路清晰。主观题答题要注重多角度，简明扼要，切忌一点多答，重复啰嗦。在日常的教学过程中可以结合高考题分析现代文的答题要点以及归纳答案的方向。比如 2019 年全国卷Ⅲ《到梨花屯去》第 8 题，"小说中有多处景物描写，请分析其功能"。此题目考查的是学生把握景物描写功能的能力。首先带领学生回顾景物描写的功能，有"奠定感情基调营造，渲染气氛，烘托人物心理，推动情节发展等"。然后结合问题回到文本，找到相对应的描写手法，总结出此问题的答案要点。

关注细节，准确表达。切合实际，准确措辞也非常重要。阅读还会出现这样的问题，学生看懂了文章，审清了题目，找到了要点，却依然失分。这是因为这些学生的答案表述词不达意，我们平时要加强表达的训练。

4. 从"命题人"和"阅卷人"的角色思考

学生要有命题人思维，把握命题人的意图。新高考一大特点是反猜题。复习时，我们无须猜题押题，但可以站在命题者的角度去审视文本和试题。

一是在复习备考时，"命题人"思维有利于帮助学生打开复习思路。老师可以引导学生研究近几年高考真题，探究命题理念；也可以精选文本，要学生试着命题，促使学生站在命题者的角度去审视文本，更好地揣摩命题意图。

二是在答题时要有"阅卷人"思维。站在"阅卷人"的角度，掌握参考答案和评分标准。在平时的练习、测试中，可以要学生自评，或互评，深度体验阅卷者的角色，规范答题。学生在互换角色后，更加注重问题解答的条理性，按照一定的规律，将答案组织完整，整合优化。

文学性文本阅读在高考中对考生而言是一个难题，处于广种薄收的艰难境地：高重复率，高错误率，低得分率。提高阅读在高考中的得分率，需在新课标背景下进行有序的谋划。让阅读真正发生，首先在于扎实阅读文本：读懂内容，梳理情节，深挖主题，探究文本特色等。其次厘清核心素养落地的思维模式——在核心价值的引领下，通过对必备知识和关键能力的综合考查，来检阅学科素养；而特定情境设置，是达成"综合考查"的有效路径。组织文学性文本阅读的复习活动，不妨尝试进行一定的"角色转换"活动，学生或许会获得更多有益启示。

第三节　思辨性阅读

　　思辨性阅读是新教材语文阅读教学的重要板块，新课标对"思辨性阅读与表达"学习任务群做了明确规定，指出此任务群旨在培育学生的思辨品质，帮助学生养成发现、思考以及解决问题的思维品质，使学生逻辑思维和批判性思维真正得到锻炼。该任务群侧重发展理性思维，包括"实证、推理、批判与发现"在内的理性思维能力，讲求"逻辑性和深刻性"以及最终发展能"辨别是非、善恶、美丑"的理性思维品质。这一要求符合当今社会发展的趋势。在以往的语文学习中，我们有直觉思维、形象思维培育，但少有抽象思维教育，更缺少逻辑思维教育。"思辨性阅读与表达"任务群旨在发展学生实证、推理、批判的能力，让学生拥有思维的逻辑性与深刻性，提升学生的思维。

一、"思辨性阅读与表达"在教材中的呈现

　　新课程中关于"思辨性阅读与表达"学习任务群学习目标与内容有如下分析：
　　1. 阅读古今中外论说名篇，把握作者的观点、态度和语言特点，理解作者阐述观点的方法和逻辑。阅读近期重要的时事评论，学习作者评说国内外大事或社会热点问题的立场、观点、方法。在阅读各类文本时，分析质疑，多元解读，培养思辨能力。
　　本条对"思辨性阅读与表达"具体能力进行要求。其中"把握作者的观点、态度""理解作者阐述观点的方法和逻辑""学习……立场、观点、方法""分析质疑，多元解读"等都指向了具体的思辨技能。
　　2. 学习表达和阐发自己的观点，力求立论正确，语言准确，论据恰当，讲

究逻辑。学习多角度思考问题，有理有据，以理服人。

3. 围绕感兴趣的话题开展讨论和辩论；能理性、有条理地表达自己的观点，平等商讨，有针对性、有风度、有礼貌地进行辩驳。[①]

从语言表述来看，第 2、3 两条从"思辨性表达"出发，分别从写作和口语交际中的论辩性活动入手，对"思辨性阅读与表达"进行要求。其中"论据恰当，讲究逻辑""多角度思考问题""有针对性地辩驳"指向了具体的理性思辨技能。

部编高中语文教材有 3 个单元对应"思辨性阅读与表达"任务群，具体篇目及学习重点如下：

单元主题	篇目	文体	思辨阅读	思辨表达
必修上 第六单元 "学习之道"	《劝学》	议论文	在梳理文章内容的基础上把握文本的中心观点以及作者的情感态度。理解阐述观点的方法和逻辑	学会有针对性地发表个人观点，尝试有条理、有层次、合理地阐述自己的看法
	《师说》	议论文		
	《反对党八股》	演讲稿		
	《拿来主义》	杂文		
	《读书：目的和前提》	随笔		
	《上图书馆》	随笔		
必修下 第一单元 "中华 文明之光"	《子路、曾皙、冉有、公西华侍坐》	议论性散文	把握每篇文章的核心观点，思想内涵及其现代意义。感悟不同文体的特征和说理技巧，领会历史人物高妙的语言艺术。以思辨的眼光认识历史人物和历史事件	在充分思考现实问题和理论的基础上，借鉴作品阐发个人观点的方式、方法，理性地阐释自己的观点，写议论性文章
	《齐桓晋文之事》	议论性散文		
	《庖丁解牛》	寓言		
	《烛之武退秦师》	史传性散文		
	《鸿门宴》	史传性散文		

---

① 中华人民共和国教育部. 普通高中语文课程标准（2017 年版 2020 年修订）[M].
北京：人民教育出版社，2020: 19.

续表

单元主题	篇目	文体	思辨阅读	思辨表达
必修下 第八单元 "责任与担当"	《谏太宗十思疏》	奏疏	充分理解文章内容和作者的思想观点，结合当今现实问题，分析文章的现实意义。学会在辩证分析的基础上，理性判断，结合自己对历史的了解，分析文章说理的合理之处与不妥之处，敢于质疑，善于推敲	借鉴作品论证个人观点的方式、方法，以理性的方式认识问题，独立思考，学会论述自己的观点，写议论性文章
	《答司马谏议书》	书信		
	《阿房宫赋》	文赋		
	《六国论》	史传散文		

　　由上表可知，"思辨性阅读与表达"单元涉及的文体非常广泛，包括带有议论和说理性质的演讲稿、杂文、书信、随笔和史传散文等。选文具有很强的思辨性，如《拿来主义》在特定时代背景下，深入探讨了对待外来文化的正确态度。通过驳论的方式，首先批驳了"送去主义"等对待外来文化和文化遗产的错误态度，然后立论提出要"运用脑髓，放出眼光，自己来拿"。对于现代中外论说名篇的视角，透过文字可见作者观点阐述的逻辑性与深刻性，学习说理论证的方法，从而提升理性思维水平。新课标要求"学习作者评说国内外大事或社会热点问题的立场、观点、方法"[①]，通过分析质疑，培养思辨能力。学会用思辨的眼光对作者的立场、观点、方法进行观察和分析，学习用理性的态度、逻辑分析的方法去求证言说者观点的对错，从而辨别是非、善恶、美丑，提升理性思维水平，这是一个富有挑战性的学习领域。古代经典文本也具有很强的思辨性，如《烛之武退秦师》在历史叙述中突出了"礼"的观念，"无礼于晋""贰于楚""不仁""不知""不武"等均与"礼"有关。不仅如此，烛之武富有智慧的外交辞令和以大局为重的价值追求都可以成为思辨性阅读的重要内容。当我们用现代的理性精神去面对中国传统经典论说名篇会产生怎样的火花？令人期待。

　　除了这三个单元，很多文章都体现了思辨性特点，需要老师在上课时候去

① 中华人民共和国教育部. 普通高中语文课程标准（2017 年版 2020 年修订）[M].
　　北京：人民教育出版社，2020: 19.

发掘，启迪和培养学生思辨性看待问题的方式。以必修下的第二单元、第三单元为例，这两个单元属于"文学阅读与写作""实用性阅读与交流"学习任务群，也蕴含了思辨思维。

学习任务群	人文主题	课文	思辨内涵
文学阅读与写作	良知与悲悯：领悟剧作家对于社会人生的深刻认识和深切关怀，激发良知和悲悯情怀，健全人格培养	《窦娥冤（节选）》	窦娥悲剧形成的社会因素，深刻揭示了封建社会的残暴与黑暗
		《雷雨（节选）》	《雷雨》主题的多元解读，既有对旧社会罪恶的控诉，也有对"伦理""命运""人性"等的思考
		《哈姆莱特（节选）》	哈姆莱特的人物形象解读及其悲剧成因的分析本身具有深刻的思想人文内涵
实用性阅读与交流	探索与创新：认识人类社会文明发展历程，体会科学探索和科学创新的价值，激发探索精神、创新精神和理性精神	《青蒿素：人类征服疾病的一小步》	落后的科研条件与伟大的科研精神：个人与集体
		《一名物理学家的教育历程》	如何理解作者童年的两件趣事中所蕴含的思想内涵
		《中国建筑的特征》	介绍中国建筑特征过程中所采用的论证方法和论证思路

二、高考对"思辨性阅读与表达"的考查

文本类型	2020 年新高考全国卷 I		2021 年新高考全国卷 I		2022 年新高考全国卷 I	
	选文内容	评价内容	选文内容	评价内容	选文内容	评价内容
信息类（论述类）文本阅读	《"孝"作为家庭伦理的意义》	理解（3分）	《诗论》《读〈拉奥孔〉》	理解（3分）	《加快构建中国特色哲学社会科学》《新诗百年探索与后期诗潮》	理解（3分）
		论证（3分）		理解（3分）		理解（3分）
		推断（3分）		论证（3分）		论证（3分）
				论证（3分）		论证（3分）
				探究（3分）		探究（3分）

续表

文本类型	2020 年新高考全国卷Ⅰ		2021 年新高考全国卷Ⅰ		2022 年新高考全国卷Ⅰ	
	选文内容	评价内容	选文内容	评价内容	选文内容	评价内容
文学性文本阅读	《越野滑雪》	综合赏析（3分）	《石门阵》	综合赏析（3分）	《江上》	综合赏析（3分）
		人物心理（6分）		文本分析（3分）		文本分析（3分）
		艺术手法（6分）		艺术手法（4分）		人物思想情感（4分）
				主题解读（6分）		艺术效果（6分）
文言文阅读（主观题）	《宋史苏轼传》	综合赏析（3分）	《通鉴纪事本末贞观君臣论治》	综合赏析（3分）	《战国策·魏策三》	综合赏析（3分）
诗歌阅读	《奉和袭美抱疾杜门见寄次韵》	分析情感（6分）	《寄江州白司马》	评价前人观点（6分）	《醉落魄·人日南山约应提刑懋之懋之》	内容分析（6分）

从上表可见，思辨性阅读在信息性文本阅读、文学性文本阅读、古诗文阅读都有所呈现：

（一）信息性文本阅读思辨性的呈现

1.试题分析

思辨性阅读重逻辑能力培养，而培养逻辑思维最直接有效的方式便是信息性文本阅读的学习。近五年的信息性文本选文以学术论文为主，具有创新性、逻辑性和时代性的特点。从新课标描述的"发展实证、推理、批判与发现的能力，增强思维的逻辑性和深刻性"这一学习目标来看，学术论文用简洁高效的表达方式来阐述研究成果，研究的过程具有严密的逻辑性思维和科学的实证推理，和基于前人研究基础的总结、批判与发现。有利于在有限的考试时间内检测出考生的思辨能力。以新高考全国卷Ⅰ为例，2022 年的《加快构建中国特色哲学社会科学》属于哲学性文章，《新诗百年探索与后新诗潮》属于文艺评论性文章，

2021 年的《诗论》《读〈拉奥孔〉》属于文艺评论性文章、《"孝"作为家庭伦理的意义》是学术性论著。《诗论》属于文艺评论性文章，《读〈拉奥孔〉》属于美学评论性文章，《"孝"作为家庭伦理的意义》属于伦理学评论性文章，这些学术性文章本身就极具思辨性和思维张力，对学生思维能力的要求很高。

2. 设问方式

设问上以两道单选题和两道简答题的形式出现。客观题涉及关键信息的比对，主观题注重对学生批判性思维的考查，涉及解释、分析、评估、推论等多种能力的考查。

考查点	"思辨性阅读与表达"相关知识点
解释	把握作者的观点、态度；准确表达概念
分析	理解作者阐述观点的方法和逻辑；学习作者评说问题的立场、观点、方法辨析观点与材料；推断之间的联系
评估	质疑推论的合理性；揭示其可能存在的矛盾、模糊点；评价写作成果
推理	质疑推论的合理性；多方面、多角度获得信息，筛选信息，比较和分析其异同；多角度思考问题
说明、辩解	理解文本所表达的思想、观点和感情；对文本做出自己的分析判断；论据恰当；围绕中心选取材料
自我调节	发现新的关联，推断整合出新的信息或解决问题的策略、程序和方法，并运用于解决自己学习和生活中遇到的相关问题。有针对性地进行辩驳，能独立修改自己的文章，评价写作成果

批判性思维需遵循一定的认知规律。分析评估大致应是第一阶段，在分析的基础上走向质疑。评估推理是第二阶段，由质疑求证走向综合评价。说明辩解与自我修正是第三阶段，最终呈现思维结果。当然这仅是大致的阶段，六项技能在思维过程中还是相互交织的整体。而整个自我调节部分又存在于整个的思维过程中，促进人们不断地对思维进行思维，起到元认知的作用。

例如，2021 新高考全国卷Ⅰ第 3 题：

结合材料内容，下列选项中最能支持莱辛"诗画异质"观点的一项是（　　）

A. 诗以空灵，才为妙诗，可以入画之诗尚是眼中金屑也。

B. 文者无形之画，画者有形之文，二者异迹而同趣。

C. 诗和画的圆满结合，就是情和景的圆满结合，也就是所谓的"艺术意境"。

D.图画可以画爱神向一个人张弓瞄准，而诗歌则能写一个人怎样被爱神之箭射中。

这一道题考查了思辨性阅读中的分析和说明能力，设题要求选择恰当的论据去证明自己的观点。A选项评判的是好诗的标准，B项强调的是"异技而同趣"，说明的是文与画的联系。C项强调的是诗与画的结合。D项能支持莱辛的观点，图画画出的是一瞬间的场面，诗歌描绘的是动作的过程。

3.教学启示

信息性文本有众多不同的文本体裁，在有限的课堂学习中如何最大效率地培养逻辑能力？首先需要选择经典文本作为课堂教学的补充。可以选择篇幅适当且具有严密的逻辑性、科学的实证性、创新性和代表性的学术类论文作为文本阅读的补充。

其次，学习优秀论述类文章批判质疑的方法。学术论文一大特征是创新，创新源于对固有观点的批判质疑，打破某一旧观点，树立新观点。在教学中，我们对文本中呈现的观点和态度要多角度思考，学习优秀作品的论证思路。思辨性思维以理性反思为核心，对待观点不轻易附和，根据事实和证据做出自己的选择判断。而质疑和发现是以科学性和逻辑性为基础的，教师在教学过程中要将科学性和逻辑性贯穿于课堂始终，引导学生科学地、系统地、有逻辑地解读文本意义。这就需要教师在进行批判质疑策略之前首先要传授学生相关的科学性知识，包括逻辑知识、论证知识、基本的概念和基础的原理知识等。比如学习必修下《实践是检验真理的唯一标准》，本文立驳结合，指出理论与实践的统一，是马克思主义的一个基本原则，富于思辨性，并且用革命导师就是坚持用实践检验真理的榜样，善于运用经典理论文献和事例进行论证，在演绎推理中展开论述，最后得出"任何理论都要不断接受实践的检验"的结论。

（二）文学性文本阅读中思辨性的呈现

1.试题分析

很多文学性文本在审美情趣中饱含深刻的思辨性，如2023年全国新高考卷Ⅰ现代文阅读《给儿子》，作家以一个当过知青的父亲对儿子的叮嘱，汩汩地倾诉了自己对当年插队生活的无尽思念、无限深情，通过忆旧表达一个老知青的人生体验，有耐人寻味的艺术效果。2022年全国新高考卷Ⅰ现代文阅读《江上》选自现代作家冯至出版于1946年的历史小说《伍子胥》，讲述了伍子胥从楚国的边邑城和兄长伍尚分别之后，一路辗转到吴国国都的艰难旅程，以伍子胥的内心挣扎和冲突为线索，展现了主人公在仇恨与理想之间的矛盾。节选部分展现了伍子胥逃到江边，与渔夫的对话。2021年全国新高考卷Ⅰ现代文阅读《理水》以讽刺的笔法批判了现实生活中那些不务实的形式主义做派，具有很强的现实批判性。

2. 设问方式

文学性文本阅读主要以主观题的形式出现，辅之以一到两道选择题。文学性文本选材带有作者强烈的主观色彩，它有着信息性文本不具有的对情感态度和价值观的考查优势。文学性文本阅读能够在确定考生理解文章内容的基础上测试考生的情感态度，比如2022年全国新高考卷Ⅰ现代文阅读《江上》第9题，"渔夫拒剑是一段广为流传的历史故事，渔夫是一位义士，明知伍子胥身份而冒死救他渡江，拒剑之后，更为了消除伍于胥的疑虑而自尽。本文将渔夫改写为一个普通渔人，这一改写带来了怎样的文学效果？谈谈你的理解"。这道题在考查审美鉴赏的同时具有一定的思辨性，在比较中考查了考生对文本艺术效果的探究能力，属于思辨能力的综合考查。但就目前来说，文学性文本阅读对思辨能力的综合考查试题数量仍然较少，所占分值和比例仍然有待增加。

3. 教学建议

注重综合性文本补充。近五年文学性文本阅选材以小说和散文为主，大多节选自某一篇中长篇小说或者散文集，且以中国现当代作家作品为主。思辨性主要体现在阅读完后获得独特的审美体验和情感体验，这也是难点所在。我们在日常教学选材上，不能以单一的形式文本作为教学选材，而是要考虑文本的综合性。比如将加西亚·马尔克斯的《百年孤独》与莫言《透明的红萝卜》进行对比阅读，鉴赏魔幻现实主义的写法；将《荷花淀》和《小二黑结婚》《党费》进行联读分析革命文学中的女性形象；将《变形记》与《促织》联读比较中西方关于"人的异化"探讨的主题。

分析比较是思辨性阅读能力的基础层级能力，通过对多篇文本进行组合式的阅读来培养学生分析、比较、概括、综合等能力。思辨性阅读具有促进多元创造性解读、拓展学生认知世界、提升阅读速度、提高提取信息与提炼问题的能力、培养比较鉴赏与反思批判能力等方面的教学价值。在我们开展大单元教学时，可以选择单元之间的文本、不同类型的文本联读，来培养学生思辨性思维品质。

（三）古诗文阅读思辨性的呈现

1.试题分析

"思辨性阅读与表达"学习任务群与文言文单元教学设计紧密相关。该任务群设置目的是"引导学生学习思辨性阅读和表达，发展实证、推理、批判与发现的能力，增强思维的逻辑性和深刻性，认清事物的本质，辨别是非、善恶、美丑，提高理性思维水平"。这为研究文言文思辨性阅读的单元教学设计提供了支撑。近年来，文言文阅读有史传类型的《战国策》《东观汉记》，有纪事本末体的《通鉴纪事本末·贞观君臣论治》《通鉴纪事本末·祖逖北伐》《宋史纪事本末·契丹盟好》，有人物传记《宋史·苏轼传》《宋史·王安中传》等。透过阅读这些文章，我们可以对当时的社会现状产生更多认识，对个人命运与时代的关心，对君臣关系的思考。例如《通鉴纪事本末·贞观君臣论治》中有"君恶闻其过则忠化为佞，君乐闻直言则佞化为忠"，这一观点具有很强的思辨性。2022年全国卷（甲）的联读诗《画眉鸟》《画眉禽》中有较强的文体思辨性。欧阳修的诗以画眉鸟为直接描写对象，托物言志，写诗人听见画眉鸟在山林繁华之间千啼百啭，才知道笼中画眉的叫声，远比不上它在山间的自由歌唱。文同的诗重点渲染了"公庭事简人皆散"之后，仍在高笼中的画眉鸟的鸣声此时听起来却如同置身千岩万壑中，悠远空旷，清幽寂静。两首诗在对比中看出诗人不同的思想。

2.设问方式

传统文言文测试为断句、词语解说、原文内容理解和翻译四道题。新高考卷文言文测试新增了一道简答题，具有一定的思辨性。如2023年适应性考试文言文阅读由《论语》《越绝书·越绝内传陈成恒》两则阅读材料组成，其中第14题"鲁国危难时，孔子的学生颜渊、子路（季路）、子贡先后请求出使，孔子只同意子贡出使，这是什么原因？"需要学生去选文中寻找有效信息，并结合文本分析得出结论。从"德行：颜渊，闵子骞。言语：宰我，子贡。政事：冉有，季路。文学：子游，子夏。"可知善于辞令的是宰我和子贡，而颜回有德行，但不适合出使别国。从"子贡问曰：'何如斯可谓之士矣？'子曰：'行己有耻，使于四方，不辱君命，可谓士矣。'可知子贡和孔子讨论"士"的标准时，涉及"出使"一事。这道题涉及思辨性分析、推理能力，体现了新教材文言文教学的要求。

古诗阅读也加入了思辨性的考查。如2020全国卷Ⅱ《读史》直言不讳地对俗儒歪曲历史的现象进行了抨击，第15题"这首诗阐述了一个什么样的道理？对我们有何启示"以开放题的形式考查学生对诗歌内容和作者观点态度的理解，并结合现实得出启示阅读探究能力和分析表达能力，能体现不同学生的思维与能力水平。但整体而言，古诗文阅读的思辨性体现还不够明显，有待加强。

3.教学建议

教材所选古文都是经过时间检验的经典之作，其蕴含的文本逻辑是教学的根本。我们学习时，要展开文本语境中的逻辑分析。例如《墨子·兼爱》，很多学生提出本文论证过程反复啰嗦的问题。在实际教学中，师生在一起删减逐渐发现，到后面什么都删不掉。作者为了论证"乱，起于不相爱"，在第二段中，用了十个"故"和三个"虽"进行推理，由因导果，追根溯源；在范围上，从小到大，从对君臣、父子、兄弟不相爱扩展到对大夫乱家、诸侯征伐的现象，引导读者不断进行追问和思考。正是用由小道理推导大道理的逻辑推演，层层深入，由易及难，引导读者不断进行追问和思索，令人信服。这种文风与墨家的思想主张和受众群体有关。所以看似啰嗦重复，往往正面说一遍，反面又说一遍，一个观点总结过了，下一段还要再总结，通俗易懂。先秦诸子散文中自成一格，给读者另外一种阅读体味。

我们复习高三文言文时，除了文言知识的积累，还要回归历史语境，引导学生基于文本自身的情理、思维逻辑进行理性批评，辩证地看待我国古代文化传统，培养学生良好的批判性思维。同时指引学生在对古代经典作品的合理认同中，汲取人生智慧，促进学生的生命成长，培育有"理性之光"的现代人格。

三、思辨性阅读教学的困境及原因分析

1.从教学观念来看

在实际教学实施时，思辨性阅读教学效果欠佳。由于对"思辨性阅读与表达"理解不够深入，一些老师在课堂上并不能有效引导学生勇于提问，进而展开讨论。要想落实思辨，组织好课堂，改善教学效果，语文老师必须加强自身的学习，尝试新的教学方法，探索更有效的教学路径。

首先老师需要系统学习，真正掌握新课标理念，并在实际教学中不断深入对理念的把握，这需要一个过程。部分老师对"思辨能力"的理解和重要性认识不足，从思想上没有真正接纳，到了课堂就不可能有效落实。

2. 从教学目标和内容来看

部分老师对"思辨性阅读与表达"教学目标和内容描述不清晰。通过调查了解得知，很多老师在思辨性阅读与表达理解上有误，没有真正领会课标精神，他们把阅读和表达分成两个不相干的任务，理解成"思辨性阅读"就是引导学生阅读议论文类型的作品，"思辨性表达"就是培养学生写作议论文的能力。"思辨性阅读"文本的类型不是只针对议论文一种，数量也不只限于某一篇，它可以是专题组合也可以是整本书，文本类型也可以是多样的。"思辨性表达"并不是培养简单的说和写的能力，是要引导学生结合文本内容，挖掘感兴趣的话题和问题，并深入探讨，学会客观全面地表达自己的观点，对于他人提出的疑问或者看法，也可以结合自己的理解进行辩论。

从教学内容角度分析，思辨性阅读与传统的教学方式有一定区别，它需要广泛搜集资料，多方借鉴他人的有关论述，为思辨提供一定参考。现阶段关于"思辨性阅读和表达"任务群的教学资源还比较欠缺，开发还不够深入。

3. 从教学方法来看

①教学方法囿于传统，文本解读单一

部分老师采取的仍是传统的教学模式，思辨阅读教学的新方式并没有得到落实。教学过程重视了单一的文本解读，缺乏辩证思考和创新性。久而久之，学生也就养成了这种不思考的习惯，教学课堂丧失了应有的活力。这对学生思维能力的培养以及提高辩证看待问题的意识有较大的影响。例如文言文教学，有些课堂在梳理完实词、虚词、词类活用、句式等知识点后，进行全文翻译和主题概括就结束了教学。没有时间对文本进一步思辨探究，忽视对文本的深读和广读。真实情境下的文本细读，是在阅读过程中与文本、作者的深度对话。基于多元、深层对话的阅读理解，对提高语文阅读教学效果和发展学生思维有着不可代替的作用。

②侧重知识讲授，学生缺少质疑精神

新课标主张尊重学生主体地位，改进以前的授课方法，采用引导式教学，让学生自主发现问题、提出问题、解决问题，培养学生的质疑精神和思辨能力。然而在现阶段，传统的讲授方式可以短时间内让学生快速摸清文本的重点和考点，学生甚至只需要加强记忆就行，需要主动思考的空间很少，学生的参与体验感较低，主动学习和思考的积极性也会随之变差，思辨能力的培养效果也会大打折扣。学生缺乏质疑精神，逻辑推理的意识和能力欠缺。

四、思辨性阅读的教学思考与建议

1.合理设置情境，培养学生思辨意识

在开展思辨阅读教学前，合理设置真实情境，激发学习好奇心，引起思辨的兴趣。我们可以在开展教学活动前设置导学案，设计一些让学生感兴趣且参与感比较强的问题，激发学习的热情。比如进行选择性必修上第三单元教学时，为了增强学习积极性，设计一个环节，即学校的文学社正在拟策划举办"展多样文化，促文明共鉴"的外国文学微型展览，通过"设计海报，展作品概貌""深入研读，设人物雕像""文学创作，架读写桥梁"三个课段整合本单元作家作品，开展整本书阅读与鉴赏、表达与交流、梳理与探究等语文实践活动。在这个情景设计中，留给学生自由发挥的空间。面对这样一个情景，学生的积极性很高，整节课都在积极主动地沟通交流，思考栏目的设计，整个过程让学生觉得参与感和成就感比较强，这样不仅让学生对课文内容和知识的掌握更加扎实，还能提升学生的思维能力。

2.深度理解文本，以"1＋N"形式开展群文阅读教学

教材中选取的经典篇目值得反复咀嚼。我们要深化对文本的整体理解，探寻值得让学生论证评析的要点。从整体关照中重点关注到一些句子段落的隐含教学生长点，将经典名篇教实、教透。比如《六国论》，这是一篇"论述严密"的古代经典作品，我用两个问题串联这一环节：第一，苏洵认为"六国破灭"的原因是什么？第二，苏洵认为六国有没有可以自我保全的方法？对于第一个问题，学生很容易找到"弊在赂秦"这个句子。第二个问题，学生也容易找到对应段落第5段，从而总结出苏洵认为的六国保全方法：封地谋臣、礼事奇才、并力西向，即从物质、精神两方面重视人才，以六国联合兵力对抗秦国。但是我们仔细推敲文章的论证结构，会发现一些值得推敲的地方。于是我设计问题让学生"找文章论证漏洞"。学生通过细读文章发现了以下漏洞：一是因为"兵不利，战不善"才导致六国贿赂秦国，六国破灭的原因归根结底还是打仗不行。二是秦早就有包举宇内、囊括四海之意，荆轲刺秦只是秦灭燕的导火线，而并非"以荆卿为计，始速祸焉"；而且荆轲刺秦乃是秦兵旦暮渡易水背景下发生的，实在是兵不利战不善之下的无奈之举。通过进一步分析，我们发现《六国论》对六国灭亡原因的分析论证不合事实之"真"、逻辑之"理"，在立论、论据与论证上有偏颇之处，因此不能看作严谨典范的议论文。作为探索文本真正经

典价值的"跷点"，引导学习者发现其作为经典的史论文，具有借古讽今的作用。

为了达到思辨的教学目的，我们还要明确进行比较阅读：

一是围绕某一文章进行相关阅读材料的扩充。例如教材节选的是易卜生戏剧作品《玩偶之家》第三幕的一部分，主要展现了19世纪不合理的家庭制度，娜拉出走是女性觉醒的标志，我们教学时可以补充鲁迅先生的杂文《娜拉走后怎样》，进一步探讨娜拉出走后的社会问题，对比阅读，激发学生的研究兴趣，拓宽学生视野。

二是围绕教材编写、单元主题，进行相关阅读材料的拓展。曹操的《短歌行》和陶渊明的《归园田居》，同属于魏晋时期的作品，一个被视为中国最洒脱的士大夫，一个是被世人争论了千年的枭雄，将《短歌行》与《归园田居》进行比较阅读来看魏晋时期生命价值观，会有什么样的火花呢？首先从两首诗歌的诗眼入手，探讨魏晋时期的生命价值观。

维度	《短歌行》	《归园田居》
诗眼	忧	归
为何而忧/归	人生短暂、贤才难得、功业未成	质性自然，爱好自然，向往自由，思恋故土
情感	满怀忧患的志士之慨	闲逸洒脱的隐士之情
生命价值观	因时光易逝，人才难得，于是忧虑满怀，借酒浇愁，只盼贤士到来，共同成就千秋功业	因爱好自然，向往自由，于是义无反顾辞去官职，归隐田园，享受属于自己的美好闲适生活
人生态度	进取型人生态度	超脱型人生态度

通过比较，我们发现曹操作为政治家、军事家兼诗人的珍惜时间、积极向上的精神和真诚坦荡的胸怀以及树立远大理想、实现人生价值的不懈追求，值得我们好好学习。同样的陶渊明能"不戚戚于贫贱，不汲汲于富贵"，关注个人品格修养，保持人格的独立与清醒，提醒我们在人生中不能迷失自我，要永远保持精神的圣洁。两种不同的人生选择都是可贵的。

三是围绕作家进行相关阅读材料的补充。为了能够更深入去研讨文本，我们将作者生平所写的相关作品全部整理出来，按照时间先后顺序分，能够更全面地把握作者的人生轨迹和写作变化。例如，学习杜甫的诗歌，我们可以重新组合他在不同时期的作品，以时间为主线，了解诗圣诗歌创作的变化，经历了盛唐之音的真情豪迈、十年困顿的情感抒怀和忧国忧民的感时伤怀。

　　以"1＋N"形式开展群文阅读教学，有利于用思辨思维深入对比和解读，使认识更加全面，同时还能从一些经典作品中获得新的感触。

　　3. 求真探究、观点拓展，挖掘经典价值

　　关于教材中的论说名篇，我们一方面要学习它们的论说技巧，作者如何有效地提出观点，论证使用的方法。另一方面，我们可以通过有效引导，评析学习者可能会产生的质疑。对论说名篇进行内容求真、逻辑推敲、观点权衡是培养思辨思维的重要手段之一。例如学习苏洵的《六国论》后，学生理解了一篇史论是借史来论证自己的观点后进一步发问道："是不是只要为论证自己的观点就可以不顾历史事实呢？历史真实到底是什么？史论的价值究竟是什么？"这些问题恰可以转化成"我论六国覆灭之真实原因""由众人论六国，观史论文之价值"等话题，供学习者建构学习认知、辩证表达自己的思考。这也一定程度上提升教学价值。

　　我们要为学生搭建思辨的平台，激发学生的批判质疑力。课前设计导学案，唤醒学生自主思考意识。思辨性阅读导学案应侧重于设计真正有意义，能触发学生思考的问题，以问带读，层层推进，把思考引向深入。要注意由浅入深地设计导学案，分层布置，让学生可根据自己实际情况，弹性选择导学案中感兴趣可完成的预习题进行思考。

　　其次，回到历史现场，引导学生挖掘文本"矛盾"。教材选编的经典作品有一定的彼时彼地背景，我们要知人论世。比如，学习陶渊明的《归去来兮辞》，有学生觉得陶渊明的人生选择是消极避世，当我们设身处地地回到历史现场，才能理解诗人面临的仕隐之间的矛盾。

　　采取合作探究学习方式，营造学术化的思辨交流学习环境。王文彦老师在《语文课程与教学论》中讲道："阅读教学中最大的失误，是用教师对语文知识的认识结果代替学生对语文知识的认识过程。"[①] 为了能在有限的时间内，传递给学生更多有营养的知识，很多教师习惯帮助学生归纳，表面上整节课干货满满，但长此以往，学生因为缺乏完整的思考，深层的思维逻辑可能还停留在无序状态，思维品质很难得到提升。针对阅读学习中的问题，采取合作探究的学习方式，使学生的思维相互碰撞，有利于发展思辨思维。

①　吴欣歆. 实用性阅读与交流：全面的观察与理性的表达 [J]. 语文学习，2018(03): 53-58.

4. 读写共生，提升思辨能力

叶圣陶先生说："语言与思维分拆不开，语言要说得正确有条理，其实要头脑想得正确有条理。因此，语言训练和思维训练同时并举。"上海师大附中的余党绪提出了"思辨读写"这一概念，他指出要处理好阅读、思考与表达的关系。阅读时尽量做到"原生态阅读"，即尽可能抛却先见，在相对集中的时间内进行完整阅读，整体感知与把握作品。在阅读的基础上，要进行批判性的思考，让书的内容进入学生的精神世界，成为他们生活和生命的一部分。最后是尝试将阅读所得转化为表达资源，在写作、口语交际和其他实践活动中运用。

新教材在设计时，将思辨阅读与写作结合，实施读写结合的教学策略。写作是梳理思路，对思维再整理的过程。它有利于提升思辨阅读的效率，也有利于提升高中生的议论文写作水平。例如在教学《子路、曾皙、冉有、公西华侍坐》时，我们可以设计问题，"你怎么看待孔子四位弟子的人生志向和治国之道？"或者"讲讲你认为的理想社会是什么样的？"通过这样的问题，引导学生阐述自己的观点和对社会的思考。

最后，评价标准多元。学生的思辨性阅读是多角度的，那么阅读下的写作也定是从自身的思维视角出发的，写作成果或是细腻、饱含情感的，或是理性、逻辑议论的。因此，对于不同的角度，评价标准也应该与之多元对应，多维度、个性化的方向，尊重学生合理的个性化思维过程，推动学生思辨思维的发展。

第四节　古诗文阅读

中华优秀传统文化源远流长，从唐诗宋词到明清散文小说，每个时代都留下了宝贵的文学财富。2017 年 1 月，中央办公厅、国务院办公厅发布了《关于实施中华优秀传统文化传承发展工程的意见》，这是第一份阐述传承中华优秀传统文化的重要文件。新课标正式提出"文化传承与理解"，把它列为学科核心素养的重要组成部分，并且划分了"中华传统文化经典研习"这一学习任务群，旨在"引导学生通过阅读中华传统文化经典作品，积累文言阅读经验，培养民族审美趣味，增进对中华优秀传统文化的理解，提升对中华民族文化的认同感、自豪感，增强文化自信，更好地继承和弘扬中华优秀传统文化"①。课程安排上设定为 2 学分，36 课时，并在"文字阅读与写作"这一任务群中提出"中国传统优秀作品应占课内阅读篇目的二分之一"的要求。从课程设置和学分占比可以看出古诗文阅读的重要地位。新课标要求古诗文教学注重朗读对训练学生语感、帮助学生理解文本等方面起的作用，引领学生积累古代诗词、散文的阅读经验。② 同时学生要及时对所学古诗文中常见的文言实词、虚词、特殊句式和文化知识进行梳理，注意古今语言的异同，积极学习优秀传统文化作品的表现技巧，提升自己的写作能力。足以见得古诗文阅读对中学生全面发展具有重要价值。因此在新课改的当下如何去理解古诗文阅读的内涵、更好进行古诗文阅读教学需引起更多的关注。③

从赋分看，古诗文阅读的分值仅低于现代文阅读和写作部分，在高考中占有举足轻重的地位。古诗文阅读作为高考语文必考内容，在文本选取、难易程度、题型设计、能力层级上稳中有变，也反映了不同阶段古诗文阅读的教学情况。

一、文言文阅读的命题特点和备考策略

（一）文言文阅读能力怎么评价

依据高中语文课程标准与考试说明，我们将文言文阅读的能力要素归纳为四类：整体感知、理解探究、鉴赏评价与拓展关联。整体感知是指能够梳理、概括文本的主要内容，理解文本的情感脉络与思想内涵。对文言文的整体感知并不等同于翻译原文，而是侧重借助阅读经验，体会文化意蕴。理解探究是指能够结合文本具体内容，对作者创作意图、内容理解、主题等方面进行分析。鉴赏评价是指根据学习经验与生活体验，批判性地评析文本的布局谋篇、语言表达等，并能充分地表达自己独特的感悟与认识。拓展关联是指阅读视角的拓展与延伸，有意识地将文言文阅读与现实生活建立联系，运用阅读经验解决现

---

① 中华人民共和国教育部. 普通高中语文课程标准（2017 年版 2020 年修订）[M]. 北京：人民教育出版社，2020：15.

② 中华人民共和国教育部. 普通高中语文课程标准（2017 年版 2020 年修订）[M]. 北京：人民教育出版社，2020：13.

③ 中华人民共和国教育部. 普通高中语文课程标准（2017 年版 2020 年修订）[M]. 北京：人民教育出版社，2020：16.

实生活中的问题。需要说明的是，我们将文言文阅读能力归纳为四类能力要素，目的是客观描述学生核心素养的外显性特征，在实际阅读过程中，这些能力要素之间呈现密切关联、螺旋上升式的样态。

1. 文言文阅读的命题特点和趋势

①选材彰显"立德树人"，体裁趋向多元化

年份	卷别	选文	体裁
2023	全国卷新高考 I	《韩非子·难一》《孔丛子·答问》	散文 问答体
	全国卷新高考 II	《百战奇略》《唐太宗李卫公问对》	军事理论 问答体
	全国卷（甲）	《隆平集·儒学行义》	散文
	全国卷（乙）	《韩非子·十过》	散文
	适应性考试	《论语·先进》《论语·子路》《越绝书·越绝内传陈成恒》	语录体 杂史
2022	全国卷新高考 I	战国策·魏策三	史传
	全国卷新高考 II	《东观汉记》卷十	史传
	全国卷（甲）	《战国策·秦策二》	史传
	全国卷（乙）	《说苑·贵德》	杂史小说
2021	全国卷新高考 I	《通鉴纪事本末·贞观君臣论治》	纪事本末体
	全国卷新高考 II	《通鉴纪事本末·祖逖北伐》	纪事本末体
	全国卷（甲）	《宋史纪事本末·契丹盟好》	纪事本末体
	全国卷（乙）	《通鉴纪事本末·贞观君臣论治》	纪事本末体
2020	全国卷 I	《宋史·苏轼传》	人物传记
	全国卷 II	《宋史·王安中传》	人物传记
	全国卷III	《晋书·王彪之传》	人物传记
	新高考 I 卷	《明史·左光斗传》	人物传记
	新高考 II 卷	《明史·海瑞传》	人物传记
2019	全国卷 I	《史记·屈原贾生列传》	人物传记
	全国卷 II	《史记·商君列传》	人物传记
	全国卷III	《史记·孙子吴起列传》	人物传记

从篇幅方面看，近五年全国卷文言文阅读的字数总体趋于减少，字数合理控制在 500 以内。结合新课标的颁布与发行看，篇幅的控制降低了文言文阅读考查的难度，符合新课标对"学生能读懂浅易文言文"的规定。文言文阅读将重点转移到人物品质与精神的传达上，体现高考"立德树人"的宗旨。人物传记着眼于刻画人物的正面形象，叙述主人公的生平经历和突出事迹，重在表现他们为官清廉、淡泊名利、关爱百姓、孝敬父母、品行高洁、刚正忠义、清廉为民、弘扬正气等优秀品质，传递社会正能量，具有正面的教育意义，体现了"文化传承与理解"的核心素养要求。通过感知历史人物的生平经历，体悟其精神品格，让学生将中华民族的传统美德传承下去，体现了高考评价体系的纲领性作用。

文言文阅读的选材具有集中性。2021 年之前，高考文言文选材均为"二十四史"中的人物传记作品，选材来源非常稳定。一方面，这是由于"二十四史"中的作品主要为人物传记，篇幅短小且完整，阅读难度适中，符合新课标提出的阅读"浅易"文言文的标准，而且情节和结构完整，适用于限时性考试，易于做出删减改动。另一方面，"二十四史"涉及面广、时间跨度长、可供选择的材料多，内容丰富多样，选择性强。全国卷对二十四史的考查也有侧重点，其中《宋史》考查的频率最高，考查频率较高的还有《史记》与《明史》。除了"二十四史"外，近年来选材还来源于《战国策》《通鉴纪事本末》《宋史纪事本末》《说苑》《越绝书》等杂史集，属于新的选材来源。2023 年考试选择了散文、问答体、语录体等材料联读，又是一大变化，此类材料在高考选材中具有很大的发挥的空间。

②题型与分值：稳中有变，注重开放与创新

2020 年新课标指出在高考命题中"测试形式要创新，多设置可供学生选择的题目，体现学生个性；多设置主观性、开放性的题目，展现学生智慧，鼓励学生发挥和创造。试卷结构和测试形式不应固化，以避免形成新的应试模式"。学生的解题过程往往也是一种动态的学习过程，高考古诗文阅读试题应注重学生在做题过程中认知水平的变化，问题与问题之间需注意层级性和逻辑性，通过一层一层引导，让思维始终处在动态发展的状态，由表及里，向更深层次发展。

年份	卷别	选文	题型	主要考点	分值
2023	全国卷新高考Ⅰ	《韩非子·难一》《孔丛子·答问》	1. 客观题（3）	文言文断句	20
			2. 客观题（3）	了解并掌握古代文化常识	
			3. 客观题（3）	归纳文本主要内容、概括中心意思	
			4. 主观题（8）	理解并翻译句子	
			5. 主观题（3）	对文本内容的理解和分析	
	全国卷新高考Ⅱ	《百战奇略》《唐太宗李卫公问对》	1. 客观题（3）	文言文断句	20
			2. 客观题（3）	了解并掌握古代文化常识	
			3. 客观题（3）	归纳文本主要内容、概括中心意思	
			4. 主观题（8）	理解并翻译句子	
	全国卷（甲）	《隆平集·儒学行义》	1. 客观题（3）	文言文断句	19
			2. 客观题（3）	常见文言文实词在文章中的含义	
			3. 客观题（3）	对文本内容的概括和分析能力	
			4. 主观题（10）	理解并翻译句子	
	全国卷（乙）	《韩非子·十过》	1. 客观题（3）	文言文断句	19
			2. 客观题（3）	常见文言文实词在文章中的含义	
			3. 客观题（3）	对文本内容的概括和分析能力	
			4. 主观题（10）	理解并翻译句子	
	适应性考试	《论语·先进》《论语·子路》《越绝书·越绝内传陈成恒》	1. 客观题选三（3）	文言文断句	20
			2. 客观题（3）	了解并掌握古代文化常识	
			3. 客观题（3）	归纳文本主要内容、概括中心意思	
			4. 主观题（8）	理解并翻译句子	
2022	全国卷新高考Ⅰ	《战国策·魏策三》	1. 客观题（3）	文言文断句	20
			2. 客观题（3）	了解并掌握古代文化常识	
			3. 客观题（3）	归纳文本主要内容、概括中心意思	
			4. 主观题（8）	理解并翻译句子	
			5. 主观题（3）	对文本内容的理解和分析	

续表

年份	卷别	选文	题型	主要考点	分值
2022	全国卷新高考 II	《东观汉记》卷十	1. 客观题（3）	文言文断句	20
			2. 客观题（3）	了解并掌握古代文化常识	
			3. 客观题（3）	归纳文本主要内容、概括中心意思	
			4. 主观题（8）	理解并翻译句子	
			5. 主观题（3）	对文本内容的理解和分析	
	全国卷（甲）	《战国策·秦策二》	1. 客观题（3）	文言文断句	19
			2. 客观题（3）	常见文言文实词在文章中的含义	
			3. 客观题（3）	对文本内容的概括和分析能力	
			4. 主观题（10）	理解并翻译句子	
	全国卷（乙）	《说苑·贵德》	1. 客观题（3）	文言文断句	19
			2. 客观题（3）	常见文言文实词在文章中的含义	
			3. 客观题（3）	对文本内容的概括和分析能力	
			4. 主观题（10）	理解并翻译句子	
2021	全国卷新高考 I	《通鉴纪事本末·贞观君臣论治》	1. 客观题（3）	文言文断句	20
			2. 客观题（3）	了解并掌握古代文化常识	
			3. 客观题（3）	归纳文本主要内容、概括中心意思	
			4. 主观题（8）	理解并翻译句子	
			5. 主观题（3）	对文本内容的理解和分析	
	全国卷新高考 II	《通鉴纪事本末·祖逖北伐》	1. 客观题（3）	文言文断句	20
			2. 客观题（3）	了解并掌握古代文化常识	
			3. 客观题（3）	归纳文本主要内容、概括中心意思	
			4. 主观题（8）	理解并翻译句子	
			5. 主观题（3）	对文本内容的理解和分析	
	全国卷（甲）	《宋史纪事本末·契丹盟好》	1. 客观题（3）	文言文断句	19
			2. 客观题（3）	常见文言文实词在文章中的含义	
			3. 客观题（3）	对文本内容的概括和分析能力	
			4. 主观题（10）	理解并翻译句子	

续表

年份	卷别	选文	题型	主要考点	分值
2021	全国卷（乙）	《通鉴纪事本末·贞观君臣论治》	1. 客观题（3）	文言文断句	19
			2. 客观题（3）	常见文言文实词在文章中的含义	
			3. 客观题（3）	对文本内容的概括和分析能力	
			4. 主观题（10）	理解并翻译句子	
2020	全国卷 I	《宋史·苏轼传》	1. 客观题（3）	文言文断句	19
			2. 客观题（3）	常见文言文实词在文章中的含义	
			3. 客观题（3）	对文本内容的概括和分析能力	
			4. 主观题（10）	理解并翻译句子	
	全国卷 II	《宋史·王安中传》	1. 客观题（3）	文言文断句	19
			2. 客观题（3）	常见文言文实词在文章中的含义	
			3. 客观题（3）	对文本内容的概括和分析能力	
			4. 主观题（10）	理解并翻译句子	
	全国卷 III	《晋书·王彪之传》	1. 客观题（3）	文言文断句	19
			2. 客观题（3）	常见文言文实词在文章中的含义	
			3. 客观题（3）	对文本内容的概括和分析能力	
			4. 主观题（10）	理解并翻译句子	
	新高考 I 卷	《明史·左光斗传》	1. 客观题（3）	文言文断句	20
			2. 客观题（3）	了解并掌握古代文化常识	
			3. 客观题（3）	归纳文本主要内容、概括中心意思	
			4. 主观题（8）	理解并翻译句子	
			5. 主观题（3）	对文本内容的理解和分析	
	新高考 II 卷	《明史·海瑞传》	1. 客观题（3）	文言文断句	20
			2. 客观题（3）	了解并掌握古代文化常识	
			3. 客观题（3）	归纳文本主要内容、概括中心意思	
			4. 主观题（8）	理解并翻译句子	
			5. 主观题（3）	对文本内容的理解和分析	

续表

年份	卷别	选文	题型	主要考点	分值
2019	全国卷 I	《史记·屈原贾生列传》	1. 客观题（3）	文言文断句	19
			2. 客观题（3）	常见文言文实词在文章中的含义	
			3. 客观题（3）	对文本内容的概括和分析能力	
			4. 主观题（10）	理解并翻译句子	
	全国卷 II	《史记·商君列传》	1. 客观题（3）	文言文断句	19
			2. 客观题（3）	常见文言文实词在文章中的含义	
			3. 客观题（3）	对文本内容的概括和分析能力	
			4. 主观题（10）	理解并翻译句子	
	全国卷 III	《史记·孙子吴起列传》	1. 客观题（3）	文言文断句	19
			2. 客观题（3）	常见文言文实词在文章中的含义	
			3. 客观题（3）	对文本内容的概括和分析能力	
			4. 主观题（10）	理解并翻译句子	
			2. 客观题（3）	常见文言文实词在文章中的含义	
			3. 客观题（3）	对文本内容的概括和分析能力	
			4. 主观题（10）	理解并翻译句子	

从 2023 年看，文言文选材从单文本阅读走向群文阅读。从题型看，文言文整体保持稳定态势，以"主观题＋客观题"的形式组合。全国卷共 4 题，19 分，一般考查文言断句、词语解说、内容理解和翻译题。新高考卷共 5 题，除了翻译题增设了一道简答题，考查学生在读懂文本的基础上深入思考的能力，其他题型未变。今年第一道断句题改为多项选择题。文言文的实词考查也由广泛的文化常识考查，注重同教材中的含义和用法联系，到注重实词在文本中的语境意义。

文言文教学一直强调字字落实、命题也一直非常重视对字词积累和掌握程度的考查。不管是过去单设实词、虚词选择题还是如今以翻译题形式综合考查实虚词含义、用法，都可见字词作为文言文阅读基础的重要地位。新课标在坚持落实文言字词积累的同时提出了更深层次的要求：文言字词的理解和考查要与具体语境挂钩。"通过文言文阅读，梳理文言词语在不同上下文中的词义和用法，把握古今汉语词义的异同，既能沟通古今词义的发展关系，又要避免用现代意义理解古意，做到对中华优秀传统文化作品的准确理解"①，试题要淡化对机械记忆的考查，转向测评在具体语境中理解文言字词含义的能力。试题编写不再只关注单独的文言字词本身，同时也关注文言和白话的差别，古典和现代的沟通，关注与之相关的古典情境。这样的试题具有整体性和文化性，更符合新时代人才培养的需求。

③丰富主观题型，发展思维品质

"中华传统文化专题研讨"任务群在学习目标中开门见山指出："加强理性思考，进对中华文化核心思想理念和中华人文精神的认识和理解，体会中华文化创造性转化和创新性发展的趋势。"②中华传统文化经典研习更是为高考文言文试题考点设置指出了新的考查路径，提出了"体会精神内涵、审美追求、文化价值""认识作品贡献""撰写阅读评论"等要求，文言文阅读不只是考查文言实虚词的意义和用法、感性的理解与品位，更要让学生从文化角度、审美角度、表达艺术等方面抒发个体认识、以考查学生的独特见解、思辨能力。

课改前主观题题型单一，只有"翻译题"一种，考生即便对文言文负载的思想内容有所看法也没有自由表达的空间。从启动全国新高考卷起，文言文增设了一道简答题，为深层次地理解文本提供了考查机会。如2022年全国新高考Ⅰ卷14题：

孟尝君前往赵国、燕国借兵救魏，所采用的游说策略有什么不同？请简要概括。（3分）

这道题考查概括文中信息的能力。根据题干"前往赵国、燕国借兵救魏，所采用的游说策略有什么不同"的要求解题。回读原文，先找到游说赵王时孟尝君说的内容，即"夫赵兵非能强于魏之兵……此文之忠于大王也"，孟尝君主要告诉赵王以下几层意思：一是魏国是赵国的屏障，替赵国阻挡秦兵；二是如果赵不救魏，魏国就会与强秦结盟，那么赵国就会受到强秦的直接威胁。这样就把赵救魏之利、不救魏之弊清晰地摆在了赵王面前——采用分析利弊的方法来劝说赵王。再找到游说燕王的内容，即"燕不救魏……王何利？"孟尝君主要告诉燕王，如果燕国不派救兵，那么魏国就联合韩、魏、赵，四国共同攻打燕国，让燕王迫于压力出兵——采用威胁恐吓的策略。文言文也是一种文学

---

① 中华人民共和国教育部. 普通高中语文课程标准（2017年版2020年修订）[M]. 北京：人民教育出版社，2020: 6+27.

② 中华人民共和国教育部. 普通高中语文课程标准（2017年版2020年修订）[M]. 北京：人民教育出版社，2020: 27.

作品，语言形式和思想内容都应该是题中之义，不应该重"言"轻"文"。因此，在保持主观题分值稳定的情况下，丰富主观题题型，设置一道鉴赏类简答题，是可行且必要的。

④设置综合的阅读任务，为发展核心素养创造空间

阅读能力要求打破了"浅易"标准的禁锢，新的学业质量标准将学业质量水平分为五个级别，各个级别都附有详细的要求。五个级别清晰地陈述了学生在完成高中各个阶段的语文学习任务后，应该达到的学科素养水平和各水平的关键表现，这就为文言文试题编写不同难度水平的测验题提供了具体的参照标准。高考文言文测评不必为了符合模糊的"浅易"标准而一致保守地选择人物传记。在新课标指导下，试题编写人可以分梯度选择多元的选文以测评学生的文言文阅读能力。重阅读能力的考查，考题突出情境性、典型性。新课标给出了命题思路和框架，"考试，测评题目应以具体的情境为载体，以典型性任务为主要内容，要以语文学科核心素养为考查目标，以综合考查作为命题向导"①，这是以往课标从未提及的。为了测评语文核心素养，新课标给出了要使课程内容"结构化""情境化"的指示。设题不再是单单指向某一知识点或能力点的考查，而是整合多个考点考查综合运用知识的能力，强调综合性和整合性。比如考查文言字词含义或用法时，对文言字词附文化内容的考查，以实现对学生语言素养和文化素养的测评。再如以情境化设计的方式考查语言运用能力和问题解决能力，问题解决能力高低也是思维的灵活程度的体现。例如，2023年适应性考试的14题：

鲁国危难时，孔子的学生颜渊、子路（季路）、子贡先后请求出使，孔子只同意子贡出使，这是什么原因？（3分）

这里设置了"鲁国危难时，孔子的学生颜渊、子路（季路）、子贡先后请求出使"这一情境，要求学生在对文本一、二理解的基础上进行综合判断。通过选文一"德行：颜渊，闵子骞。言语：宰我，子贡。政事：冉有，季路。文学：子游，子夏"可知善于辞令的是宰我和子贡，颜渊、子路长处不在此。子贡问曰："何如斯可谓之士矣？"子曰："行己有耻，使于四方，不辱君命，可谓士矣。"孔子关于"士"的回答中涉及"出使"之事，出使四方诸侯之事，在子贡向孔子请教学业的过程中曾涉及过。

---

① 中华人民共和国教育部. 普通高中语文课程标准（2017年版2020年修订）[M]. 北京：人民教育出版社，2020：49.

（二）复习备考策略

1.立足教材，夯实基础

新高考对文言文的考查立足课本，文言文实词、虚词的含义都可以在课本中找到相应落脚点。一轮复习讲究夯实基础，回归课本是复习的要点。学生要系统复习课本中所有的文言知识。教师带领学生复习时，可以要求学生读课本中的文言文，包括课文和注释，并梳理重点实词、虚词、通假字、一词多义、词类活用、文言句式等，引导学生巩固课本中的文言文知识，并准备一个积累本，进行分类积累，利用每天的早读时间进行诵读。

新教材是教学的范本，也是命题的依据。新课标强调在古诗文教学中培养学生的文言文语感、增进对文本的整体感知理解。主张古诗文教学要引导学生积累课内外古代作品的阅读经验，举一反三，培养独立研读文本的能力。[①]另外，教师从多个方面、多个维度着手，开展各种专题的单元学习活动，通过多种阅读方法的讲解，指导学生运用所学到阅读实践中去，循序渐进地品味我国传统文化的博大精深。从历史与当代维度探讨传统文化的时代价值、传承意义。如此不仅能考查学生的积累，也有助于培养学生分析推理、知识运用和自我表达的能力。

2.兼顾内外，积累必备知识

高中课本中的选修和选择性必修篇目都是编写者从历代名家名篇中精心挑选、编排的，符合高中生认知规律，每一篇目均有重点词汇的注释、语意的理解、文化常识，也有单元学习提示、研习任务。要以字词句的积累为突破口，由"言"及"文"，了解文章意旨、文化之道。有计划阅读课外文章，如《古文观止》《世说新语》《资治通鉴》等，消除对文言文的陌生感，培养文言语感，巩固新知。适当让学生接触一些二十四史之外的古代著作，练习题也不局限于史传文学作品。让考生从上下文语境、语调和情感态度中推导难词难句的大意，以练促学。

（1）文言文字词句的积累

阅读文言文要以充分的字词句积累为基础。在文言词汇的复习中，知识点细分为文言实词、虚词、特殊句式。实词包括一词多义、通假字、古今异义、词类活用等；虚词主要是18个，特殊句式包括判断句、倒装句（状语后置和宾

---

① 中华人民共和国教育部. 普通高中语文课程标准（2017 年版 2020 年修订）[M].
北京：人民教育出版社，2020: 21.

语前置）、省略句、固定句式等。在一轮复习中，要稳扎稳打，结合文章及语言环境去掌握。教师在高三的冲刺阶段可以通过选择一些短小的文言文进行挖空训练，给学生们提供字词理解训练与积累的素材。

（2）古代文化常识的学习

首先，要注重日常的文化常识积累，尤其是和教材密切相关的文化常识。其次，针对高三复习备考，可以搜集古代文化常识资料，利用早晚读强化记忆或者举行快问快答的小组比赛。这样学生就能在有趣的学习活动中积累文化常识。文化常识知识点多面广，涉及姓名和称谓、官职和科举、天文地理、宗法礼俗、历法刑法、文化典籍等，需要在平时的学习中分门别类地积累记忆。答题时，要调动平时所学知识，特别是课本中出现的知识，以便触类旁通。

3.勤练：精练典型例题，总结答题方法

（1）精选文本，提升阅读思维

精挑文本，帮学生随文巩固，培养阅读思维。阅读思维也是一种文体思维，面对不同的文体，我们可以采用不同的"阅读思维"来进行训练。比较不同文体的特点：

作品	体裁	线索	重心	特点
《二十四史》	纪传体	人	传主的品质影响	因人谋篇　以人育人
《通鉴纪事本末》	纪事本末体	事	完整的历史事件	因事谋篇　以事育人
《战国策》	国别体	策	策士的游说活动	因策谋篇　思维提升

①《二十四史》（人物传记）

选文内容：人物或为文臣，或为武将，大都位居高官，有过不凡功绩，又贤良方正，堪称表率。其品质与社会的价值观相吻合，是立德树人的榜样。

阅读重点：

人物—事件—品质；知人—明事—辨理

②《通鉴纪事本末》（历史事件）

选文内容：以历史事件为主的史书体例，将重要史事分别列目，独立成篇，完整地反映历史事件的全过程。

阅读重点：

单一事件：厘清起因、经过和结果。

多个事件：每个事件的起止，事件的先后顺序、性质影响，事件之间的关系，关注文末评价。

③《战国策》（游说之辞）

选文内容：以策士的游说活动为中心，同时反映了战国时期的一些历史特点和社会风貌，是研究战国历史的重要典籍。

阅读重点：

政治主张—游说目的—游说策略—游说之辞（策士说诸侯之辞、臣讽君主之辞）—观点辩难

（2）专项训练，各个击破

必要的训练不可少，但要控制好训练量，高耗低效的题海战术不可取。不仅要注重必备知识的建构和关键能力的培养，还要注重在训练中掌握方法技巧，高效备考。掌握各个考点的知识，专项训练是较为有效的一项策略，我们可以选择历年高考真题训练，明晰各个考点的命题特点，加强专项训练，在训练中各个击破，掌握解题技巧。

①断句题——依照句意，分析结构

断句要在理解句子大意的前提下进行，专有名词、话语称谓、文言虚词，句子结构是断句的最主要的依据。主谓之间、动宾之间、动补之间、同位语之间等，都不能断开。客观类断句题，分两步走：第一步，借助选项对比，发现选项中断句相异处。第二步，根据句意并借助相关知识，进行理性分析。借助"专有名词、话语称谓、文言虚词"等，发现当断不断处；借助句子结构分析，确认不应断开处。

②词语解说题——调动积累，依文推断

解答词语解说题，注意两点：一是要善于调动平时积累的古代职官、礼俗、科举、地理、典籍、服饰、器物、历法、刑法、音乐、作品、作者等文化、文学方面的知识。二是要利用上下文的相关信息进行合理推断、排查。

③内容概述题——抓住关键，细心对比

本题题干由"概括分析"改为"内容概述"，选项"因文设题"，文本以人物活动为主的，仍然会考查对人物个性、事件细节、故事时序、地点的概括与分析；对话较多、论述性强的，则侧重于人物观点及发表观点的背景、对事物进程的影响等内容的概括与叙述。

④文句翻译题——注意踩分点，译对关键词

翻译题综合强，但从得分的角度看，翻译的主要任务有两项：一是准确翻

译实词意义，二是将特殊句式转化成现代句式。文言翻译要遵循直译为主、意译为辅的原则。翻译时要综合运用添字、转换、保留、补充、调换语序等方法，对句子进行准确翻译。翻译题要特别重视语境，注意采分点。

⑤简答题——梳理提炼，分点作答

新高考试卷中的简答题考查考生对文章关键内容的深入理解和精准把握。考生要揣摩命题人意图，在文中找出与题目对应的语句，通过分析、梳理和提炼，最后组织答案，分点作答，语言表达要准确流畅，关键信息要答出来。

（三）查漏补缺，总结提升

查漏补缺是复习冲刺阶段的重要环节。在此环节学生需要重点反思两个层面的问题：一是会做但没做对，这里就要分析题干是否审清、关键是否抓准、分析是否到位、思路是否厘清等；二是不会的题没做对，也就是知识未掌握、方法不会用。如果是第一种情况，要从答题习惯的规范上着手；第二种情况，就需要从知识记忆和运用上着手。复习过程中，学生要始终重视对知识的积累，对训练中出现的错题整理归纳，重点分析失误的原因，避免再犯类似的错误，从而解决一类问题。同时，学生要积极大胆地探索，总结文言知识的规律；学生也可自主出题，互相检查，以强化记忆，加深理解。

在新高考背景下备考文言文，要关注高考文言文阅读题的命题趋势与特点，要始终重视基础，抓牢、抓实教材，将课内文言知识迁移运用到课外文言文阅读，加强训练，在练中融会贯通，在练中总结巩固提升，从而提高高考文言文阅读的得分率。

二、古诗词阅读命题特点和备考策略

（一）命题特点

古诗词具有重要的文化艺术价值。阅读古诗词，既可以提高学生人文素养，又可以促进传统文化的传承，具有重要的社会意义。古诗词阅读作为高考中的重要板块，具有以下特点：

1.选材与内容：立足"浅易"，稳中求变

选材以唐诗宋词为主。从题材上看，赠别、咏物、写景抒情、劳动教育有机融入古代诗歌阅读之中。为使古诗文阅读材料趋向新课标中的"浅易"标准，

历年全国卷的古诗文试题都通过删节的方式降低古诗文阅读材料的难度。为帮助考生理解材料，还用加注的方式对一些无法删去又难理解的词语做出进一步解释。经过删减后的选文和诗歌篇幅适当，符合学生的能力范围，且脉络清晰，适合在有限时间内进行测试。

年份	卷别	选文	作者	体裁	题材
2023	全国卷 新高考Ⅰ	《答友人论学》	（南宋）林希逸	七言律诗	寄赠诗
	全国卷 新高考Ⅱ	《湖上晚归》	（北宋）林逋	七言律诗	行旅诗
	全国卷 （甲）	《临江仙》	（北宋）晁补之	词	送别诗
	全国卷 （乙）	《破阵子》	（南宋）陆游	词	行旅诗
	适应性 考试	《次韵毛君游陈氏园》	（北宋）苏辙	七言律诗	游园诗
2022	全国卷 新高考Ⅰ	《醉落魄·人日南山约应 提刑懋之戡之》	（南宋）魏了翁	词	行旅诗
	全国卷 新高考Ⅱ	《送别》	（唐）李白	五言律诗	送别诗
	全国卷 （甲）	《画眉鸟》 《画眉禽》	（北宋）欧阳修 （北宋）文同	七言绝句	咏物诗
	全国卷 （乙）	《白下驿饯唐少府》	（唐）王勃	五言律诗	送别诗
2021	全国卷新 高考Ⅰ	《寄江州白司马》	（唐）杨巨源	七言律诗	寄赠诗
	全国卷 新高考Ⅱ	《示儿子》	（南宋）陆游	七言律诗	示儿古诗
	全国卷 （甲）	《和南丰先生出山之作》	（北宋）陈师道	七言律诗	和诗
	全国卷 （乙）	《鹊桥仙·赠鹭鸶》	（南宋）辛弃疾	词	咏物诗

年份	卷别	选文	作者	体裁	题材
2020	全国卷Ⅰ	《奉和袭美抱疾杜门见寄次韵》	（唐）陆龟蒙	七言律诗	和诗
	全国卷Ⅱ	《读史》	（北宋）王安石	七言律诗	咏怀
	全国卷Ⅲ	《苦笋》	（南宋）陆游	七言律诗	咏物诗
	新高考Ⅰ卷	《赠别郑炼赴襄阳》	（唐）杜甫	五言律诗	赠别诗
	新高考Ⅱ卷	《赠赵伯鱼（节选）》	（宋）韩驹	排律	寄赠诗
2019	全国卷Ⅰ	《题许道宁画》	（宋）陈与义	五言律诗	题画诗
	全国卷Ⅱ	《投长沙裴侍郎》	（唐）杜荀鹤	七言律诗	干谒诗
	全国卷Ⅲ	《插田歌（节选）》	（唐）刘禹锡	乐府诗	田园诗

通过对近五年全国卷古代诗歌题的选材分析，可得出以下结论：

作者以唐宋两个时期的为主，不回避耳熟能详的知名诗人，如李白、杜甫、白居易、刘禹锡、王安石、苏辙、陆游等。唐宋时期是我国诗歌发展的鼎盛时期，名家辈出，名篇众多。这两个朝代诗作之丰富、流传之广泛、影响之深远，在全国卷的选材中得到了充分体现。《中小学传统文化教育指导标准》强调中小学教育阶段课程和教材体系构建的任务紧迫性，明确"脍炙人口的诗词歌赋"是具有权威性和典范性的文本，对学生研读、理解古诗词提出符合认知水平的阶段性要求。

古诗词阅读融入了古往今来积极的思想品质，发挥了育人功能。比如《寄江州白司马》劝慰仕途失意的友人不要沉迷于佛道而消磨了志气，要对人生前途充满信心；《和南丰先生出山之作》推崇适时放下"独善其身"的小爱，将苍生之忧挂在心头；《示儿子》中陆游嘱托儿子一定要熟记周公重视农事，勤俭耕种，发奋读书从中悟出立身根本，脚踏实地；《奉和袭美抱疾杜门见寄次韵》勉励友人，希望友人眼睛恢复健康，表达对友人能够战胜病魔的信心，并用美好的景物对以后美好生活做了展望；《读史》中王安石启发我们要广博地读书，并且保持清醒的批判精神，不能无保留地兼收并蓄，要以怀疑的目光去择取、去吸收；《苦笋》赞美了性情"耿介"，天生"苦节"的苦笋与魏征正直不阿、廉洁自持的品格；《插田歌》中描绘了农民在大好春光中劳动的景象……鉴赏这些诗词，需要学生感悟诗人的思想感情，判断它们的社会意义，由此影响学生的思想观念与审美倾向。在新一轮课程改革中，古诗词阅读命题将继续立足于立德树人的育人导向，注重优秀文化的传承。

从体裁上看，全国卷古诗体裁以近体诗为主，主要考查五言律诗、七言律诗、七言绝句与词，未涉及曲的考查。其中，绝句、律诗与小令深受青睐，一方面，源于这三类诗歌体裁篇幅的完整性。而无论是五言绝句、七言绝句还是五言律诗、七言律诗、还是58字以内的小令，都有固定且不过长的篇幅，适用于限时考试。另一方面，作为唐宋时期的璀璨文化的代表，无论是在诗歌本身的格律，还是在历史进程中发展出的鉴赏这三类诗歌的方法与技巧都有成熟的标准。选择具有标志性、公认度高的诗歌体裁，不仅可以检验学生的古诗文阅读能力，也使得阅卷评分更加标准化。

2.命题特点：注重综合能力、学科核心素养的考查

设题保持了一定程度的稳定性，一般为一道选择题，一道主观题，共9分，重点考查鉴赏诗歌的形象、语言、表达技巧和评价诗歌的思想内容和作者的观点态度。

年份	卷别	选文	题型	主要考点	分值
2023	全国卷新高考Ⅰ	《答友人论学》	客观题（3）	理解和鉴赏诗歌内容和艺术手法	9
			主观题（6）	评价诗歌诗句情感	
	全国卷新高考Ⅱ	《湖上晚归》	客观题（3）	理解和鉴赏诗歌内容和艺术手法	9
			主观题（6）	鉴赏"有我之境"在本诗的体现	
	全国卷（甲）	《临江仙》	客观题（3）	理解和鉴赏诗歌内容和艺术手法	9
			主观题（6）	结合尾联分析评论家的"绝妙"	
	全国卷（乙）	《破阵子》	客观题（3）	理解和鉴赏诗歌内容和艺术手法	9
			主观题（6）	分析诗人的心理活动	

续表

年份	卷别	选文	题型	主要考点	分值
2023	适应性考试	《次韵毛君游陈氏园》	客观题（3）	理解和鉴赏诗歌内容和艺术手法	9
			主观题（6）	评价作者的观点态度	
2022	全国卷新高考Ⅰ	《醉落魄·人日南山约应提刑愁之懋之》	客观题（3）	理解和鉴赏诗歌内容和艺术手法	9
			主观题（6）	理解诗歌的内容和主旨	
	全国卷新高考Ⅱ	《送别》	客观题（3）	理解和鉴赏诗歌内容和艺术手法	9
			主观题（6）	评价诗歌诗句情感	
	全国卷（甲）	《画眉鸟》《画眉禽》	客观题（3）	理解和鉴赏诗歌内容	9
			主观题（6）	鉴赏诗歌意象	
	全国卷（乙）	《白下驿饯唐少府》	客观题（3）	理解和鉴赏诗歌内容	9
			主观题（6）	鉴赏诗歌抒情方式	
2021	全国卷新高考Ⅰ	《寄江州白司马》	客观题（3）	理解和鉴赏诗歌内容	9
			主观题（6）	评价作者的观点态度	
	全国卷新高考Ⅱ	《示儿子》	客观题（3）	理解和鉴赏诗歌内容和艺术手法	9
			主观题（6）	评价诗歌诗句情感	
	全国卷（甲）	《和南丰先生出山之作》	客观题（3）	理解和鉴赏诗歌内容和艺术手法	9
			主观题（6）	评价作者的观点态度	
	全国卷（乙）	《鹊桥仙·赠鹭鸶》	客观题（3）	对这首词内容的理解与赏析	9
			主观题（6）	赏析诗歌语言特色	
2020	全国卷Ⅰ	《奉和袭美抱疾杜门见寄次韵》	客观题（3）	理解和鉴赏诗歌内容和艺术手法	9
			主观题（6）	评价诗歌诗句情感	

续表

年份	卷别	选文	题型	主要考点	分值
2020	全国卷 II	《读史》	客观题（3）	理解和鉴赏诗歌内容和艺术手法	9
			主观题（6）	理解诗歌主题	
	全国卷 III	《苦笋》	客观题（3）	理解和鉴赏诗歌内容和艺术手法	9
			主观题（6）	鉴赏联想这一修辞手法	
	新高考 I 卷	《赠别郑炼赴襄阳》	客观题（3）	理解和鉴赏诗歌内容和艺术手法	9
			主观题（6）	鉴赏借景抒情的手法	
	新高考 II 卷	《赠赵伯鱼（节选）》	客观题（3）	理解和鉴赏诗歌内容和艺术手法	9
			主观题（6）	理解和鉴赏诗歌内容	
2019	全国卷 I	《题许道宁画》	客观题（3）	理解和鉴赏诗歌内容和艺术手法	9
			主观题（6）	赏析尾联和作者的观点态度	
	全国卷 II	《投长沙裴侍郎》	客观题（3）	理解和鉴赏诗歌内容和艺术手法	9
			主观题（6）	鉴赏写景抒情的方式	
	全国卷 III	《插田歌（节选）》	客观题（3）	理解和鉴赏诗歌内容和艺术手法	9
			主观题（6）	联读鉴赏语言风格	
			主观题（6）	理解诗歌内容	

从近 5 年全国卷古诗文试题看，知识点考查更为均衡，综合性试题成为重要的考查形式。比如 2022 年全国卷 I《醉落魄·人日南山约应提刑懋之懋之》描写了古代劳动生活中形成的其乐融融、井然有序的人伦关系和社会秩序。"翁前子后孙扶掖""商行贾坐农耕织"阐明了"会得为人，日日是人日"的道理。试题既考查学生古诗阅读理解能力，也考查了审美鉴赏能力。第 15 题以客观题的形式综合考查学生对诗句内容、技巧以及情感的把握能力，同时也考查了学生对教材迁移的能力。第 16 小题为简答题，考查学生赏析诗句能力和对诗歌整体情感的把握能力。考生解答此类题目，首先要明确题干要求，逐句翻译诗句，

把握诗词意象，分析诗词写了什么内容，理解作者表达的是什么主题，考虑诗歌中使用的是什么技巧，多方面测评学生对句子的鉴赏能力。

新课标提倡命题要以综合测试的形式展现，以综合实践活动来测评学生的各能力层级的发展状况。① 古诗文阅读能力评估呈现出以鉴赏难度为主区分学生能力，向以是否掌握语文核心素养为主区分学生能力转变。如2020全国卷Ⅱ《读史》直言不讳地对俗儒歪曲历史的现象进行了抨击，第15题以开放题的形式考查学生对诗歌内容和作者观点态度的理解，并结合现实得出启示。此题能体现不同学生的思维与能力水平，有利于引导学生树立正确的读书观、历史观，实现了古诗文阅读试题的育人价值。

3. 注重比较阅读与迁移能力的考查

比较阅读是众多阅读中益处颇多的一种，有利于拓宽学生的阅读视野，引导他们从多角度思考问题，因而受到命题者喜爱。比如2022年全国卷（甲）就选取了两篇诗作欧阳修的《画眉鸟》和文同的《画眉禽》。客观题将欧诗和文诗并置，从题材、内容、文化含义等多角度对比。主观题从诗歌意象的角度，比较两诗中，画眉鸟所起的不同作用。2022年全国卷（乙）选取诗作《白下驿饯唐少府》第二问："本诗与《送杜少府之任蜀州》都是王勃的送别之作，但诗人排遣离愁的方法有所不同。请结合内容分析。"这道题也涉及了两首诗抒情方式的对比。这样的题还有不少，旨在对比中考查学生发现古诗文共性、区别个性、解释特征，总结规律的能力。对比的诗歌作品大都是语文课程标准推荐的背诵篇目、中小学语文教材中的名篇名作，学生比较熟悉。

4. 注意诗词与现实生活的关联性和延展性

新课标强调古诗文阅读命题要重视情境的建设，将情境任务贯穿试题，让学生在特定的，与学习、生活紧密相关的一系列情境中答题。情境类试题更能呈现学生的阅读理解以及对知识的运用能力。这就要求古诗文命题选取符合学生实际的、有显著教育性与艺术性的古诗词，并基于教材设定一连串前后联系的、推动学生核心素养养成的提问，引导学生完成学习任务的同时从中获得启发。社会生活情境的运用则指在任务设计中，用日常生活情境引发学生最真实的感悟与思考，以展现考生的核心能力与学科素养。如2020年全国卷Ⅲ的古诗鉴赏部分选择了大家熟悉的竹笋作为咏物对象。

---

① 中华人民共和国教育部. 普通高中语文课程标准（2017年版2020年修订）[M]. 北京：人民教育出版社，2020: 1.

苦　笋

陆游

藜藿盘中忽眼明，骈头脱襁白玉婴。

极知耿介种性别，苦节乃与生俱生。

我见魏征殊媚妩，约束儿童勿多取。

人才自古要养成，放使干霄战风雨。

本诗选取的是学生们日常生活比较熟悉的意象——竹笋。学生们在生活中大多见过、吃过竹笋，对竹笋的外形、口感、属性都有一定了解。本诗第一题的选项中也描绘了诗人见到苦笋的情景，谈及诗人对苦笋口感的看法，这类生活化情境的展现有益于唤醒考生已有的知识经验。本诗采用联想手法，由物及人，指出"耿介"是此物种的本性，"苦节"是与生俱来的，赞美苦笋品性后，诗人自然由此联想到唐朝宰相、杰出的政治家、思想家魏征。苦笋的"苦"便是魏征的"殊"，"苦"味并不爽口，而魏征的"殊"在于直言进谏，而其言行有时着实令人难以接受。从内在气质来看，诗人赞美苦笋的气节便是唐太宗赞魏征"妩媚"，苦笋性情"耿介"，天生"苦节"，与魏征正直不阿，廉洁自持的品格均是受人赏识之处。

长期以来，弘扬中华优秀传统文化已经成为语文课程自觉的功能取向和价值追求，但是古诗词内容和当代学生实际毕竟存在一定的时空隔阂，因此阅读评价更要实现学科认知、个人体验和社会生活情境的融合，注意古诗词与学生独特体验、生活经验的关联性和延展性，力求代入时代氛围，激发学生参与评价的兴趣，兼顾人文和审美方向，发掘经典传统文化的当代价值与意义。

（二）复习备考策略

1.建构知识网络，读懂"诗家语"

建构古代诗歌知识网络，包括常见意象、语言风格、表达技巧、诗歌题材等；关注唐宋诗词，不仅限于名人的作品，还要关注映射当代主流思想的诗歌；强化古代诗歌的阅读训练，强化主观题答题规范的训练。

从近年的诗歌考查情况来看，诗歌阅读理解难度有所降低，文本没有罕见的语法结构，没有冷僻的典故知识，对于一些较难的字词以及特定的文化背景，命题者也会以加注的形式化解疑虑。例如2022年全国课标卷Ⅰ中的《醉落魄·人日南山约应提刑懋之》就对人日做了注释。诗歌语言具有跳跃性，或为了押韵的需要，或为了表达独特的审美体验，诗句的语序常常是倒序的，诗境在这种错综颠倒中变得更加曲折丰富。比如李煜的《浪淘沙·帘外雨潺潺》中，"帘外雨潺潺，春意阑珊，罗衾不耐五更寒。梦里不知身是客，一晌贪欢"的词序是颠倒的，而正是这种"颠倒"营造了凄婉的意境。如果我们不对学生固有的阅读经验重构，他们就很难从这些不合理的词语组合中领略到那人人心中皆有、人人笔下又皆无的奇妙境界。

高三复习时可以做一个诗歌的专题复习，让学生能更清晰地知道每一类诗歌的侧重点在哪。选择唐宋时期著名的诗人，制作对诗人生平经历，语言风格和创作风格整体介绍的专题复习。此外，诗歌的意象是十分重要的，每一个意象都有独特的象征意义，在平时要有意识识记，考试遇到相似的才会信手拈来。针对相同题材的诗歌，可以比较鉴赏，比如同为咏物诗，同为赠别诗等。可以定期选取一篇诗歌给学生鉴赏，增加学生阅读面和语感，积累诗歌素材，培养学生审美鉴赏与创造力。

2. 基于"情景语境"进行诗歌文本细读

新高考的特点是反猜题，更注重对语文核心素养和关键能力的考查，在设题上呈现基础性、综合性、应用性、创新性的特点。古诗鉴赏选取交际类题材，都是巧妙嵌入"社会生活情境"，强调学生在具体生活场域中开展语文实践活动，引导学生从"做题"向"做人行事"转变。近几年所选的诗歌明显呈现出"交际"目的。要想真正读懂诗人的情感志趣，在尊重诗歌的文本语境、历史文化语境的基础上，还要关注"情景语境"，尤其是"交际情景"。

（1）关注交际场合对诗歌情感表达的影响

交际场合包括交际的时间、地点、场合、节气、气候等相关情境。诗人要在诗歌中处理好人物之间的关系：既要恰当地表现自我思考，又要对对方做出回应。如2021年全国新高考Ⅰ卷的《寄江州白司马》的首联、颔联表达了对友人的思念和关切，颈联、尾联表达了对友人的劝慰，2020年全国卷Ⅰ的《奉和袭美抱疾杜门见寄次韵》的首联、颔联表达了不能与友人相聚，一起赋诗饮酒、饱览春色的遗憾，颈联、尾联则寄予对友人的宽慰，对美好未来的展望。

（2）关注交际双方的信息对诗歌情感表达的影响

交际双方的身份、相互关系、熟悉程度以及共有的知识背景、触发交际的事件等都会对情感的表达产生影响。如2020江苏卷中的《送沈康知常州》，这是前任常州知州王安石写给新任知州沈康的诗，向沈康介绍现在常州的整体情况，特别是这里的民生现状和自然条件。我们可以看到作者对常州百姓得到一个优秀父母官的欣喜之情和对政通人和的期许。

（3）关注交际目的对诗歌情感表达的影响

有些诗歌在标题中就显示出了鲜明的交际目的，如能合理利用，对准确理解诗歌大有裨益。如 2019 年全国 II 卷中的《投长沙裴侍郎》。此诗明显有请求援引之意。根据这个交际目的，我们可以大致推测此诗要表达的情感：既要表达自己的愿望、志向，又要不卑不亢；既展现自己的品性又要谦虚有度；在推荐自己的时候还多有对对方的赞美。诗人在特定的情境创作诗歌时往往把情感寄托在意象里、隐藏在诗歌的语言与形式里。我们只有努力还原当时的情境，抓住诗歌的意象，借助诗歌的语言形式，才能真正走入诗人的内心，更准确地把握本诗情感的丰富性与复杂性。

3. 重视训练学生思维

强化"知人论世"，引导学生熟悉教材选文涉及的诗人及相关背景。构建重要诗歌流派、作家风格的知识网，强化对作者生平、创作背景方面的联想，进而引导学生阅读"入境"。强化诗歌题材意识，构建学生的"类属"体系。"类属"说的是某类诗歌在意象选取、手法运用、情感表达等方面具有一定的共性。高三复习时我们往往根据题材进行分类，如咏物言志诗、羁旅思乡诗、送别怀人诗、边塞征战诗等，以期让学生获得"读一首诗，知一类诗"的效果。强调"以意逆志"，借助"意象"与诗人产生"共情"。"意象"是主观情感和客观物象的有机统一，是意境构成的重要元素，也是我们正确把握诗歌感情基调、走进主人公情感世界的重要凭借。通过分析意象来品读诗歌，引导学生"入情"。在实际操作过程中，要防止学生出现答题刻板现象。例如 2021 年全国卷（甲）中《和南丰先生出生之作》的尾联"未能与世全无意，起为苍生试一鸣"，在缺乏独立分析的情况下，学生往往就依据积累的"术语"，遵循准备好的"套路"来分析情感意蕴，出现了"表达了诗人渴望自由自在的隐逸生活"的套路化解读。可见用机械的题材套路来解读充满个性的诗歌，可能会形成"套板"反应。

高中语文要训练的思维包含逻辑、形象和灵感三个方面的思维。首先，在古代诗词的学习中，分析鉴赏就需要学生的逻辑思维能力，例如李清照《醉花阴》中多次提到黄花，怎样来鉴赏分析。这是一个需要知识迁移的问题。其次，诗词鉴赏需要非常好的形象思维，去感受诗词营造的意境，传递的情感。教师在新课改中应深入挖掘古诗文的思辨价值，把握古诗文阅读的选材命题规律，为课堂教学和备考复习提供指导。

三、名句名篇默写命题特点和备考策略

（一）命题趋势

名句名篇默写是高考古诗文阅读能力考查体系的重要组成部分。所谓"名篇"是指在文学史上具有代表性和突出地位的古代优秀诗歌散文，主要包括教材选篇及课标要求背诵的篇目。"名句"指名篇作品中广为流传的诗句和名言。名句名篇默写这一部分通过对寓意丰富、广泛流传的中国古代优秀诗文作品及其重要语句的考查，引导中学生重视古诗文作品的诵读，加强古诗文学习的积累。本节尝试从能力考查内容、能力考查形式等角度，对近 5 年全国卷的"名篇名句默写"试题的选材、题型与分值进行分析。

年份	卷别	题量	分值	篇目	体裁
2023	全国卷新高考 I	3	6	《报任安书》	文
				《李凭箜篌引》	诗
				诗歌形象"诸葛亮"	诗
	全国卷新高考 II	3	6	《五代史伶官传序》	文
				《临安春雨初霁》	诗
				诗歌形象"文天祥"	诗
	全国卷（甲）	3	6	《邹忌讽齐王纳谏》	文
				《行路难》	诗
				诗歌意象"花"和"雪"	诗
	全国卷（乙）	3	6	《琵琶行》	诗
				《赤壁赋》	文
				诗歌主题填空	诗
	适应性考试	3	6	《古诗十九首·涉江采芙蓉》	诗
				《书愤》	诗
				诗歌意象"时间"	诗、词
2022	全国卷新高考 I	3	6	《劝学》	文
				《关雎》	诗、词
				意象"鸟类"	诗、词

续表

年份	卷别	题量	分值	篇目	体裁
2022	全国卷新高考Ⅱ	3	6	《归园田居》（其一）	诗
				《蜀相》	诗
				诗歌意象"京华"	诗、词
	全国卷（甲）	3	6	《卫风·氓》	诗
				《登高》	诗
				《永遇乐辛弃疾》	词
	全国卷（乙）	3	6	《琵琶行》	诗
				《锦瑟》	诗
				《己亥杂诗》	诗
2021	全国卷新高考Ⅰ	3	6	题组1：《逍遥游》《邹忌讽齐王纳谏》意象"三秦"	诗、词、文
				题组2：《过秦论》《游褒禅山记》《楚辞·招隐士》	
	全国卷新高考Ⅱ	3	6	《归园田居》	诗
				《伶官传序》	文
				《楚辞·湘夫人》	诗
	全国卷（甲）	3	6	《左传·庄公十年》	文
				《庄子·逍遥游》	文
				《三峡》	文
	全国卷（乙）	3	6	《琵琶行》	诗
				《虞美人》	词
				《岳阳楼记》	文
2020	全国卷Ⅰ	3	6	《离骚》	诗
				《琵琶行》	诗
				《水调歌头（明月几时有）》	词
	全国卷Ⅱ	3	6	《劝学》	文
				《醉翁亭记》	文
				《赤壁赋》	词

续表

年份	卷别	题量	分值	篇目	体裁
2020	全国卷III	3	6	《论语·述而》	语录
				《观刈麦》	诗
				《阿房宫赋》	文
	新高考I卷	3	6	《论语·先进》	语录
				《一剪梅（红藕香残玉簟秋）》	词
				《菩萨蛮（郁孤台下清江水）》	词
	新高考II卷	3	6	《诗经·秦风·无衣》	诗
				《登岳阳楼》	文
				《六国论》	文
2019	全国卷I	3	6	《逍遥游》	文
				《蜀道难》	诗
				《渔家傲（塞下秋来风景异）》	词
	全国卷II	3	6	《邹忌讽齐王纳谏》	文
				《阿房宫赋》	文
				《赤壁赋》	文
	全国卷III	3	6	《论语子罕》	语录
				《师说》	文
				《念奴娇（大江东去）》	词

　　情境式默写即命题者通过对所考诗歌的内容进行提示，引导学生默写出符合要求的诗句。这一类型的默写主要包括重塑诗中情境与提示诗句内容两种形式。名句名篇默写为3小题、6空，合计6分。默写的名句均来自课内经典名篇。朱自清说："经典训练的价值不在实用，而在文化。"从个人的文化养成来说，识记一定数量的古诗文名篇是十分必要的。情境类默写试题不仅考查学生记忆背诵的能力，也能检验学生对古诗文的理解、积累、运用的能力。情境命题这一形式与新课标提出的"考试、测评应以具体的情境为载体，以典型任务为主要内容"①的要求相符，与高考评价体系"将情境作为落实语文考查内容和考查

---

① 中华人民共和国教育部. 普通高中语文课程标准（2017年版2020年修订）[M].
　　北京：人民教育出版社，2020: 2

要求的载体"①的理念契合，也有利于发挥古诗文的育人价值，让学生在检测中感受到中华传统文化的韵味与深刻内涵，激发对古诗文的热爱。名句名篇考查形式的变化、能力层级的升级势必会带来学习内容与学习方式的变化。当下对于情境式默写的考查要求教学中不仅要让学生对古诗文进行了解与背诵，也要对诗文的内容、结构、形式等方面进行充分理解与把握，培养学生理解与运用古诗文的能力。

考查聚焦诗词，有些文章多次考查，比如散文《赤壁赋》《琵琶行》《逍遥游》考查了 3 次，《师说》《劝学》等考查了 2 次。散文、赋与长篇诗句式长短、节奏不一，考查形式更多样。近年来，从诗歌意象设题，形式更灵活，这既考查了学生的积累，也为名句名篇默写提供了更广阔的命题空间。这一题型更具开放性、灵活性，答案也非唯一。

从选材的内容看，近年来全国卷名句名篇默写所选作品皆为历代名家最具代表性的佳作，选择了具有教育性且寓意深刻的经典名句。比如《劝学》中的"君子生非异也，善假于物也"；《离骚》中的"路漫漫兮修远兮，吾将上下而求索"；《论语·为政》中的"温故而知新，可以为师矣"。这些诗句或蕴含深刻哲理，或表达崇高理想，无不彰显了传统美德。这些美好品德不仅是中华经典文化的精华，也是古代圣贤们治学、为人、立世的态度和精神的展现，识记与默写这些寓意深刻、饱含哲理的诗句是对中华民族精神传承的发扬，对学生的现实生活也有重要的启发意义。古代优秀作品默写最基本的目标，不单单是让学生去学习、积累中华优秀传统作品，而是要让他们去理解、吸收中华传统文化，在不知不觉中培养他们的文言语感和识记、领悟能力，从而提高他们的核心素养，由此经典作品的识记就成了对学生传统文化积淀进行检验的一个主要途径。

复习建议：

（1）理解性记诵古文古诗。背诵不是单纯的背诵，而要理解古文、古诗意思，才能根据题干情景联想到正确的篇目和诗文。

（2）加强汉字默写训练和书法。很多学生会背不会写，或者因为写不好、写不清错失此题分数。

（3）夯实课程标准推荐的背诵篇目，同时应鼓励学有余力的学生背诵推荐篇目之外的其他诗篇，领略中国传统文化之美。

---

① 教育部考试中心. 中国高考评价体系说明 [M]. 北京：人民教育出版社，2019：1.

第三章
新课标视域下的整本书阅读教学

第一节 整本书阅读教学的现状分析及应对策略

"整本书阅读与研讨"位于新课标十八个学习任务群之首，贯穿部编教材必修、选修Ⅰ和选修Ⅱ三个阶段。近年来，整本书阅读教学备受关注。

一、什么是整本书阅读

关于"整本书"的定义，学术界一直没有形成共识。相较单篇文章、节选文章而言，它是一部相对完整的作品，具有内容和结构的完整性，既可以是独立的一本，也可以是相互关联的几本。"整本书阅读"主要针对碎片化阅读、浅阅读而言，是中学生积极主动地采用不同的阅读方法和技能在整本书里主动搜集、处理信息，获取意义，从而发展提升相应阅读能力的过程。阅读的对象可以是文学作品，也可以是科学论著、哲学著作、历史著作。[1]整本书阅读旨在"通过阅读整本书，拓宽阅读视野，建构阅读整本书的经验，形成适合自己的读书方法，提升阅读鉴赏能力，养成良好的阅读习惯，促进学生对中华优秀传统文化、革命文化、社会主义先进文化的深入学习和思考，形成正确的世界观、人生观、价值观"[2]。"整本书阅读教学"是阅读教学下更为具体的一种教学形态，是以具有丰富资讯或深刻内涵的整本书为学习对象，通过教师积极地教与学生主动地学，帮助学生建立与某本书的联系，消除学生对该书现有状态下与理想状态下的理解之间的落差，使学生获得未知知识、悟得审美感受、养得读书态度、

---

① 徐鹏. 整本书阅读：内涵、价值与挑战. 中学语文教学 [J]. 2017(1): 4.

② 中华人民共和国教育部. 普通高中语文课程标准（2017 年版 2020 年修订）[M]. 北京：人民教育出版社，2020: 8.

习得阅读方法的学习过程。

部编教材规定了两种类型的整本书阅读，一是以《红楼梦》为代表的文学名著，一是以《乡土中国》为代表的学术类作品。高中生要阅读的整本书大致按内容的编排形式可以分为三类：一是"文集型"整本书，这类的书内部篇章各自独立，但又有内在关联，如《世说新语》《古文观止》；二是"贯通型"整本书，如《红楼梦》《平凡的世界》《大卫·科波菲尔》等长篇小说；三是"语录型"整本书，如《论语》《传习录》等。

二、为什么要提倡阅读整本书

1.适应国家发展学生核心素养的需要

《中国学生发展核心素养》提出包括人文底蕴、科学精神、审美情趣；身心健康、学会学习等九大核心素养。整本书阅读的教学实施有利于培养学生良好的阅读习惯，促进学生的深度思考，发展思辨能力。纵观一部部经典著作，无一不蕴含着深刻的哲思和中华民族永恒的文化精神，整本书阅读是提升学生核心素养的有效途径，可以提高学生的言语交际能力、审美鉴赏能力，也可在阅读中积累丰厚的文化底蕴。它在增长见识、提升做人格局以及完善个性、开拓创新方面，都有着单篇阅读不可替代的作用。

整本书阅读是促进学生学会学习、终身发展的重要手段。这一任务群旨在"引导学生通过阅读整本书，促进学生对中华优秀传统文化、革命文化、社会主义先进文化的深入学习和思考，形成正确的世界观、人生观和价值观"。开展小说整本书阅读教学可以帮助学生树立正确的世界观、人生观和价值观，涵养学生的性情，发展核心素养。

2.落实普通高中语文新课标的需要

新课标及部编教材关于"整本书阅读"有着明确的要求。新课标以"学习任务群"的形式规定了高中语文的教学内容，其中"整本书阅读与研讨"位列学习任务群之首。在之前的《普通高中语文课程标准》（2003）中，虽然有对阅读的指导和要求，但是并未涉及"整本书阅读"。而"整本书阅读与研讨"作为贯穿始终（必修、选择性必修和选修三个阶段）的学习任务群，被列入最新修订的《普通高中语文课程标准（2017年版2020年修订）》。新教材专门为"整本书阅读"设置了学习单元并做了具体的阅读指导。具体为必修上册的第五单元《乡土中国》和必修下册的第七单元《红楼梦》。

新课标明确了任务群具体的学习目标和学习内容，旨在构建整本书阅读的经验和方法，培养良好的阅读习惯，发展思维品质，提高审美鉴赏能力，提升当代高中生语文核心素养。

3.改善普通高中不理想阅读现状的需要

当前高中生阅读情况不是很理想。因课业负担重，阅读时间逼仄，网络时代信息多元化等原因，阅读趋于快餐化、碎片化，学生感悟理解力及审美思辨力日趋下降。加上知识储备有限，缺少有效方法指引，学生对文学作品的解读浅尝辄止，缺乏深层次的阅读思考。此时提倡整本书阅读与研讨就显得十分必要了。整本书阅读不仅仅是阅读内容的选择，更是阅读方式的选择、阅读能力的考验，阅读兴趣、阅读水平的挑战。建构阅读整本书经验的过程与手段，对形成互动学习环境，培养学生终身阅读的良好习惯，都有着重要意义。

碎片化的阅读直接影响了思维方式，当学生习惯了零碎的思维方式，阅读整本书对学生而言就成为一种"煎熬"，学生没有耐心精心阅读整本书，无法养成良好的阅读习惯。有阅读整本书习惯的同学，很多只为寻求刺激或新鲜感，很少关注其他类型的经典著作。长此以往，无论哪类学生，都不能把握作品的精髓，无法提升阅读能力，无法提高思维水平，最终其精神世界得不到发展，人无法成长。研究高中小说整本书阅读教学势在必行。

4.促进整本书阅读教学的现实需要

虽然整本书阅读教学逐渐受到关注，新课标也对整本书阅读提出了教学要求，整本书阅读第一次以课堂教学的形式呈现给老师和学生，但是在实际教学中，由于受到多种因素的影响，高中语文整本书阅读教学情况不容乐观。首先是阅读方法的指导性。整本书阅读中，学生有时会处于"想读书"，却不知道"读什么""怎么读"的状态。若教师能给学生推荐好的共读篇目，对读何书，如何读，如何呈现阅读感受等内容进行指导，阅读效果会比学生独自摸索要好得多。在师生共读中，相互监督、共同分享，能够实现消遣式阅读向鉴赏型阅读转变、自发阅读向自觉阅读转变。其次是阅读内容的规定性。心理学研究表明，人在青少年阶段，记忆处于黄金时期。在进行整本书教学时，教师多会选择质量上乘的经典书籍，要求学生在规定时间内读毕，并结合相应阅读活动巩固阅读效果。从而发挥高中生记忆优势去阅读"为人生打底子"的书。而传统意义上的课外阅读，学生阅读书目的任意性太大，无法保证阅读书目的实用性与经典性。

5. 有利于推动学科内部和学科之间融合

新课标倡导听、说、读、写的结合，建议教师重视阅读、写作、口语交际的联系，然而当前课程内部读写结合的整合度不高，课程内部的结构松散，而整本书阅读正是整合语文课程内部版块的路径，将学生的阅读输入转换为通过主题写作输出，并结合工具性的方法进行写作指导。师生可以围绕整本书开展读书经验交流、焦点问题探究、重要章节评析、阅读成果汇报等活动。无论是穿插安排还是独立设置，整本书阅读都能发挥整合听说读写、融通语言文化的效用。

三、"整本书阅读"教学的发展演变

以整本书作为阅读的基本单位自古有之，是一种传统的读书方式，诸如古人学习"四书""五经"等儒家经典。在以"诗书礼乐"造士的传统教育模式下，无论官学或私学，整本书阅读的教育思想都占据主流。《论语·季氏》载孔子庭训孔鲤语，曰"不学《诗》，无以言"，"不学《礼》，无以立"，宋代朱熹为此写过《读〈论语〉〈孟子〉法》，用以指导整本书阅读。刘勰《文心雕龙·章句》云："夫人之立言，因字而生句，积句而成章，积章而成篇。"隋代开始的科举考试也要求阅读整本的经典，唐朝还有道举之说，主要考《老子》《庄子》《列子》等道家典籍。1904 年，清政府颁布的关于学制系统的文件《奏定中学堂章程》规定，读经讲经就以《春秋》《左传》《周礼》等整本书为学习内容。古人积累了很多相关的阅读经验方法，并有专门论述，如《朱子读书法》《程氏家塾读书分年日程》，这给整本书阅读教学提供了一定的指导和借鉴意义。

现代以来，叶圣陶，顾黄初、朱自清和夏丏尊等从阅读书目、方法等方面对整本书阅读进行了详细论述。如 1923 年制定的《新学制课程标准纲要》，从课程目标、课程的实施、教学评价进行了专门的阐述，但"整本书"教材体系建设不够细化，也没有形成具体的研究成果。1931 年，我国著名的语文教育家夏丏尊先生首次提出了"整册书的阅读"这一概念，并且将中学生的阅读内容分为"整册书的阅读"和"文章的阅读"两个部分。1941 年，叶圣陶在《论中学国文课程标准的修订》中提出要"现在国学教材似乎该用整本的书，而不该用单篇短章……退一步说，也该把整本书作主体，把单篇短章作辅佐"[1]，这是

---

① 董菊初. 叶圣陶语文教育思想概论 [M]. 北京：开明出版社，1998: 204.

叶老第一次明确提出要读整本书，他认为"读整本的书"有助于培养学生的阅读习惯，而选读单篇短章并不能达到这个目的。1949年8月，由叶圣陶起草的《中学语文科课程标准》做了这样的表述：中学语文教材除单篇的文字外，兼采书本的一章一节，高中阶段兼采现代语的整本的书。1949年之后，整本书阅读淡出视野，课程标准和课程大纲只是对课外阅读进行强调，不再提"略读整本书"。

新世纪以来，整本书阅读重回大众视野，2001年7月出版的教育部《全日制义务教育语文课程标准（实验稿）》在"教学建议"中提出："培养学生广泛的阅读兴趣，扩大阅读面，增加阅读量，提倡少做题，多读书，好读书，读好书，读整本的书。"读整本的书已经被重视。2011年版的《义务教育语文课程标准》对此再次进行了强调，"培养学生广泛的阅读兴趣，扩大阅读面，增加阅读量，提高阅读的品位。提倡少做题，多读书，好读书，读好书，读整本的书"，特别补充了"提高阅读的品位"。《普通高中语文课程标准（2017年版2020年修订）》以"学习任务群"的形式规定了高中语文的教学内容，"整本书阅读与研讨"位列18个学习任务群之首。随着新课标的出台，全国对"整本书阅读"教学空前关注。众多学者和教师都对整本书阅读的教学策略进行了积极的探索。以吴欣歆《书册阅读教学现状》《高中经典阅读教学现场》，蒋雁鸣《整本书阅读工作坊》为代表的经典教学案例集结出版。还有对整本书阅读进行相关的课程化研究，如曹勇军的《在经典夜读实践中探索整册书阅读的方法》，熊德勇的《整本书阅读课程化之实践》探索出完整有效的课程实施经验。当前在实践领域已经有诸多实际的课例，不论名称怎么变化，实质体现为四种类型的课程：推荐导读课、过程指导课、成果展示课、阅读延伸课。关于整本书阅读评价方面的研究也颇受关注，管然荣、陈金华《整本书阅读教学的"冷"思考》，李煜晖《略谈整本书阅读课程方案的设计》等认为对整本书阅读的评价应当以过程评价为主、结果评价为辅，宜采取更为灵活的、形式多样的考查方法，如召开读书会、撰写读书报告等。

四、整本书阅读现状分析和问题归因 [①]

（一）整本书阅读现状分析

1.学生缺乏阅读整本书的动力

我们在湖南师范大学附属中学 2018 级 1200 多名学生中展开调查研究，学生阅读整本书的动力更多来自于阅读兴趣。在"你喜欢读什么类型的书"这一问题的回答中，占比由高到低分别是：小说类（68.2%）、人物传记（34.67%）、诗歌和散文（19.12%）、学术著作（8.01%）、其他（7.74%），在各类著作中，小说作品的阅读占据绝对优势，而同样有着较强故事性的人物传记亦受到三分之一的读者青睐，可见作品的情节性是促使读者阅读的一个重要因素。阅读诗歌和散文等抒情性作品的学生低于总人数的五分之一，学术著作则更显门庭冷落，"其他"类型中，学生涉猎较多的是悬疑、玄幻、科幻、武侠类作品。总体而言，学生的阅读兴趣广泛，阅读需求多元，但小说等情节性较强的作品依然是绝大多数学生的首选。

我们将"你阅读整本书的原因"和"你依据何种标准选择书籍"两个问题进行综合考量得出：83.78% 的学生以个人兴趣作为择书标准，兴趣依然是高中生阅读的主导因素，但因兴趣使然而阅读整本书的学生却只占总人数的42.17%，同样是出于阅读兴趣的选择，当我们将文本的范围限于整本书时，学生占比却出现了断崖式下滑。究其原因，一则多数学生对于整本书阅读知之甚少，甚至是一无所知；再则碎片化阅读的冲击，使部分学生错误地将整本书阅读视为一种奢望。同伴推荐是学生择书的另一重要标准和方法，占据总人数的58.9%，这种情况下，学生之间实现了知识的共享，但由于学生知识体系的同源性，采用这一方式择书又在一定程度上限制了学生的视野。教师推荐占学生择书标准的 42.31%，这也印证了课堂是开展整本书阅读的重要场所。31.69% 的学生会依据网上推荐择书，17.33% 的学生依据课标要求择书，与之相应，有 27.68%的学生希望通过阅读整本书来提高语文成绩，高考指挥棒依然是高中生学习的一项驱动因素，这也导致了部分学生进行整本书阅读时的功利化倾向。仅有3.17% 的学生依据父母的要求择书，6.15% 的学生进行整本书阅读是为了应付老师和家长，说明在高中阶段，绝大多数学生拥有较强的自主学习意识。

---

① 此部分整本书阅读的调研和情况分析由陈超和李栋老师合作完成。

2.高中学生阅读量未达标

为了了解学生的阅读量，特对 2018 级学生高中阶段阅读的整本书的数量进行了调查。5 本以下（18.73%），5～10 本（37.28%），10～15 本（23.11%），20 本以上（20.88%）。另外，《湖南师大附中教育集团十二年一贯制学生语文素养培养方案》（试行）参照课标要求为高中生推荐了整本书阅读书单，对于"培养方案"上的阅读推荐书目，8.95% 的学生一本也没读过，62.26% 的学生阅读数量在 5 本以下，20.88% 的学生阅读了 5～10 本，而阅读数量达到 10 本以上只占 4.01%，都读过的更是仅占总人数的 2.42%。

课标虽然没有规定具体的阅读数量，但要求学生根据学习需要选择阅读，课标提出的 18 个学习任务群多以"整本书"作为学习材料，如"中华传统文化经典研习"需阅读《论语》《孟子》《老子》《庄子》等；"中国现当代作家作品研习"需阅读《呐喊》《子夜》《家》《平凡的世界》等；"外国作家作品研习"需阅读《老人与海》《欧也妮·葛朗台》《巴黎圣母院》《大卫·科波菲尔》等；"科学与文化论著研习"需阅读《桥梁史话》《中国近代史》《谈美书简》《汉字的文化解读》等。可以看出，课标对高中生阅读量的要求越来越高。综合以上两项调查数据分析，目前多数高中生的阅读量与课标要求还存在一定差距。

3.高中生阅读时间逼仄

学生阅读量不够，直接后果便是导致整本书阅读教学受阻。而阅读时间也是阅读效果的一项重要保障。要想有好的阅读效果，阅读时间的保证是前提，没有时间保障，进行大量的整本书阅读只是一句空话。39.98% 的学生平均每天花在阅读上的时间不超过 30 分钟，34.67% 的学生阅读时间在 30 分钟～1 小时，8.01% 的学生每天用 1～1.5 小时阅读。9.6% 的学生阅读时间在 1.5 小时以上，另有 7.74% 的学生几乎没有时间阅读整本书。

高中生由于课业繁重，面对来自高考的升学压力，尽管很多学生对阅读整本书兴趣颇浓，但如何保障学生的阅读时间却是横亘在诸多老师和学生面前的一道难题。没有阅读时间的保障，阅读整本书也难以有效推进。

4.高中生缺乏良好的阅读整本书习惯

韩愈《进学解》云："焚膏油以继晷，恒兀兀以穷年。"学问的养成必在夜以继日、经年累月的学习，养成良好的阅读习惯，阅读效果才能事半功倍。我们针对此调查了 2018 级学生的阅读习惯。71.3% 的学生是读完第一本才读第二本；20.41%的学生是同时看几本书，一段时间内都看完；5.31的学生选择好几本书都翻翻，只读感兴趣的章节；另有2.98%的学生采取其他阅读方式。以上数据反映出，大多数学生习惯"整本书"阅读的方式，这与阅读主体潜在的思维模式有着莫大关系，而极少数人由于习惯养成过程的缺位，导致阅读的随意性。

当我们的调查进一步深入时，阅读的随意性被进一步突显。被问及是否有阅读计划以及执行情况时，86.77%的学生没有读书计划，随意性强；5.68%的学生制订了计划，但很少按计划进行；只有7.55%的学生制订计划，并且按照计划阅读。可见绝大多数学生的阅读仍旧以兴趣为导向，很难借助"情感连续体"（布卢姆语）建构自己的"人生观"。基于此种情况，教师作为引导者，根据学生的阅读兴趣和阅读能力，因势利导，引导学生制订阅读计划就显得十分必要。

对于整本书阅读的方式，52.47%的学生以精读为主，37.47%的学生选择浏览，21.81%的学生选择略读，19.29%的学生采取研究性读书法，18.45%的学生选择跳读。阅读整本书的方法并不唯一，一本书中各篇之中读法各异，不同的书尽可取不同读法，整本书阅读应综合各种读书之法，灵活取用。

在整本书阅读过程中，采取圈点勾画、做批注、做读书笔记等阅读方式的学生占4.47%，17.33%的学生基本能做，55.64%的学生偶尔做，22.56%的学生从来不做。整本书阅读贵在有恒，古人金圣叹评"六才子书"，脂砚斋评《红楼梦》，垂范后世，我们应努力效法先贤，在阅读时进行圈点批注，对整本书的阅读必有进益。

问及整本书阅读过程中与他人交流的交流情况，27.21%的学生会经常与人交流；55.08%的学生偶尔与人交流，14.35%的学生基本不与人交流，3.36%的学生完全自我消化，从不与人交流。交流的过程是思想碰撞的过程，整本书阅读中的部分疑问会通过交流迎刃而解。

除了交流一途，整本书阅读过程中还会采取何种方式解决疑难？有20.41%学生同学通过请教老师或与同学讨论解决，62.53%的同学选择网络检索的方式，6.62%的学生通过查找工具书解决，另有10.44%的学生则会不了了之。信息社会，通过网络检索解决疑难高效、便捷，成为多数学生的首选。

5. 缺乏有效的整本书阅读指导

针对学生在整本书阅读中直面的困惑，教师应该扮演怎样的角色？在整本书阅读过程中，学生急需从老师处获得哪些指导和帮助。34.02%的学生希望能够通过老师的穿针引线激发阅读兴趣，这类学生坚信阅读兴趣是进行整本书阅读的驱动力。21.52%的学生希望老师能够推荐整本书阅读书目，28.9%的学生希望在阅读整本书后与老师交流阅读心得，5.22%的学生希望老师组织在全班范围内分享读书笔记，另有10.34%的学生希望老师在整本书教学过程中多传授阅读方法。

在传统的单篇教学中，老师对学生阅读方法的指导更多是句段的赏析，这样的鉴赏性阅读对于整本书来说并不适合。真实的阅读环境中也很少有学生用这种方法去读书。整本书篇幅较长，相对而言，阅读难度更大，学生由于没有科学有效的阅读方法指导，阅读过程中遇到一些困难不知道怎么解决，很容易就会放弃，这样就导致学生只愿意读自己能看懂的书，长期下去无论是知识面还是阅读能力都难有所提升。即使完成整本书阅读，也收效甚微。比如，很多学生都没有做读书笔记的习惯，不知道如何做读书笔记。因此这就导致一些学生貌似读了很多书，但是看过之后只是简单地记住一些故事和情节，在思维和情感上收获不大，也就很难坚持下去。

6. 阅读方式多样化，阅读效果差异大

由于互联网的便捷性，借助互联网开展整本书阅读是大势所趋。学生对此有何基本认知呢？我们从网络阅读对整本书阅读的影响这一角度展开调查，55.92%的学生认为这种影响是积极的，网络阅读是纸媒阅读的补充，17.98%的学生认为是消极的，他们将网络阅读视为一种浅层化阅读。26.1%的学生选择说不清楚，他们在这种新型的阅读形式面前产生了犹疑。

关于阅读整本书的收获，从短期效应看，54.89%的学生通过整本书阅读提高了成绩，16.4%的学生借此提高了读写能力。从个人成长层面来看，39.42%的学生借此拓宽了视野，11.65%的学生启迪了智慧，21.53%学生认为整本书的阅读可以激励人生，31.59%的学生认为整本书阅读潜移默化地影响了自己的人生观和价值观。部分学生从整本书阅读中获益良多，部分学生收效甚微。

目前整本书阅读教学尚处于探索期，没有一套完整的体系和一系列成熟的经验可资借鉴，因此，学生在阅读整本书的过程中，难免会遭遇诸多障碍。62.84%的学生认为阅读时间太少，当前教学课时本已很紧张，若代之以阅读量远大于单篇教学的整本书阅读，就必然要摒弃单篇教学模式，探索整本书阅读独具的教学范式。8.2%的学生因不知道整本书阅读要读什么而产生焦虑，6.56%的学生对整本书阅读缺乏兴趣，1.09%的学生对阅读方法不熟悉，2.19%

的学生坚持不下来，5.46%的学生认为读屏时代碎片化阅读的方式对整本书阅读造成了冲击，另有13.66%学生在阅读过程中遭遇了其他困难。

（二）问题归因

长期以来，虽然师生都意识到了阅读对于语文学习的重要性，但阅读过程的实施却并未达到理想的效果，有哪些方面的原因呢？

首先是高中生学习任务繁重，学生普遍反映阅读时间严重不足，与之相应的便是学生的阅读量远未达标。无论是基于对阅读的浓厚兴趣还是出于升学目的，近七成的学生都认识到阅读在语文学习中占据着举足轻重的地位。部编教材主编温儒敏教授曾多次直言："新教材专治不读书。"然而呼吁读书的口号虽振聋发聩，阅读时间少的现实状况却终究无法回避，更何况整本书阅读中读、写、说的负担要远远大于单篇教学，因袭旧有的教学模式，只做加法，不做减法，以新思想来解决老问题，效果只会适得其反。从立德树人的根本目标出发，语文学科核心素养应以培养能力和品质健全的人为导向，阅读对心灵的滋养是一个持续性的过程，应该摒除"量"所造成的学习负担，并专注于"质的提升"。

其次，如何将高涨的阅读兴趣转化为阅读实践？42%的学生是基于兴趣阅读整本书，然而，却有56%的学生一年的阅读书目在10本以内，除去寒暑假和阅读课上的阅读实践，超过一半的学生在平时几乎不读书。之所以会产生信息大爆炸时代阅读低迷的吊诡现象，与网络阅读的冲击存在着莫大的关系。高中生还不具备完全成熟的心智，抵制诱惑的自控力较差，脱离书本后很容易沉溺于网络开放的"精彩"世界。如一部分学生沉溺于网络小说，但网络小说由于发表门槛低等原因，鲜有精品，其中不乏粗制滥造的低俗之作，读屏时代碎片化的阅读方式不仅难有深度阅读，而且破坏了思想的完整性。一部分学生以观看影视作品取代经典阅读，影视作品势必与原文本存在偏差。不难发现，高中生的阅读兴趣服从于其渴求轻松的阅读心理。因此，由阅读兴趣到阅读实践的转化仍需积极的引导。

整本书阅读存在的第三个问题便是阅读指导的缺位。长篇小说的情节与语言向来颇受关注，整本书阅读还涉及小说的创作背景、时代特征、创作风格、结构脉络、人物关系等，由于小说的这些要素离学生的生活较远，因此在理解上存在拒阻性。《红楼梦》体大思精，所写人物凡四百余，人物关系错综复杂，以高中生的知识素养，想要捋清人物关系非常困难，如果不加以指导，阅读的激情与自信就会在阅读困难中消磨殆尽。教师在整本书阅读的过程中及时予以指导就显得十分必要。然而长期以来，多数教师对学生阅读的指导基本上是缺位的，对作品的选择也缺乏引导，更遑论在教学实施环节精心设计与整本书阅读相关的教学活动，因此学生的阅读效果甚微。

不良的阅读习惯也是阻碍整本书阅读的一项因素。八成以上的学生进行整本书阅读时都没有制订计划，完全依照兴趣，随意性强，而阅读过程亦是走马观花，坚持做读书笔记者少，遇到疑问处既不查阅资料，也不与人交流，多是不了了之。不良阅读习惯的形成非一朝一夕之功，但它却成为整本书阅读进程中的巨大阻碍。

最重要的还有一点，缺乏相应科学合理的评价体系。学生在整本书阅读过程中，缺乏有效评价，仅仅让学生通过广泛的阅读，不去对其进行检测和评价，那么学生阅读的实际效果也就无从得知，整本书阅读的教学质量也将永远无法得到保证。因此，借助明确清晰的整本书阅读教学评价来确保整本书阅读教学的高质量意义重大。

学生在整本书阅读过程中暴露的问题其实也反映了当前整本书阅读教学体系的不完备。苏霍姆林斯基曾说："书籍和个人藏书，对人民教师来说，犹如空气般重要。"要调动学生整本书阅读的积极性，教师不仅要担任学生阅读的引导者，还要成为整本书阅读过程的积极实践者，将阅读作为一种生活常态，不断提升自身的学养。教师对学生的影响是潜移默化的，除了渊博的知识和驾驭课堂的能力，在与学生朝夕相处的过程中，教师的一言一行都会对学生影响甚深。因此，教师的读书习惯也一定会带动学生阅读。温儒敏就曾指出，语文老师应当做"读书种子"，认为"起码有相当部分的语文教师喜欢读书，并带动学生喜欢上读书，那我们的语文教学就有希望了"。然而，近年来教师的整体阅读水准虽然在不断提高，但仍然多集中于职业性阅读，更有甚者仅围绕几本教参展开阅读活动。这不得不令人感到忧心，如果教师自身缺乏应有的素养，又如何指导学生进行整本书阅读？与其抱怨学生基础差，能力不足，不如提高自己，改进教学，努力读书。李煜晖对这一问题的论述颇为别致："从教师发展来看，整本书对语文教育的客观贡献，就是'倒逼'不读书的语文教师去读，激励爱读书的语文教师重读。"

其实，大多数教师都意识到了整本书阅读在语文教学中的重要性，但由于在以往阅读教学中形成的轻阅读计划、不备课、不进行阅读指导等积习，往往出现无计划地阅读一本书的情况。但整本书阅读中存在的问题并非仅仅是个别教师认识上的偏差，从某种层面上而论，状况与当前的教育大环境有着密不可分的联系，整本书阅读教学仍存在着许多"无奈"之举。例如，强调积累性与修习性是语文学科的重要特点，但当前人才选拔的评定规律与语文学习的基本规律却存在着许多矛盾之处，语文学科经常面临重要性与学习投入不对等的尴尬状况，如何在诸多矛盾中寻求平衡，以"素养"赢得"成绩"，是语文教师在实施整本书阅读教学过程中必须面对的挑战。

五、如何有效推进整本书阅读教学

要有效推进整本书阅读教学，亟须解决现存问题，建设基于"教学评一体化"的"一体二翼四型"整本书阅读校本化课程体系。

（一）"一体"：创设阅读环境，打造阅读共同体

首先，利用图书馆、智能化图书柜等营造书香校园。为了鼓励学生亲近经典，我校在教学楼一楼设有智能化图书柜，学生课余时间可以自由借阅，感悟文学之美。每年四月举办读书月活动，为师生提供交流的平台。我们还依托大学，扩充学校图书资源，联合开展形式多样的读书活动。

其次，打造班级阅读共同体。班级共同体成员可以自由分享推荐好书。成立读书小组，组织主题读书活动。以小组为单位共读一本书，以文字的形式分享阅读笔记，小组成员可以互相点评，交流思想，碰撞火花。最后把学生的阅读感悟整理成文集。这一举措有利于鼓励阅读中的分享交流。

家校联动，打造亲子阅读共同体。整本书阅读的主要场所不只在课堂，家庭也是学生课余阅读的主要场所。我们可以利用假期，制定有关亲子共读方案，鼓励亲子共读一本书，让阅读成为一种习惯。

（二）"二翼"：目标与评价并举

1. 设立清晰的教学目标

新课标规定了整本书阅读的中学课程目标：引导全体学生通过深入阅读整本书，开阔他们的眼界，建构适合他们自身的整本书阅读经验，提阅读鉴赏技巧，养成良好的阅读习惯，促进他们深入了解中华优秀的民族传统文化、革命思想文化、社会主义先进文化，形成正确的世界观、人生观以及价值观。

具体而言：

（1）在阅读过程中，探索阅读整本书的门径，建构阅读整本书的经验。重视学习前人的阅读经验，根据不同的阅读目的，综合运用精读、略读与浏览的

方法阅读整本书，读懂文本，把握文本丰富的内涵和精髓。

（2）在指定范围内选择阅读一部长篇小说。通读全书，整体把握其思想内容和艺术特点。

从最使自己感动的故事、人物、场景、语言等方面入手，反复阅读品味，深入探究，欣赏语言表达的精彩之处，梳理小说的感人场景乃至整体的艺术架构，厘清人物关系，感受、欣赏人物形象，探究人物的精神世界，体会小说的主旨，研究小说的艺术价值。

（3）在指定范围内选择阅读一部学术著作。通读全书，勾画圈点，争取读懂；梳理全书大纲目及其关联，做出全书内容提要；把握书中的重要观点和作者的价值取向。阅读本书相的资料，了解本书的学术思想及价值。通过反复阅读和思考，探究本书的语言特点和论述逻辑。

（4）利用书中的目录、序跋、注释等，学习检索作者信息、作品背景、相关评价等资料，深入研读作家作品。

（5）联系个人经验，深入理解作品；享受读书的愉悦，从作品中汲取营养，丰富自己的精神世界，逐步形成正确的世界观、人生观和价值观。用自己的语言撰写全书梗概或提要、读书笔记与作品评介，通过口头、书面形式或其他媒介与他人分享。①

根据阅读课程目标，我们把高中三年阅读目标序列化。阅读习惯和阅读能力的培养是一个循序渐进的过程，针对学生不同学段的学习特点和阅读水平，我们细化了具体要求，并制定了不同学段的培养目标：高一激趣，主要培养学生自主的阅读兴趣，感知文学的能力；高二深阅读，关注文化交流，增加思维厚度；高三重方法，提升学生鉴赏能力和批判思维能力。

①高一

作品类别：以中国小说和学术著作为主

阅读目标：品读经典名著，感受文学之美，体验生命精神，陶冶情趣；学会阅读学术著作。

书目举例：《红楼梦》《边城》《平凡的世界》《活着》《乡土中国》《美的历程》《中国哲学简史》等。

---

① 中华人民共和国教育部制定. 普通高中语文课程标准（2017年版2020年修订）[M]. 北京：人民教育出版社，2020：11—12.

②高二

作品类别：以外国小说为主

阅读目标：博采众长，体验多彩文化，开阔视野，增加思维厚度。

书目举例：《大卫·科波菲尔》《老人与海》《百年孤独》《复活》《月亮与六便士》等。

③高三

作品类别：主题纵深阅读作品

阅读目标：结合高三复习，以文解文，深入思辨。

书目举例：《呐喊》《故事新篇》《时评中国》等。

整本书阅读是循序渐进的阅读推进过程，是一种任务重、周期长的阅读形式，需要把握好总体目标的基础上，对阅读的课程目标、学段目标细化，切实保障接下来的评价工作紧紧以课标理念为指引，科学推进、步步落实。

2.建立科学合理的评价

评价是教学活动重要的一环。目前绝大多数教师对于整本书阅读教学的评价依然停留在考试层面上，一般采用试卷问答的方法，整本书阅读的考核简化成了情节的梳理。它既不能体现学生阅读过程的价值，也不能反映学生阅读思考的成果，更难以激发阅读的兴趣，这对于推动整本书阅读工作十分不利。而整本书阅读最重要的过程性评价难以衡量，这就给课程评价带来了较大的困难。关于整本书阅读的课程评价可侧重以下三点：一是学生学习与实践过程以及目标达成度的评价；二是学生学习品质和潜力的评价；三是学生在课程展示和交流实践中个性张扬的具体表现。

真正领会一本书，必须有一套行之有效的阅读评价推进策略。如何结合每个学校的具体情况，在高中阶段卓有成效地开展整本书阅读教学，促进学生语文核心素养的全面发展，值得我们继续深入探索。理想状态的整本书阅读应是冲破语文教学狭小格局的深阅读，需要精读、泛读的灵活转换，课内阅读和课外阅读的深度整合，正式学习和非正式学习的对接融通。整本书阅读需要课程化，但又要避免过度结构化，要保持教学的弹性，为学生的个性化、差异化阅读和学习留有充足空间。

在整本书阅读教学过程中，教师应该明确评价目标和标准，才能推进阅读教学活动的进行。要注意四个方面：

（1）明确评价目标

评价依据：新课标对整本书阅读内容的规定

维度	要求
阅读量	完成一部长篇小说和一部学术著作的阅读；18课时；必修阶段各类文本的阅读量不低于150万字；选择性必修阶段各类文本的阅读总量不低于150万字
阅读能力	1．长篇小说：整体把握其思想内容和艺术特点，欣赏语言，梳理场景和艺术架构，厘清人物关系，感受人物形象，探究人物的精神世界，体会小说的主旨，研究小说的艺术价值 2．学术著作：争取读懂，梳理纲目，做出提要，把握重要现点和价值取向，阅读相关资料，了解本书的学术思想及学术价值，通过反复阅读和思考，探究本书的语言特点和论述逻辑。能综合运用精读、略读与浏览的方法；能够利用目录、序跋和注释检索作者信息、作品背景、相关评价
情感态度	享受读书的愉悦，从作品中汲取营养，丰富自己的精神世界，逐步形成正确的世界观、人生观和价值观
阅读习惯与个性表达	撰写全书梗概或提要、读书笔记与作品评介，通过口头、书面形式或其他媒介与他人分享

（2）制定评价标准

整本书阅读任务重、耗时长，需要科学具体的评价来保证整本书阅读持续推进、有效进行，首先对指标进行量化，阅读数量和进度方面的标准量化。我们可以根据新教材的安排和学期，根据以上列出的每学年学生必读的整本书名著进行规划，并对整本书名著有一个清晰的阅读进度规划，指导中学生在规定的时间内完成阅读任务。以《红楼梦》整本书阅读为例：

《红楼梦》整本书阅读任务和评价		
阅读阶段	第一阶段： 自主阅读	第二阶段： 专题研讨	第三阶段： 成果展示
目标	1.把握《红楼梦》中的人物关系 2.厘清小说主要情节 3.品味和欣赏小说语言，积累诗词佳句 4.了解小说展现的社会风貌和生活习俗	1.体会人物性格的多样性和复杂性 2.联系个人经验，培养学生正确的世界观、人生观和价值观 3.把握双线并行、纵横交错的精密构思 4.品味日常生活描写所表现的丰富内涵 5.研究小说的艺术价值 6.体会《红楼梦》的主题	1.培养学生在具体情境中运用语言文字的能力 2.在交流研讨中深入探究小说的艺术魅力和深刻主旨

续表

《红楼梦》整本书阅读任务和评价		
阅读阶段	第一阶段： 自主阅读	第二阶段： 专题研讨	第三阶段： 成果展示
任务内容	1. 阅读《红楼梦》前五回，梳理人物关系，画出思维导图，并标注主要情节及人物性格特点 2. 阅读《红楼梦》6 至 18 回，概括主要内容，绘制大观园简图 3. 阅读《红楼梦》19 至 54 回，概括主要内容，摘抄喜欢的诗词 4. 阅读第 55 至 78 回，《红楼梦》中对人物及贾府的命运有诸多暗示，请你找出相关伏笔和谶语并圈画批注 5. 阅读第 79 至 120 回，结合宝黛钗爱情悲剧及贾府没落，评析你对后四十回续写的看法	1. 体会人物性格的多样性和复杂性 2. 联系个人经验，培养学生正确的世界观、人生观和价值观 3. 把握双线并行、纵横交错的精密构思 4. 品味日常生活描写所表现的丰富内涵 5. 研究小说的艺术价值 6. 体会《红楼梦》的主题	1. 结合印象最深的情节改编成情景剧，小组成员合作排练，加深对人物形象的理解 2. 全班分组汇报交流读书心得、研究成果及作品：最欣赏的小说人物、情节、环境描写、写作手法等
任务时间	学生阅读时间： 暑假 60 天每天阅读两章，共120 回 教师教学时间： 2 课时	学生阅读时间： 4 周 教师教学时间： 4 课时	学生阅读时间： 3 周 教师教学时间： 3 课时
成果展示方式	1. 人物关系思维导图 2. 绘制大观园简图 3. 撰写人物札记 4. 撰写读书心得笔记 5. 小组合作撰写每章概要	1. 撰写人物札记 2. 创作古诗 3. 撰写读书心得 4. 撰写研究性小论文	1. 舞台剧表演：重返大观园 2. 读书研讨会：不朽的红楼
学习评估方法	1. 过程性评价：微信任务打卡 2. 总结性评价：检查任务成果	1. 过程性评价：札记 2. 展示性评价：论文心得	1. 过程性评价 2. 展示性评价

　　《红楼梦》整本书阅读任务和评价评价量表可以在阅读伊始就发放给学生，了解评价标准，学生会更清晰地掌握阅读重心。在整本书阅读的实施过程中，还要对学生的阅读能力层级进行评价。以《红楼梦》为例：

《红楼梦》整本书阅读能力层级的量化

维度	分级	考查能力	具体标准	示例
阅读能力	复述	提取信息	通过关键词句找出对应的原文信息，了解文中陈述的事实	在《红楼梦》中，贾宝玉的通灵宝玉正面写了哪两句话？
	翻译	转译	用自己的话解释词语、句子的意思，能解读相关的概念和细节	大观园众人赏菊吃螃蟹，薛宝钗所做的螃蟹诗讥讽了什么？
	重整	分析、综合、比较	分析、综述文本内容，辨别表达技巧	大观园众人一共举行了几次聚会，聚会情形如何，请用自己的话简单概括
	伸展	推测、想象	引申含义，拓展内容	《红楼梦》第九回中茗烟对金荣所说"你是好小子，出来动一动你茗大爷！"中的"好小子"是什么意思？
	评鉴	批判性思维	评价思想内容，鉴赏语言表达	你认为书中哪个人物最富有悲剧意味？
	创意	创造性思维	找新方法，提新想法，运用所读信息解决问题	如果林黛玉没有多病体弱，你认为她能和贾宝玉走在一起吗？

（3）坚持质化和量化相统一

整本书阅读的评价可从阅读的"质"和"量"两个方面来评价学生的阅读成果。"质"关注阅读过程中的体验和感悟；阅读的"量"可从学生每学期阅读的书目数量，读书笔记的次数，每天阅读的时间等方面进行考查。

评价主体由学生、家长、老师共同组成。对于整本书阅读来说，针对不同年龄阶段学生的身心发展特点采取侧重点不同的评价：高一、高二以表现性评价为主，如让学生进行好书推荐；或者以书评的方式进行点评，最后通过微信公众号推送呈现；还可以进行课本剧的展示等。高三学生阅读素养初步养成，可采用考核式评价。评价标准并不是一成不变的，应该有弹性，坚持质化和量化相统一。评价标准的量化只是尽可能让模糊的变化多端的评价有一条可以把握的尺度，有一个可以操作的方法，以便整本书阅读任务有效推进。但是，各地的学校现实情况不同，学生的实际阅读水平存在差异，需要考虑学生实际情况，实事求是地进行评价标准的质化。在具体进行整本书阅读评价时，需考虑地域差异、学校条件、师资水平和学生学情，提高或降低评价要求，量力而行对整本书阅读进行课堂评价。

（4）以发展语文核心素养为评价标准

学生通过阅读整本书，在语言建构与运用、思维发展与提升、审美鉴赏与创造、文化传承与理解四个重要方面中获得提升发展，进而帮助学生初步形成正确的世界观、人生观和价值观，树立积极向上的人生态度。

评价的根本目的在于促进学生的发展，所以要体现出学生以人为本的主体性，强调对学生人格的尊重。总的来说，整本书阅读课堂教学的评价要立足于语文学科的核心素养，尊重每个学生的特点和个性差异，把满足学生的短期需要和对终身阅读能力的培养统一起来，不能仅仅停留在对于阅读技术方法的表层研究上，要更好地立足于学生的长远发展，多角度、全方位地对整本书阅读课堂教学的质量展开评估。

3. 评价要贯穿阅读全过程

从阅读过程看，分为阅读前诊断性评价、阅读中表现性评价、阅读后的终结性评价。

（1）阅读前诊断性评价

在进行整本书阅读教学活动前，需要清楚了解学生的阅读起点。课堂教学评价前需要进行阅读前评价，真实了解学生学情，诊断性评价是较好的测试手段。

通过诊断性评价，我们可以掌握学生的基础和课前准备情况，以判定他们自己是否已经具备了实现当前课堂教学目标需要的各种条件，为因材施教提供依据。诊断性评价在整本书阅读前主要是为了了解学生阅读现状和阅读水平。如在开展《边城》整本书阅读前的准备工作时，可以进行一次问卷调查来了解每位学生的阅读状态。问卷调查设计如下：

《边城》阅读前问卷调查
1. 你对沈从文的生平了解多少？
2. 你读过沈从文的《边城》或其他哪些作品？
3. 你了解诗化小说的文体特征吗？
4. 你了解现代乡土文学的发展吗？
5. 你需要提供哪些相关阅读资源和支架？
6. 你平时阅读速度和效果怎样？
7. 你需要哪方面的整本书阅读指导？

（2）阅读中表现性评价

对整本书阅读的评价工作是一个长期而又持续进行的动态化过程，在阅读中我们需要时刻跟进。阅读中的评价主要目标就是为了激发和调动学生阅读的兴趣，培养学生的阅读持久力，监督整本书的阅读工作持续保质保量地完成。

整本书阅读周期长，运用过程性评价可以使学生保持持之以恒的阅读状态。如教师可以利用在线平台在一定阅读周期发布 10 道左右的整本书阅读题目，供学生完成相应学习任务后做自我检测。也可以通过交流互动和闯关式答题，激发学生持续阅读的兴趣。

学习游戏评价机制，为学生设置阅读关卡，让他们进行闯关，让学生保持阅读动力。在整本书阅读教学过程中，教师可以利用相关阅读软件，指导学生开展"共读一本书"活动，去完成闯关任务。每一本书都会根据阅读进度设置 4～6 关的阅读挑战，每一关卡会设置 15 道题左右的任务。学生如果在规定时间内闯关成功，就可以获得阅读奖励，层层晋级，最后获得阅读达人的称号；如果闯关失败就需要重新闯关，直到成功为止。学生还可以和班级同学一起 PK 比赛，互相切磋，激发挑战的热情。在阅读平台上，学生也可以查看自己的阅读书目和数量，点滴积累，汇聚成海，从一点一滴的量变到质的飞跃，最终阅读能力会有显著的提升。通过闯关式评价极大地增强了学生整本书阅读的兴趣，让学生不知不觉爱上阅读。

（3）阅读后总结性评价

阅读后评价是在整本书阅读完成后对学生的整体阅读情况进行课堂教学评价，目的在于检测巩固学生整本书的阅读效果。学生的阅读成果有很多种展示形式，如摘抄札记、纸笔测验、撰写读后感、读书分享会、朗诵表演等，可以制定阅读成果评价量表，提升阅读效率。这样考核的目的并不是固定学生的阅读思维，而是让师生和家长共同提高对整本书阅读的重视程度，不是仅仅把整本书阅读作为一种口号或哗众取宠的形式，蜻蜓点水式地敷衍阅读或被动阅读。

例如，我们以写作成果的方式为《边城》整本书阅读设计了一份阅读后的评价，并给出了相应的评分标准：请选择书中一个人物，为他（她）写一份人物命运分析报告，要求结合边城环境、人物关系、人物性格等进行分析，不少于 1000 字。

人物命运分析报告评分量表		自评分	他评分	师评分
评价内容	评价标准			
深刻性	对人物命运分析深刻，能够结合作品中人物形象特点深入进行分析，每点记 20 分			
创新性	有独到的见解和观点，对作品有合理的创新性解读，每点记 20 分			
逻辑性	能够清晰明确地引用恰当的原文内容，能对作品中人物的行为或事件的发展做出合乎逻辑的推论，每点记 20 分			
语言表达	语言表达生动准确，富有表现力，每点 20 分			
严密性	能利用专家学者观点佐证自己的结论，每点 20 分			

　　整本书阅读教学中的学习评价要关注学生是否以阅读主体的身份参与到了阅读活动过程中来，要关注学生的深度学习能力。学生在整本书阅读教学活动中的学习状态应该是在一定的语言情境中真实发生的。整本书阅读教学中的学习评价要充分尊重学生，给予学生提升的动力。

　　整本书阅读教学评价最终目的是以评促教、以评促学。教师要依据评价结果反思日常教学，优化教学内容，调整教学策略，完善教学过程。要真正发挥评价在学生整本书阅读能力促进方面的作用，就要做到尊重学生、以学生为中心，从学生整本书阅读的基点出发，帮助学生在阅读中提升能力，滋养精神。

（三）"四型"：开发四大阅读课型

1. 以新课程新教材为依托，开发整本书阅读的必修课程

　　对整本书阅读实施过程前、中、后进行探索，包括导读课、问题答疑课、分享交流课、汇报展示课等。

　　导读课。目的在于激发兴趣。整本书的阅读篇幅较长，学生常常望而生畏。引导学生读整本书，先要关注学生的需要。教师根据学生的心理特点，通过导读课介绍作家作品、设置问题思考等，在开展阅读前做好"铺垫"。

　　问题答疑课。读书的过程是和文本深度对话的过程，这个过程学生的内心一定会对书中的内容、观点产生思考。针对学生阅读过程中产生的疑问，老师可以收集整理，选择重要问题或普遍存在的问题在课堂上集中讨论，消除阅读上的疑惑，使整本书阅读得以顺利进行。

　　分享交流课。学生在阅读过程中产生的体验积累到一定程度就会有分享交流的诉求。此时举办读书沙龙和班级读书会，可以丰富和拓展彼此的阅读感受，

深化理解认识。从媒介上来说，可采用线上线下混合式学习。

汇报展示课。学生阅读成果的展示方式是多样的，可以采用创意活动展示，如让学生展示设计图文并茂的海报，设计话剧宣传册、模拟新书发布会、举办辩论会、编写剧本并演出等。以活动来展示阅读成果，而不是单纯用考试分数来评价，更有利于学生阅读素养的提升。

2. 开发或整合已有整本书阅读的校本兴趣课程

为了提升学生阅读兴趣，提高阅读鉴赏能力，我校长期以来坚持开设相关兴趣课和拓展课，学生可以根据自己的兴趣自由选择。目前与整本书阅读相关的课程有以下三类：

文学鉴赏课程：现当代文学名家选读、金庸研究、《红楼梦》研究、外国小说欣赏等；

读写结合课程：经典阅读与写作等；

跨媒介课程：名著选读及其影视欣赏等。

高中生阅读方法大多是感性经验的积累，此类课程的开设，可以给学生有效的方法指导。文学鉴赏课有利于拓展整本书阅读的深度与广度；读写结合课程有利于打通读写两大板块，切实提升学生的表达交流能力；而跨媒介阅读符合时代趋势，有利于拓展阅读思维品质。

3. 构建普通高中整本书阅读的研究性课程

研究性学习有利于培养研究意识、实践和创新能力。整本书阅读研究型课程的基本过程是：阅读文本—确立选题—实施研究—交流展示—学习评价。研究型课程有利于唤起学生主动探索，积极思考的欲望，达到阅读深化的目的。整本书阅读研究型课程要坚持"小题大做"的原则，从小问题、小现象中窥探研究的实效性和价值最大化。如在开展《边城》整本书研究型课程时，学生开设了以下研究专题：《〈边城〉桃源式社会的隐喻研究》《〈边城〉爱情的悲剧成因探讨》《〈边城〉人物形象分析研究》《〈边城〉散文化的语言艺术研究》《〈边城〉与其影视改编》《由〈边城〉探讨沈从文的湘西世界》等。学生通过研究性学习习得研究的一般方法，拓展阅读深度。

4. 构建普通高中整本书阅读的活动课程

整本书阅读活动的设计首先必须有效促进学生扎扎实实地深入文本，促使学生在语言建构与运用、思维发展与提升、审美鉴赏与创造、文化传承与理解几个方面获得发展；其次，活动设计在内容上突出表现为"整合"，即需要通读全书方能完成，活动过程倒逼学生在整本书中回读文本、重构内容，对作品产生新的思考和认识。

（1）征文类课程：利用《白帆》"经典共读"栏目、微信公众号"语文现场"、读书征文比赛等给学生提供展示阅读成果的平台。

（2）演讲类课程：举行读书演讲比赛。

（3）表演类课程：举办舞台剧表演、辩论赛等。完成整本书阅读后，选择一些经典的场景让学生进行表演，如《红楼梦》中的"林黛玉进贾府""宝玉挨打"等。学生可以对原著进行适当改编，从而合乎表演的需要。自编自导自演既起到了很好的锻炼作用，也有利于深入研读原著，体会人物的情感变化。对于有争议的问题，还可以采用辩论的形式，让学生自由发表自己的看法，深入思考。

我们还可以设置讲坛类课程，利用学生讲坛、读书分享会等提供学生自我展示的平台；还可以利用假期开设研学类课程。包含研学目标、经典路线开发、过程管理、研学日记等。比如读完《平凡的世界》《白鹿原》等作品之后，我们可以去探索文学陕军的魅力；读完《边城》，我们可以走进沈从文的湘西世界；读完《长恨歌》，我们可以去上海弄堂感受王琦瑶的生活……经典的文学之旅，有利于学生知人论世，走进作者的内心世界。

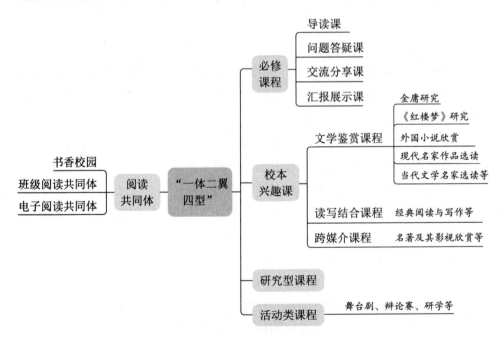

整本书阅读校本化课程体系

第二节　线上线下融合，打破时空界限

——混合式学习视域下的整本书阅读教学

随着信息技术的高速发展，互联网与移动终端的普及，人们的学习方式也随之发生变化。如何在移动互联网、大数据、人工智能等快速发展的时代将新一代信息技术与整本书阅读相结合？如何搭建数字化教学互动平台和进行创新性案例开发？如何利用信息技术手段实现阅读教学的信息化融合与创新？混合式学习逐步走入人们视野。混合式学习有利于改善整本书阅读的无序化状态，避免形式化，使学习指导更方便快捷。混合式学习（Blended Learning）是指将传统线下学习和线上学习两者有机融合的一种新的学习模式（Learning events that combine aspects of online and face-to-face instruction）。它突破了时间、空间的限制，满足了新时期学生的学习需求，顺应了新时期教学发展规律。

一、混合式学习——整本书阅读的助推器

（一）突破时空局限，实现连续性阅读指导

新教材规定阅读的整本书为《乡土中国》和《红楼梦》。从课标要求及教材安排来看，整本书阅读学习首先需要面对的就是课时安排与学习任务之间的矛盾——18课时完成一部学术著作《乡土中国》及一部长篇小说《红楼梦》的阅读及研讨活动，这显然无法在常规课堂内完成。

如何平衡精读与泛读、课内与课外阅读、正式学习与非正式学习，克服整本书阅读的无序状态而又避免整本书阅读篇章化的倾向？混合式学习是可行路径。混合式学习使整本书阅读教学不再局限于课堂，师生之间可以实时互动，突破了时空界限。运用混合式学习的整本书阅读不只在课堂上进行阅读和讨论，而是将阅读延展到家庭、社区等任意空间，且灵活采用线上、线下的学习方式。学生可以随时、随地获取学习信息和资源，并在整本书阅读学习中与老师、同学交流互动。混合式学习是互联网与教学深度融合的产物，它极大程度实现了资源共享，构建了线下教学与线上辅导的有机桥梁。与传统的教学形式相比，

混合式学习不仅丰富了整本书阅读教学的课程形式，还提高了教学效率，适应了新形势下阅读学习需求。

（二）提供海量优质的学习资源和支持系统

新课标在实施建议中指出要积极探索基于网络的教学改革，利用具有交互功能的网络学习空间，创设线上线下一体化的"混合式"学习生态，为课堂教学和课外学习服务。在信息化环境下，需要进一步探索教学流程、资源支持、学习评估等影响学生学习的各种要素，积极探索信息化环境下的语文教学模式。学生完成阅读任务，需要丰富的学习资源，教师要精选优质资源为学生提供支架性材料，这些资源随着阅读探究的进程分批分类发布，以免过于集中造成学生不必要的认知负担。整本书阅读教学对教师提出了新要求，需要教师具有丰富的知识储备和对课程深入的研究。教师不再只是简单的知识传授者，而是阅读课程的主动开发者。如何减轻教师课程开发的压力？互联网的优势在于丰富的学习资源，学生可以通过互联网查询获取想要的资讯，再进一步思考探索，对于无法解决的问题再与教师进行沟通交流。这一学习范式有利于帮助学生开展自主探究式学习，进行深度学习。

（三）有利于提升学生阅读学习的主体性

传统的语文阅读教学以教师讲授为主，混合式学习在一定程度上改善了传统课堂的教学模式。学生为了进行整本书的深入研读，需要利用现代化信息技术去主动获取信息，收集资料，思考问题，有利于提升学生在阅读学习中的主体性。师生的交流互动基于学生阅读体验，思考后的存疑，这就迫使其不再是知识的被动接受者，而成为主动探索者。课堂的宝贵时间主要用于整本书阅读成果的展示和研究问题进一步探讨，逼着学生改变依赖课堂进行阅读的习惯，有利于培养科学探索精神。

（四）有利于因材施教，加强个性化学习

混合式教学模式有利于学生根据自己的情况调整进度，按照自己的节奏和方式进行整本书阅读。阅读一本书时，学生可以先进入导读模块，打开网络相关学习资源，了解相关作家作品情况。网络平台可以对学生阅读进度进行监看，对学生随时进行检测，进行个性化分析评价，并跟踪记录。教师可以根据反馈，

随时调整对每个人的学习指导和任务设定。在双向互动中，实现学生的个性化、差异化学习。

二、整本书阅读混合式学习的六个关键步骤

基于混合式学习的整本书阅读需要有效设计，通过传统课堂与虚拟课堂的融合，线上线下进行目标性、序列化、层进式推进。也就是说，整本书阅读教学需要对线上线下进行基于学情分析的目标性、教学过程的序列化、学习深度的层进式推进，以此探究混合式教学的实施路径。

混合式教学对整本书阅读最大的赋能在于学习评价的开展。线上线下相结合的评价形式，可以拓宽评价的路径，丰富评价的样式，并利用表现性评价，及时将学习效果反馈给学生，使学生在参与学习活动的过程中，更明确更自主地进行学习成果的积累。也使教师更直观更清晰地了解学生的阅读进度及阅读成效。基于混合式学习的整本书阅读活动框架如下图：

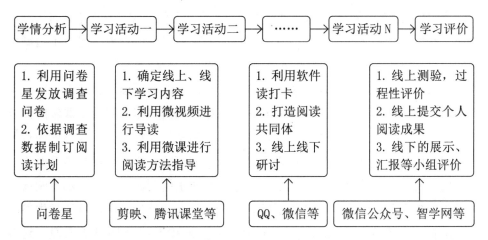

混合式学习整本书阅读活动框架

（一）调查学情，制订阅读计划

整本书共读想要顺利实施，需要制订合理的阅读计划，不能任由学生漫无目的地随意阅读。根据全班大多数学生的阅读兴趣和能力，规划好阅读书目及进度，可以使学生在阅读中有明确的目标感和紧迫感。

教师首先要根据班上大多数学生的阅读兴趣和阅读能力，选择书目，制订

阅读目标，有节奏地推进，防止散漫无序。要全面科学地把握学生阅读情况，需要做调查分析。传统的调查问卷操作较繁琐，耗时长，在大数据支持下，"问卷星"等小程序能帮助调查者快速获取并分析数据，了解学情，做出判断。

教师在制订共读计划前，可利用"问卷星"等小程序设计线上问题，邀请学生回答，对学情进行调研分析。借助线上设计的针对性问卷，了解学生的阅读兴趣、习惯、需要哪些帮助指导等，然后根据调查结果确定整本书阅读的书目，制订计划，进行有效指导。

（二）微课导读，激发阅读兴趣

微课（Microlecture），是指运用现代信息技术，选择一到两个知识点制作的短小精致的学习内容。微课因其针对性强，有利于传递特定的知识内容，适用于整本书阅读的导读教学。

导读环节首要目标是激发阅读兴趣。学生通过知人论世，激发了浓厚的阅读兴趣，才会更积极主动地去阅读。老师可以借用海量的网络信息资源制作微课，在开启阅读之旅前，把背景知识分享给学生。比如在阅读沈从文的小说《边城》之前，我们设计了关于介绍作者沈从文和他的家乡凤凰的微课，展示了边城美丽的风土人情，充分调动了学生对《边城》的阅读兴趣。

其次，还可以通过微课做阅读方法的指导。整本书阅读应有别于一字一句的篇章阅读。针对不同的文学作品和学术著作，我们制作不同的微课做阅读方法指引。例如中国古代的章回小说，像《三国演义》《红楼梦》等小说的章节目录都高度概括了情节内容，可以通过目录管中窥豹，快捷把握整本书概貌。对于情节复杂、人物众多的长篇小说可以引导学生绘制思维导图。基于阅读方法指引的微课学习，有利于学生了解、掌握这些阅读技巧。也可以让学生参与微课录制，教师指导修改后，通过 QQ 群、微信群和校内外网络平台分享。这有利于给学生带来成就感，激发学生的输出性学习动力。

（三）软件打卡，形成阅读氛围

阅读工具的更新，使得时间、空间对阅读的限制减小。我们可以通过电子阅读器随时随地进行阅读，也可以通过豆瓣阅读、微信阅读、网易阅读等软件阅读。移动终端的普及使阅读的方式日渐多元化，也更加便捷。

整本书的阅读周期较长，同辈一起阅读打卡有利于激发学生的阅读兴趣，帮助部分难以坚持的同学更好地在规定时间内完成阅读任务。现在腾讯、钉钉等小程序的打卡功能很好地解决了阅读过程监督这一难题。整本书阅读通常在寒暑假进行，"打卡"是有效的学习监管助手。通过打卡分解阅读任务，在实现个体自由阅读的同时，可进行整体监督调控。比如，高中生平均阅读速度是每小时 2.4 万字，每天阅读一个小时，《红楼梦》全书 73 万多字，大概一个月可以读完。全班同学一起阅读打卡，有利于良好阅读氛围的形成，强化阅读效果。

（四）师生共读，打造阅读共同体

以湖南师范大学附属中学 1808 班为例，学生 51 人组成了 9 个阅读小组。每个小组推选了一名阅读组长，在共读整本书时利用 QQ、微信等工具，小组成员定时分享阅读体验，交流阅读疑惑。阅读共同体的形成既有利于激发学生阅读兴趣，促进同学之间的友谊，也有利于促进阅读思考，碰撞思维的火花，也在一定程度上起到了督促作用。

教师也应当参与阅读共同体的构建，加强师生之间的合作对话。通过混合式学习，师生形成一个阅读共同体，实现实时互动，交流沟通，形成浓厚的学习氛围。师生共读，思想碰撞交流的过程有利于激发学习兴趣，发展思辨性思维。

（五）线上线下探讨，促进阅读深入

浅阅读是学生阅读长期存在的一大问题，很多学生在阅读过程中浅尝辄止。一方面，线上学习具有资源共享性和信息实时交互功能。学生主动带着阅读过程中的疑问查阅资料，对文本进行研究。另一方面，学生可以及时通过交流平台提出疑问，进行交流讨论，反过来推动线下阅读。混合式学习中的课堂学习和在线讨论互为补充、支撑和照应，在线互动是课堂学习的基础，课堂讨论是对在线互动的深化。

例如在推进《边城》整本书阅读时，每个阅读小组选择了一个小课题进行研究。小组成员分工协作，利用网络搜集信息，进行线上讨论，整合讨论成果，制作多媒体课件，然后在语文课堂上展开进一步讨论。在整个课题研究过程中，每个小组成员各展所长，体现了差异性合作的特点。在自由交流与碰撞中，实现了观点的多元化碰撞融合，有利于发展思辨思维。学生会发表不同观点，并寻找佐证材料，在不断研讨中，推进阅读深入。大量实践表明，在这样的探究式阅读学习中，学生参与度更高，研究学习更深入。

（六）实时检测，实现阅读多元评价

我们可以利用网络平台测试工具，对学生阅读效果进行检测。测试目的在于帮助学生梳理整本书主要内容，不是简单复现文本情节。学生通过网上测试，能够重新发现阅读过程中忽视的内容，调整阅读学习策略。在线自测既方便快捷，又可以进行数据分析，为进一步指导个性化阅读，调整教学策略提供依据。通过反馈，教师及时答疑解惑，调整教学，形成对话。

其次，信息化平台为学生提供了一个展示整本书阅读阶段性成果的平台。例如，我们利用微信公众号"语文现场"、微博等互联网平台，分享《平凡的世界》《红楼梦》《边城》《活着》等几本书共读后的阅读感受。通过网络平台，师生还可以参与点评互动，有利于提升对文本的理解和写作能力。笔者在任教的两个班开展的整本书阅读活动，学生在阅读过程中做摘抄赏析，写读书随笔，阅读小论文。

此外，还可以举行读书会、开设讲台、举行辩论赛、演出舞台剧等汇报展示活动。汇报展示是学生阶段性阅读成果的展示和交流，有了汇报展示环节的设置，就会驱动学生精心提炼和呈现阅读成果。汇报展示不能只有展示没有互动，没有教师的点评和学生的质询互评。下面以《大卫·科波菲尔》整本书阅读为例：

基于混合式学习的《大卫·科波菲尔》整本书阅读

环节		学习活动	技术支持
活动前	学情分析	利用问卷星发布问卷"《大卫·科波菲尔》知多少"，调查学生对《大卫·科波菲尔》整本书阅读的基本认知和需求	问卷星
活动中	第一阶段 线上	介绍《大卫·科波菲尔》整本书阅读学习活动计划，写作背景和自传体小说阅读方法	QQ群 微信群 腾讯课堂 视频编辑器 阅读器
	第一阶段 线上	发布《大卫·科波菲尔》阅读打卡任务，包括绘制思维导图、进行阅读赏析等	
	第二阶段 线上	发布《大卫·科波菲尔》相关阅读资料、视频和微课，供学生学习	
	第二阶段 线下	围绕某一主题或者问题展开研讨活动	
	第三阶段 线上	个人提交读后感等阅读学习成果	
	第三阶段 线下	小组围绕之前选定的主题开展小组汇报	

续表

环节		学习活动	技术支持
活动后	总结性评价	1. 可以进行演讲、舞台剧表演、辩论等活动课的展示 2. 将学生的读后感或者主题小论文进行汇编，精选部分学习成果，借助智慧班牌发布，或推送微信公众号，推荐到相关刊物等 3. 通过智学网等进行阅读检测	智学网 智慧班牌

　　在教学实践中，我们逐步形成了"有序列的经典小说→微课激趣和方法讲授→合作探究的研究性学习→有引导的互动讨论→有数据的多元评价"的整本书阅读教学实践流程。通过导读、微课、互评、在线讨论等激发了学生主动阅读、探究的兴趣；线下研学解决问题、方法引领等途径，使学生深入思考。混合式阅读学习打破了时空束缚，将阅读社群延伸到更广阔的空间。教师可对学生进行个性化分层指导，及时关注学生阅读学习状态，并提供帮助。

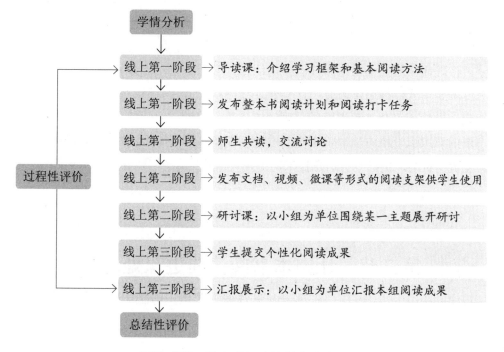

混合式学习整本书阅读教学实践流程图

　　基于混合式学习的整本书阅读教学，教师主要在教学设计和资源支撑等方面组织学习活动，以文档、视频、微课等多种形式的资源为学生提供阅读支架，将多数时间留给学生自主阅读、交流讨论及汇报学习成果。线上的学习活动由教师发布，需要学生全面参与，但学生可以自由灵活地安排时间，个性化程度较高。线下的学习活动依托常规课堂，教师作为课堂的组织者、观察者和记录者，为学生的阅读指点方向、示范方法、提出建议、提供支持。教师不但自己要把书读深，还要关注每个学生的阅读进展，穿梭转换在各个空间，捕捉学生的反应并回应。在线学习的任务不宜多、密、生硬，可以基于情境的任务、基于项目的探究应用为主，以此驱动学生的深度阅读。相对传统教学而言，混合式学习模式下的整本书阅读，其阅读时间更灵活，个性化程度更高。随着阅读的深入，学生也许会产生更多思考及疑问，线上提供的阅读支架即可发挥作用。经过教师筛选整合的阅读资源可以提高阅读效能，丰富的资源类型可以满足不同学生的多元需求，依托云空间的形态可以满足学生随时随地的阅读需求，这些都是传统教学模式无法满足的。线上线下相融合，更有利于问题的研讨。线下课堂的集体研读，是思想碰撞的过程，线上也可以延续课堂讨论；线上资源的整合，是阅读的重要支撑，线下也可以继续挖掘阅读的深度。同时要避免过度模式化，失去教学弹性。整个学习过程应该是灵动的、开放的、差异化的，为个性化阅读留有空间。

将现代信息技术融入阅读教学的混合式学习必将是未来发展的趋势。这一深度融合模式，打通学习时空，构建连续流动的阅读生活，让学生成为终身阅读者。当然，混合式教学模式，对学校资源库建设、教师信息化使用技能等提出新的要求。学校应当提供更多的专业技能培训和指导，让一线教师享有学习与交流的机会，更好掌握信息技术，提升教学效果。

第三节　让整本书阅读向更深处漫溯
——研究性学习视域下的整本书阅读教学

当前的整本书阅读教学存在三个突出问题：一是阅读研讨游弋于外在，许多学习活动重阅读形式轻阅读研讨，将焦点放在文本细读、多元解读、主题阅读、比较阅读等诸多形式上；二是整本书阅读研讨停滞于浅表，学习者自说自话式的书本评论、搜寻答案式的零星回应、汇报想法式的单一罗列等现象依然充斥课堂，缺乏对话讨论对阅读者的深度引领；三是阅读研讨局限于眼前，如对作者背景知识的记忆、应试备考的训练等，就"这一本"谈论这一本。如何在语文课程中实施有效的整本书阅读教学？研究性学习或许是有效途径之一。

研究性学习是指教师创设一种情境，让学生主动进行探索、发现和体验，从中学会对大量的信息的搜集、分析和判断，从而增进其实践能力和创新能力的一种类似科学研究的学习方式。学生将学习生活中遇到的某个感兴趣有价值的问题作为课题研究对象，在教师指导下，借助研究方法主动展开调查研究，以期有所发现，得出一定结论。研究性学习以解决问题为目标，着重培养学生的研究意识。研究性学习是目前中小学课程改革的一个十分重要的话题，也已经成为许多学校提升教育质量的一条行之有效的途径。它把学习的主动权交还给学生，让学生在主动积极的学习环境中，饶有兴趣地探究，成为学习的真正主人。研究性学习不仅是培养学生创新精神的重要手段，且所倡导的教育理念意义十分深远。

新课标提倡引导学生在独立完成相关专题研习的基础上，从研究的资料、过程、方法、收获等多个角度展示研究成果，并且围绕学习中的若干问题组织交流讨论、合作探究等活动，要求学生尝试把自己的探究发现用论文形式呈现出来。学生从初中到高中在课内外阅读了大量的文学作品，已具备了相应的知识和能力，思维也已达到相当的水平，其思维具有更大的组织性、深刻性和批判性，独立思考的能力得到高度发展。所以，可让学生在课内研究性阅读的基础上进行专题研究性学习。

一、为什么要开展整本书阅读研究性学习

（一）研究性学习符合整本书阅读教学目标

新课标提出，开展整本书阅读旨在"通过阅读整本书，拓展阅读视野，建构阅读整本书的经验，形成适合自己的读书方法，提升阅读鉴赏能力，养成良好的阅读习惯，促进学生对中华优秀传统文化、革命文化、社会主义先进文化的深入学习和思考"[①]。

整本书阅读教学中引入研究性学习，有利于培养阅读主体主动探索的意识，提升学生阅读鉴赏力，培养良好的阅读习惯。一个有深度，值得研究的课题有

---

① 中华人民共和国教育部. 普通高中语文课程标准（2017 年版 2020 年修订）[M].
北京：人民教育出版社，2020: 11.

利于唤起学生积极思考，钻研文本的欲望，达到阅读深化的目的。

（二）培养问题意识，激发探索欲望

"学贵有疑，小疑则小进，大疑则大进。"提出问题往往比解决问题更重要。研究性学习有利于激发学生在整本书阅读过程中积极思考，提出有价值有深度的问题。并在这一驱动下去查找信息，收集资料，进行调查和探索，开启智慧之门。在这种学习模式的训练下，学生将逐渐建构起敏锐的问题意识和强烈的探究欲望。

这一过程需要教师对研究方法进行指导，教师要指导学生学会通过多种途径获取信息，学习辨别和整理有效信息。多方位多角度地思考质疑，在研究性学习过程中，培养学生创新精神和创造能力。

（三）深化阅读活动，提升阅读能力

目前，整本书阅读活动有泡沫化趋势，部分学生只关注故事情节，对文本理解浅表化，活动的开展也只是表面热闹，追求形式的新颖，缺乏有效性。这种本末倒置的方式只会让阅读教学停滞不前，偏离了开展整本书阅读活动的初衷。

整本书阅读教学中的研究性学习，着眼于训练学生多角度多层次挖掘文本的能力，培养学生与文本对话交流的能力。它以学生自主阅读为主，打破了以教师为主导讲授节选课文的传统，学生由阅读的接受者变为主动探索者，教师仅仅作为组织者、引导者。在研究性学习过程中，学生通过深度阅读，提升思维品质和审美鉴赏能力。

（四）培养合作探究，分工协作的精神

研究性学习以小组合作为主，注重成员间分工协作，为学生提供了一个和他人沟通与合作的良好平台。从确定研究主题，到查阅资料、处理信息，再到形成成果，每一部分都由学生分工协作，共同完成。研究性学习小组各成员，发挥自己的优势，共同解决研究过程中碰到的问题。团队成员中分工合作是否合理，沟通交流是否顺畅，关系到研究性学习的成败。在这个过程中，有利于培养学生的团队意识，为终身发展奠基。

二、如何开展整本书阅读研究性学习

整本书阅读研究性学习的基本流程包括阅读文本—讨论选题—制订规划—实施研究—交流展示—学习评价。具体实施如下：

（一）阅读文本，初步感悟

首先，要给学生充分的时间阅读，让他浸润于作品中，感受人物的悲喜，时代的症候，情节的起伏。在充分阅读感悟的前提下，进一步从主题意蕴、艺术手法、环境渲染、人物形象等角度去深入品味思考。教师要引导学生学会阅读，明确阅读范围和阅读目标，制订阅读计划，这是研究性学习有效开展的保障。

其次，教师要对学生进行充分的指导，包括文学鉴赏的方法。授人以鱼不如授人以渔，最好不要把知识材料直接提供给学生，可以给学生提供一些获取信息的途径。例如，在进行《边城》整本书阅读教学时，指导学生利用超星电子图书可以获取大量相关电子书，去知网、维普、万方等数据库可以查找相关评论文章。向学生介绍研究性学习的目标、特点和方法等，使学生形成整体性认识，包括一些常用的研究方法，如案例分析法、问卷调查法、统计法、采访、文献研究等，帮助学生掌握必要的检索方法与研究技能等。

（二）共同商讨，确立选题

选题的好坏将会直接关系到课题研究的成功与否。在专题选择上，要充分尊重学生的意愿。同一部作品，从不同角度可以有不同的解读，同一内容也可能有许多问题值得探讨。学生在成立研究小组后，通过交流讨论，从自身的研究兴趣和可行性分析出发，确定两三个研究角度，然后由教师进行把关。包括课题是否存在研究的价值，学生具备的知识和能力能否胜任研究任务。老师也可以在认真研读整本书后，提供一些具有研究价值的选题供学生选择，给予一定启发。

可以利用一两节课进行开题报告会，针对学生选题，教师提出思考疑问，帮助学生进一步明确选题是否合理。学生在选题阶段容易出现课题题目过大，课题研究内容过于空泛，无从下手，可行性较小等方面的问题。教师的及时指导可以帮助学生少走弯路，但要注意以下几个方面：

1. 题目不宜过大，要易于研究的深入。

例如，在实施《边城》整本书研究性学习时，有学生选的"沈从文小说的文学价值"，沈从文小说众多，题目过大，若调整为"《边城》的文学价值探讨"则易于把握。

2. 要找准题目的切入口，切入口宜小、要易于研究实施，如"《边城》的文学价值探讨"可以从小说的人物形象、语言艺术、结构特点等几个方面入手，展开论题的研究。

3. 研究方案要切实可行，所需资料是否来源多、易搜集。

我们不能任凭学生自由选题，当学生们急于着手实施时，我们要提示他们检查前一段的准备工作是否到位。课题的确定有时并非一蹴而就，需要灵感的激发。选题尽量贴近高中生的认知，坚持"小题大做"的原则，从小问题、小现象中窥探研究的价值。在小组交流讨论后，学生确定了以下选题：

1.《边城》桃源式社会的隐喻研究

2.《边城》爱情的悲剧成因探讨

3. 边城人物形象分析研究

4.《边城》散文化的语言艺术研究

5.《边城》与其影视改编

6. 由《边城》探讨沈从文的湘西世界

（三）制订计划，实施研究

在确定选题后，要制订研究性学习的具体计划。由研究性课题小组商量分工协作，包括哪些人进行资料搜集、文献综述，哪些人进行实践调查，哪些人进行整理归纳，各小组成员都有独立的任务，既有分工，又有合作。

学生在指导教师的帮助下，对搜集到的资料进行归纳整理，形成文字等材料。初步研究成果可在小组内充分交流，共同探讨，使大家都参与其中。对存在的问题和需要调整的，个人或小组可对研究方案进一步完善。在《边城》整本书研究性学习中，我们分成 8 个课题小组，然后各自围绕选题进行讨论探究，每个小组长组织组员进行分工合作，撰写研究性学习报告。

（四）结题答辩，成果交流

根据课题的难易程度和课时安排，我们可以举行中期汇报，对学生在研究性学习过程中遇到的困难进行答疑指导，调整研究计划。中期主要是汇报课题进展，对在研究中难以解决的问题，要通过学生小组内部讨论、教师指点、寻求专业指导等方式解决。

研究接近尾声时，学生将结果进行归纳总结，得出结论，形成研究报告。报告的内容一般包括问题的提出、研究方法、研究结论、参考文献等。教师可对撰写研究报告进行相关指导。然后安排 2 课时，进行研究性学习汇报。各小组将研究成果通过答辩的形式进行汇报，进行 PPT 陈述。在这个过程中，要引导学生欣赏和学习其他同学的研究成果，也可以通过客观分析与辩证思考，提出自己的疑惑，再由研究小组进行答疑。这个过程既是学生习得成就感及集体荣誉感的过程，也是思维碰撞和交锋的过程。最后学生再针对答辩发现的问题，对研究性报告进行修改完善。

（五）学习评价，总结反思

评价是研究性学习的重要一环，在整本书阅读研究性学习中可以综合运用多种评价方式。如小组互评、教师评价等方式对研究成果进行多角度、多层面的综合评价，关注过程的同时也理性分析结果。客观看待学生的汇报作品，鼓励有价值的部分，为学生接下来的探究活动做一个总结性的、后续性的点评与指导。

研究性学习评价的内容一般包括选题的意义、小组参与度、运用研究方法的情况、创新性、研究成果等。对于优秀的课题可以适当奖励，将研究成果汇编成册，既将研究成果落到了实处，又为学生的高中学习留下了美好的印记。

为检测研究性学习效果，我们制定了研究性学习评价量表：

研究性学习评价量表							
评价指标	权重	评价等级				得分		
		优秀	良好	一般	初级	自评	互评	师评
资料搜集	10%	能快速准确地运用多种途径进行搜集资料，具有较强的信息处理能力	能运用多种途径搜索资料，具有一定的信息处理能力	基本能搜索、查找相关资料并能作一定的处理	搜索、查找资料的能力很低，几乎不能处理信息			

续表

研究性学习评价量表							
评价指标	权重	评价等级				得分		
		优秀	良好	一般	初级	自评	互评	师评
完成任务	10%	承担起课题职责，与他人合作无间，将自己的成果与他人共享，在规定的时间内有组织并出色地完成	帮助团体完成任务，工作质量高，在规定时间内完成个人任务，促进小组内他人工作	清楚知道自己的任务，工作可能有一些失误，但能与他们协商解决，在规定时间内完成个人任务，但没有协助他人工作	知道自己的任务，但在规定时间内未能完成个人的任务			
知识技能	10%	有很强的分析、解决问题的能力，能较好地运用已有知识解决问题	有较强的分析、解决问题的能力，能运用已有知识解决问题	有一定的分析、解决问题的能力，基本能运用已有知识解决推理问题	分析、解决问题的能力较差，几乎不能运用已有知识正确解决问题			
创新实践	10%	能灵活应变，及时提出问题，并能分析总结问题，解决问题的思路新颖，勇于克服困难，积极动脑动手	有应变能力，能提出问题，分析问题，有解决问题的方法和思路，勤于动手	活动中不能随机应变，要靠他人的帮助和指导，才能动手解决问题	活动中很被动，不愿动脑、动手和动口，遇到困难束手无策			
确定课题的能力	10%	能根据兴趣能力，明确研究方向，能独立、正确分析问题；能清楚地确定问题难度和研究所需条件	能根据兴趣能力明确研究方向，能分析问题；能分析研究所需一般条件	在提出问题的过程中做了努力，但是问题尚不清晰，能分析问题或需求	未下功夫，没有分析、解决问题			

续表

研究性学习评价量表								
评价指标	权重	评价等级				得分		
		优秀	良好	一般	初级	自评	互评	师评
研究设计能力	10%	课题研究的目的、意义阐述准确；计划具体、可操作性；小组成员分工明确、合理；阶段计划详细可行	课题研究的目的、意义阐述基本准确；计划具体、可操作性；小组成员分工较明确；阶段计划可行	课题研究的目的、意义阐述基本准确；研究方案合理、可操作性，分工较较明确	课题研究方案、计划、分工等方面存在明显缺陷			
结题报告撰写	10%	报告符合规范要求，结论得到材料支撑，逻辑性强，语言通顺	报告基本符合规范要求，结论有一定材料支撑，语言通顺	报告基本符合规范要求，语言通顺	报告不大符合规范要求，结论、语言等方面存在明显缺陷			
成果展示	10%	汇报条理清楚，仪式大方得体，展示成果丰富，能明显体现学习成果	汇报条理清楚，展示成果较多，能明显体现学习成果	汇报有条理，但成果较少，学习成果体现不明显	汇报模糊，没有成果			
活动态度	10%	积极主动参加每次研究性学习活动，主动和同学交流，不怕吃苦，勇于克服困难	积极主动地参加每次学习活动，和同学交流，不怕吃苦，能克服一定困难	能参加学习活动，基本能和同学交流，不怕吃苦，能克服一些简单的困难	不积极参加学习活动，不善于和同学交流，怕吃苦，不能克服困难			
与组员的合作	10%	积极参与小组讨论，团队合作意识强，与他人配合默契，思维活跃，大胆提出有价值的见解，有追求新知识的热情	团队合作意识强，帮助协调，推动整个小组的工作，对最终成果有一定的贡献	在小组中工作认真负责，为其他成员提供一定的帮助，参与了讨论工作，并对最终成果进行了评价	没有合作精神，不准备承担整个小组的责任，对最终成果的评价过程只是旁观而已			

三、开展整本书阅读研究性学习的建议

（一）开发研究性学习资源

经典文学作品是开展研究性学习的主要来源，我们可以开展整本书阅读的序列化教学，在高中三个年级开展经典共读活动。例如高一共读《红楼梦》《乡土中国》，高二共读《边城》《平凡的世界》，高三共读《论语》等，形成序列化的阅读。学校图书馆可以按照计划引进一批文学作品，供学生集体阅读。不断扩充研究性课题，为学生提供探索空间，培养阅读兴趣。通过整本书阅读研究性学习的开展，不断积累和完善相关电子资源库的建设，如电子书、参考文献、导读微课等。

（二）建设研究型的教师队伍

整本书阅读的研究性学习的组织实施离不开教师的指导。研究性学习的专业性对教师的研究能力提出了更高的要求。为了有效推进研究性学习，需要加强"研究型"教师队伍建设，形成一支有经验的指导教师队伍。

中学教师将较多的精力放在教学上，对课题研究涉猎较少。针对这个问题，首先，学校要为教师提供专业化的培训，实现教学研结合。只有教师成为研究型教师，拥有一定的研究经验和能力，熟悉探究方法，才能有效地指导学生。优秀的教师需要不断提升自身的研究能力，不仅研究教学方法、教材内容，还要做专业的学术研究等。

其次，教师要大量阅读，拓宽视野，积淀深度，要有自己擅长的研究专题，了解整本书阅读相关知识，才能有效指导、帮助学生设计出适宜的研究课题和活动方案。

（三）建设语文研究型基地

为了形成研究性学习的积极态势，我们还要积极打造研究性学习氛围，建设研究型学习基地。从班级的"研学小组"到"研学基地"，我们可以提供更大的研究性学习场所。除了课题研究，还可以开展研学旅行等活动，去实地采访，进行田野考察等。比如研读《边城》，我们就可以到沈从文的故乡——凤凰、茶峒等地进行调查研究；我们也可以研究某种文学现象，比如去陕西探寻文学陕军的足迹。

学校应提供充裕的教学资源和相应的教学设施，宣传和鼓励各学科在研究性学习方面的教学实践和实验，为其创造良好的环境。有条件的情况下，还可

以聘请教育专家来校指导，面向全校师生开展相关方面的培训与指导，或是为教师提供到其他学校进行考察观摩、借鉴经验的机会，并引进他校的成功经验或经典教学案例。

沈从文的湘西世界

——基于研究性学习的《边城》整本书阅读

【教材分析】

　　《边城》是部编高中语文教材选必下第二单元的一篇节选文章，属于"中国现当代作家作品研习"学习任务群，也关联"整本书阅读与研习任务群"，是开展整本书阅读的良好的切入点。它是沈从文的代表作，是现代乡土文学"田园牧歌"叙事的代表，为我们呈现了一种"优美，健康，自然，而又不悖人性的人生形式"。"我主意不在领导读者去桃源旅行，却想借重桃源上行七百里路，酉水流域一个小城小市中几个愚夫俗子，被一件普通人事牵连在一处时，各人应得的一份哀乐，为人类'爱'字作一度恰如其分的说明。"著名评论家李健吾称沈从文的《边城》是"一部田园牧歌式的杰作""一颗千古不磨的珠玉"。《亚洲周刊》在评选 20 世纪中文小说 100 强时，将《边城》评为百强第二名。该小说讲述了湘西茶峒一对相依为命的祖孙平凡宁静的生活。学习这部小说，可以帮助学生体会作品传达的环境美、风俗美和人性美。在字里行间体会沈从文对纯净美好的湘西世界的赞美和对淳朴人性的歌颂。感悟小说主要表现的人与人之间互帮互助，淡泊名利，友爱和谐的良好风尚。沈从文在作品中塑造了一个远离都市文明的湘西小镇，渲染湘西世界之纯净，湘西人纯真的心态，显露了原始质朴的美。《边城》全书 7 万多字，属于中篇小说，适合中学生阅读。通过《边城》整本书研究型学习，旨在引导学生建构整本书的阅读经验与方法、提高阅读鉴赏能力、提升写作素养和课题研究能力。着眼于学生语文核心素养的培养，通过设计形式多样的阅读活动来组织和推动《边城》整本书阅读。

【阅读鉴赏】

　　在作者的笔下，古老的边城具有桃花源般神奇的美。边城明净的风光，教化着朴实的人们。在小说中，每个人都热情诚实，人人均有君子遗风。"一切莫不极有秩序，人民也莫不安分乐生。"美好的道德情操在这里发扬光大。如龙头大哥顺顺，"凡帮助人远离患难，便是入火，人到八十岁，也还是成为这个人一种不可逃避的责任！"二老傩送热心助人，即使被翠翠误会，也托他人送翠翠回家；祖父身上更是体现传统美德，坚持不收过渡商人多给的钱，而商人也是一样的朴实，非坚持给钱不可，最后祖父只收下一个铜子，却搭了一把烟叶给商人。这样体现美好人性的事例在《边城》全篇中几乎比比皆是，充分表现了边城人淳朴的民风。

边城不仅保持着古老淳朴的民风，而且相应地保留着古老的风俗习惯。如边城的端午："当地妇女、小孩子，莫不穿了新衣，额角上用雄黄蘸酒画了个王字……全家出城到河边看划船。"边城人赛龙舟，"船只的形式，和平常木船大不相同"，"当每次某一只船胜利时，必在水边放些表示胜利庆祝的五百响鞭炮"。古老的风俗是和古朴的民风联系在一起的。更有趣的是捉鸭子比赛："赛船过后，城中的戍军长官，为了与民同乐，增加这个节目的愉快起见，便派兵士把三十只绿头长颈大雄鸭，颈脖上缚了红布条子，放入河中，尽善于泅水的军民人等，自由下水追赶鸭子。"这样的习俗带有官民同乐的意味，更衬托出边城人和睦安乐的风貌。还有月下对歌、狮子龙灯等，都透露着边城祥和安定的气氛。

用作者自己的话说，他的理想是要表现"优美，健康而又不悖乎人性的人生形式"，"为人类'爱'字作一度恰如其分的说明。"所以《边城》给人桃花源般幻想的色彩和田园牧歌式的理想图景。

那么"优美，健康而又不悖乎人性的人生形式"相对于什么而言呢？作者描写的湘西，自然风光秀丽、民风淳朴，人们不分等级、不谈功利，人与人之间以诚相待，互敬友爱。外公对孙女的爱、翠翠对傩送纯真的爱、天保兄弟对翠翠真挚的爱以及兄弟间诚挚的手足之爱……这些都代表着未受污染的农业文明的传统美德。作者极力讴歌传统文化中流传至今的美德，是相对于传统美德受到破坏、充溢着金钱主义的浅薄庸俗和腐化堕落的现实而言的；在摹写边城人的生命形态和生活方式中，隐含着对现实生活中古老美德、价值观失落的痛心，以及对现代文明物欲泛滥的批判。作者推重边城人的生活方式，也想以此重建民族的品德和人格。小说的主题意义即在于此。

【教学目标】

1. 鉴赏小说的环境、人物、把握小说的主题，掌握阅读整本书的方法。

2. 通过阅读整本书，开阔视野，陶冶性情，提升学生的阅读素养。

3. 鉴赏小说的环境美、风俗美、人性美，体会田园牧歌的叙述，提高学生的审美鉴赏能力。

4. 接受作品中所表现的湘西古朴淳厚的人文美的熏陶，并对现代性冲击下的传统文化进行反思。

【教学重难点】

通过阅读整本书，欣赏"边城之美"，体会"边城之爱"，探究"边城之痛"，提升学生的阅读素养。

【课时设置】

课内 4 课时，高二暑假阅读

【教学流程】

🕐 第一课段：阅读《边城》整本书

《边城》的整本书阅读主要在高二暑假，学生借助微信、QQ 等平台共读整本书。教师指导学生学习从网络上查找、筛选、收集、整理信息的方法，并利用网络及时性的特点，交流阅读困惑，实现合作学习。

【学习资源】

凌宇《从边城走向世界》、赵园《沈从文名作欣赏》《沈从文构筑的"湘西世界"》、沈从文《习作选集代序》、黄永玉《平常的沈从文》、高玉《论都市"病相"对沈从文"湘西世界"的建构意义》、罗小娟《悲亦美　美亦悲——浅析〈边城〉的悲剧意蕴》、饶鼎新《沈从文〈边城〉的深层叙述结构》、赵学勇《美丽总是愁人的——〈边城〉的悲剧诗学解读》、郭大章《对理想人生形式的追求——解读〈边城〉》、闫小军《论〈边城〉中爱与美的意象》、王丽鹃《美丽表层下的深层忧伤——沈从文〈边城〉再解读》、周纪焕《沈从文〈边城〉悲剧成因新探》、罗红《沈从文〈边城〉悲剧性探析》、武莉《一位牧歌诗人的理性思考——走进〈边城〉》、冯晶津《试论沈从文〈边城〉中的人性美》、张健《为人类的远景而凝眸——论沈从文〈边城〉人性美的文化内涵及意义》、杨现钦《自然自在的生存与成长〈边城〉中翠翠情爱历程探析》、杨一泓《隐匿在翠竹林中的一个梦——以〈边城〉为例浅析沈从文的社会理想》等。

【资源平台】

超星电子图书、知网、维普、万方等数据库

学习活动一：激发兴趣，布置阅读任务

利用一课时，进行《边城》整本书阅读导读。播放《边城》相关影视作品片段，在影片结尾处设置悬念，激起学生阅读整本书的兴趣；介绍沈从文相关经历及文学地位，知人论世，为进一步了解作品创作意图做好铺垫；结合地理学科，了解写作背景——湘西的地理位置与环境；明确整本书阅读任务，安排学生在规定时间内完成自主阅读，并进行文本细读批注，锻炼审美鉴赏能力。学生将阅读过程中的思考和疑惑记录在读书笔记上，以便进一步确定研究方向。

1．播放《边城》电影，营造情境。

2．展示中国地图的湘渝交界处（即民国川湘交界处）。

导语：茶峒位于湘西，"川湘"交界处。雪峰山的层峦叠嶂阻隔东部热闹的世界，钟灵毓秀的山水留下了文人骚客的千古佳话，养育了勤劳淳朴的湘西儿女。北边的天门山，诗仙李白曾写下了"天门中断楚江开，碧水东流至此回"的诗句；沅江流域，陶渊明曾构建了一个理想的世外桃源。神秘的巫楚文化，美丽的湘西，成为现代文学史上的灿若星辰的一页。今天让我们一起走近湘西作家——沈从文。

任务：

（1）对比《边城》环境描写的部分，例如第一章中关于碧溪岨的描写，引导学生找出沈从文眼前所见和笔下所写的茶峒的差别，激发学生思考导致二者差别的原因。

（2）吉首旅游局为推荐湘西文旅，吸引更多的游客来茶峒旅游，现需要制作旅游宣传片来为茶峒的旅游做宣传。请你以茶峒的自然和人文风景作为主要对象，写一段广告词介绍宣传茶峒。（可参照示例中桃花源宣传广告词）

示例：杨柳依依、碧波荡漾，我心悠然。如诗如画的桃花源，让心灵在山水间得到洗礼，让五彩缤纷的理想之花，开遍原野山冈、大地人间。在良田美池里渔樵耕读，书写一寸寸光阴的狂想。清香飘溢在周遭的空气里，乡愁在碧波潋滟中流转。娇花照水，一处一景，一时一情，穿越千古，乐舞流年。试问天下可否有仙？桃花源里不羡仙。是的，我们一同"放下尘世沉重的包袱，迈开轻快的脚步。一路聆听，一路感受，回到桃花源，找回心灵的故乡"。

3．认识作者其人，感知创作缘起

沈从文，原名沈岳焕，湘西凤凰人，苗族，现代著名小说家。他出身于行伍家庭，小时候生性调皮，常常逃课徜徉于湘西特异的山水间，下河游泳摸鱼，上山捉鸟爬树。高小毕业时，家里把他送进部队，一方面是希望借助部队严格的纪律好好管教沈从文，另一方面这是当地很多男孩的必然选择。他入军队当文书，还当过警察所办事员，辗转于湘川鄂黔一带。他的血管里有少数民族的血液。进入部队的沈从文，一下子被卷裹到了人生赤裸裸的真相面前，亲眼见识了许多人世血淋淋惨象的沈从文深刻体会了湘西古语"一切都是命，万事不由人"。在此期间，他接触了形形色色的人，其中有船夫、水手、商人、妓女、乡民等等，这些人大多生活在社会底层，他们卑微而坚毅顽强的生命形态给予了沈从文极大的冲击，成为他日后写作的一个重要题材。

1923 年，沈从文到北京求学，在北大旁听，开始文学创作。他的作品陆续发表在《晨报》《语丝》《晨报副刊》等报刊上，渐渐成为新文学阵营中小有名气的作家。并在胡适的引荐下进入上海的中国公学教书，登上了大学讲坛，成为一名教授。高小毕业的他先后在武汉大学、青岛大学、西南联大、清华大学等大学教书。在鸿儒如云的中国近现代，沈从文堪称传奇。

从湘西到北京、上海这些大都市，沈从文经历了巨大的文化冲击。但他始终保持赤子之心，以"乡下人"自居。他的小说取材广泛，写过各种人物，农民、工人、水手、士兵、官吏、绅士、教师、学生……。然而描写最多、最成功的，还是他家乡一带——湘西地方一幅幅的风景画和风俗画。他在作品中塑造了"都市世界"和"湘西世界"两相对照。前者展现了湘西人自然原始的生命形式，赞美了这美好的人情人性；后者揭露了都市生活的腐化堕落。他始终注目于不同文化碰撞下，转型时期湘西的隐痛。西南僻远山区特异的风俗民情，神秘的浪漫色彩，浓郁的抒情性和诗化的语言，使他的小说具有独特的艺术魅力。以其特异的"生命形式"，熔生动丰富的社会风俗画和优美清新的风情风景画于一炉，展示其人性的粗犷强悍，民俗的淳厚善良，使作品充溢着浓郁的乡土气息和返璞归真的牧歌情调。这种乡土抒情体的美学风格代表了京派作家一定的社会理想，也对后来作家产生了深刻的影响。代表作有《鸭子》《蜜柑》《神巫之爱》《虎雏》《石子船》《阿黑小史》《月下小景》《八骏图》《湘西散记》《边城》《长河》等。

1949 年后沈从文在中国历史博物馆、故宫博物院工作，在中国古代服饰及文物研究方面成绩卓著，著有《中国服饰史》。1949 年之前他献给世界的是文学的人性美，1949 年之后他献予的则是作家的沉默美。沉默，使他从未糟蹋过自己的良心和作品。直到二十世纪八十年代，这位把自己深深埋在"中国古代服装史"的故垒之中的作家，才重新被人们所发现。到了 1988 年，他的条件已完全成熟，瑞典文学院已初步决定把该年的文学奖授予他，遗憾的是这一年沈从文病逝。

4.介绍《边城》整本书阅读学程，进行阅读方法指导

（一）阅读整本书	运用略读、精读等阅读方法，完成整本书阅读，并做好赏析
（二）研究准备阶段	梳理探究阅读过程中的疑惑，确定研究方向
（三）主题研究阶段	围绕选题，分工合作开展主题研究
（四）结题展示和写作	撰写学习心得，进行结题展示

阅读方法：略读与精读结合

明确：向学生介绍整本书阅读与单篇阅读的不同之处，包括：①整本书阅读有着单篇阅读所不可替代的意义与作用；②整本书阅读有着与单篇阅读不同的阅读要求，这一点最主要体现在必须综合运用多种方法阅读方法，主要包括略读、精读和赏析。在反复阅读的过程中，有些地方要仔细推敲，有些地方可以略读或浏览，有些地方要及时做好笔记，记下自己的思考、探索、心得等。

自主学习评价量表

评价内容	评价标准	分值	自评分
完成阅读	1～6分：粗略完成整本书阅读 7～13分：通读小说，把握主要内容 14～20分：能用精读与略读结合的方式，准确把握小说的主要内容	20	
概述内容	1～6分：能基本概述小说内容 7～13分：能准确、全面地概述小说内容 14～20分：能运用不同的视角（如翠翠、爷爷等）准确讲述小说内容	20	
摘抄赏析	1～6分：摘录小说内容，并在书上圈点勾画，做简单的批注 7～13分：摘抄小说精彩句段，并对书中精彩细节做出评点 14～20分：摘抄内容精当，并能从语言、艺术、思想、情感等维度对小说评点，见解深刻、独到	20	
梳理文本	1～6分：能理出小说的情节与人物的关系 7～13分：能较完整地梳理小说的情节与人物的关系 14～20分：小说的情节与人物关系梳理完整清晰评价	20	
评价鉴赏	1～3分：能就小说的某一点或某一部分，说出自己的阅读感受 4～7分：能对小说中的环境、人物、情节做出分析判断 14～-20分：能抓住小说的核心内容或语言做出个性化解读	20	

⏰ 第二课段：专题研究，深入思考

1.整体感知，把握主要内容

在湘西风光秀丽、人情质朴的边城，生活着靠摆渡为生的祖孙二人，祖父年逾七十，仍很健朗；孙女翠翠十五岁，情窦初开。他们纯朴善良，辛苦摆渡，热情助人。两年前在端午节赛龙舟的盛会上，清纯的翠翠邂逅当地船总的二少爷傩送，从此种下情苗。傩送的哥哥天保也喜欢上美丽的翠翠，托人向翠翠的祖父求亲。

地方上的王团总看上了傩送，情愿以碾坊作为陪嫁把女儿嫁给傩送。傩送不要碾坊，想娶翠翠为妻，宁愿做个摆渡人。于是兄弟俩相约唱歌求婚，让翠翠选择。天保知道翠翠喜欢傩送，为了成全弟弟，外出闯滩，遇意外而死。傩送觉得自己对哥哥的死负有责任，抛下翠翠出走他乡。祖父为翠翠的婚事操碎了心，加上年岁大了，在一个风雨夜去世。留下翠翠孤独地守着渡船，痴心地等着傩送归来，"这个人也许永远不回来了，也许明天回来！"

2.观点分享，疑惑呈现

教师收集整理学生假期阅读完《边城》后的疑问，对学生的问题、疑惑进行整合，用多媒体分条罗列出来。请几位同学阐述自己遇到的困惑，并与大家进行分析讨论。

3．共同商讨，确立选题

学生在成立研究小组后,通过交流讨论,从自身研究兴趣和可行性分析出发,确定两三个研究角度，然后由教师进行把关。包括课题是否存在研究的价值，学生所具备的知识和能力能否胜任研究任务。老师也可以在认真研读整本书后，提供一些具有研究价值的选题供学生选择，给予一定启发。

利用一节课进行开题报告会，针对学生选题，教师提出思考疑问，帮助学生进一步明确选题是否合理。学生在选题阶段容易出现课题题目过大，课题研究内容过于空泛，无从下手，可行性较小等方面的问题。

①《边城》桃源式社会的隐喻研究

②《边城》爱情的悲剧成因探讨

③《边城》人物形象分析研究

④《边城》散文化的语言艺术研究

⑤《边城》的隐喻和象征手法的运用

⑥由《边城》探讨沈从文的创作意图和湘西世界

⑦《边城》与其影视改编

4.分工合作，实施研究

在确定选题后，要制订研究性学习的具体计划。由研究性课题小组商量分工协作，包括哪些人进行资料搜集、文献综述，哪些人进行实践调查，哪些人进行整理归纳，各小组成员都有独立的任务，既有分工，又有合作。

学生在指导教师的帮助下，对搜集到的资料进行归纳整理，形成文字等材料。初步研究成果可在小组内充分交流，共同探讨，使大家都参与其中。对存在的问题和需要调整的，个人或小组可对研究方案进一步完善。在《边城》整本书研究性学习中，我们分成8个课题小组，然后各自围绕选题进行讨论探究，每个小组长组织组员进行分工合作，撰写研究性学习报告。

5.成果交流，撰写主题研究心得

利用研讨课、读书会、专题汇报课等形式进行研究成果交流。这种成果展示的评价方式不仅能够打开学生的思维，还能帮助学生更深层次地了解主题，巩固整本书阅读的成果。

阅读小组成员展示主题研究心得，并通过小组互评，投票选出最佳研究性学习心得文章。

"主题研究性学习心得"评价量表

	一等（20～16分）	二等（15～11分）	三等（10～6分）	四等（5～0分）
主题立意	正确鲜明 积极向上 集中深刻 新颖独特	中心明确 积极向上 内容充实 有创新	基本符合题意 中心基本明确 内容单薄	中心不明 或立意不当 没什么内容
思维能力	观点明确有启发性 多角度辩证看问题 论述严密有力	观点较明确 能从不同角度分析 论证较为严密清晰	观点基本明确 能就一个角度展开思考 偶有评论	观点不明确 仅谈文本本身 没有评论
语言表达	语言流畅 用词贴切 句式灵活 富有表现力	语言通顺 用词准确 句式得当 有文采	语言基本通顺 用词基本准确 句式基本得当	语言不通顺 用词不准确 句式不得当
发展层级	认识深刻 见解独到 材料丰富 使用富有新意	认识较深刻 材料较丰富 使用得当 较有创意	有自己的思考 引用材料支持观点，但部分使用不当或者缺乏论证过程 略显创意	呈现初步思考 观点无必要的材料支持 无新意

作品展示：
组1：《边城》桃源式社会的隐喻研究

边城——又一处桃花源

1808班 谢思宇

边城是大城市的对立面，是"中国另一个地方的另一种事情"，是已埋没在时光尘土里的最朴素美好的地方，是沈先生心中的桃花源……

过渡不必出钱，可人们却没有贪到小便宜的愉悦，反而心中不安，坚持出钱。而那管渡船的，想来家中不是太富裕的，可在有人"抓了一把钱掷到船板上时"，管渡船的"必为——拾起，依然塞到那人手心里去，俨然吵嘴时的认真神气：'我有了口粮，三斗米，七百钱，够了。谁要这个！'"这股认真的神气写得好，这是"贫贱不能移"的骄傲，是"勿以恶小而为之"的坚持，是身上自带的风骨。

纵然管渡船的也许从未读过孔子的之乎者也，却已有君子之风——一个朴实善良，有点可爱的老君子。而茶峒便是一个拥有赤子之心的人汇集的地方。他们彼此爱护，热心善良，有恩必报；他们淳朴懵懂，心中却自有其坚持信仰。

"老船夫不论晴雨，必守在船头。"世间最难的便是坚持二字，可老船夫却能五十年如一日，乃至五百年如一日——如果老天允许他活这么久的话。而老船夫，只是这儿无数人的一个缩影。

边城是沈先生的桃源，写出来，便令无数人神往，恰似当年陶渊明的《桃花源记》，引得多少人渴望向往。或许每个人心中都自有一个桃源，那儿住着最淳朴的百姓，有着最可亲可敬的人。那儿有着最好看的环境，以及生活中一切所没有的美好。

可桃源是虚幻的，这人人都知道。故而有些人感慨万分，转而投向自己的生活；有的人终生寻找不得，郁郁而终；抑或者在心中修篱种菊，闹市取静……终不过自我选择的一种方式罢。我喜欢并向往着边城的这个世界，却也充满希望地生活在我们的世界，并且很认真地想：我可不可以做些什么让这个世界更好。

组 2：由《边城》探讨沈从文的创作意图和湘西世界

一曲爱的悲歌
1808 班　张馨月

沈从文先生对于爱的叙述平淡而朴实，展现出来的却是一种细水长流的安稳。不论是傩送对翠翠的爱，还是祖孙间，抑或是兄弟之间的爱，都能让人心头一暖。它们不同于轰轰烈烈的爱，也不同于小心翼翼的爱，它们所表达的是心灵间的共通，灵魂的互相理解。

《边城》引领我走进湘西充满乡土风情的世界，我可以领略到美丽的自然风光，感受到人们的淳朴老实。也许从某种意义上来说，边城描绘的正是一个"世外桃源"。这里没有争斗，没有利益，没有欺骗，有的只是一颗颗真心。

沈先生古朴清新的文字下所绘出的那样自由自在的生活，无疑是令人着迷的。而沈先生所想表达的绝非只有对湘西的热爱与赞美，在现代文明与价值观的冲击下，传统世俗农村文化和传统美德正处于挣扎的边缘，显得那样不堪一击。"走车路"与"走马路"的提亲方式在逐渐消失，现代人对于利益的追求几乎完全将传统美德抛弃，腐败，贪婪，一切都不再是最原本的样子。

祖父过世，翠翠还在苦苦等待，田园牧歌还没有结束，那个人也许永远不回来了，也许明天就回来。

湘西瓦蓝的天空下，浸润着烟雨空蒙的凄寒，永不停息的河水一直在流动，带走了生离死别与悲欢离合，留下了一座没有痛苦的城，留下了白塔下等待傩送回来的翠翠……

组 3：爱情的悲剧成因探讨

人间桃花源亦有憾，双情相遇谁堪
1808 班　雷心宇

翠翠的父母为爱殉情，翠翠本来美好的爱恋也终成残沫幻影。是什么让这美丽的地方多了如此多的遗憾呢？

我看到的是亲情与爱情的交织与冲突。

翠翠的父母有了孩子后却无法成婚，于是"私奔"成了两人唯一的选择。可是翠翠母亲却因放不下孤独的爷爷，而没有远走高飞的勇气。于是翠翠的父亲在名誉的牵绊与爱情的忠贞中服毒殉情。翠翠的母亲吝惜腹中无辜的孩子，生下翠翠，便满怀羞愧地"喝了冷水"，追随爱人而去。翠翠的母亲放不下亲情，舍不得爱情。可是，她为了亲情而使爱人殉命，为了爱情而离开人世，哪里成全了爱情，又怎会是成全了亲情呢？

亲情与爱情的冲突同样也发生在了翠翠的身上。即使在爷爷的精心保护、仔细斟酌下，如同精灵般澄澈美丽的翠翠还是被命运捉弄了爱情。傩送与天保兄弟俩同时爱上了翠翠，他们大胆地求爱，公平竞争。但兄弟这层关系让本来美好的事情陷入尴尬的境地。但所幸的是天保在明白各方感情后，选择成全弟弟。一切仿佛又归于美好，但是天保却在出船离开时被淹。一边是血肉亲情，一边是甜蜜爱情，傩送又怎么在哥哥的死亡面前，去享受爱情的甜美呢？于是，傩送只能选择离开，离开这块令他揪心痛苦的地方。而可怜的翠翠面对爷爷的离世与爱情的消亡，仿佛一夜之间成熟。爱她的人死去，她爱的人离开。翠翠独自守在渡口，等待着没有归期的爱情……

爱，就身心相奉；

爱，就赤诚坦然；

爱，就不问归期。

爱情的美好，在茶峒的画卷上绚烂；命运的凄然，在等候的目光中黯淡。

世间安得双全法，不负如来不负卿。

凭水依山的小城隐匿在轻薄的白雾之中，河街上吊脚楼错落分布，攀引缆索的小舟在清澈见底的河流上渡着，白塔依旧立在那，深翠逼人的竹篁中鸟雀娇转鸣叫……这人间桃源，魅于情，憾，亦于情。

组4：《边城》主题意蕴探讨

翠茶峒

1808班 杨子恒

爱情，亲情，友情三种情感在茶峒这个地方互相交错，演绎出一幅幅生动真实的画卷。

爱情，翠翠与傩送互相深爱着对方。亲情，祖父倍加呵护被父母遗弃的翠翠。友情，当天保得知这三角恋情后，毅然决定退出。

关于爱情。《边城》，让我体会到了一个纯朴天真的小女孩有了爱情的萌芽会是怎样一个表现。翠翠与傩送有着不食人间烟火似在天上的纯净感情。他们的情爱纯朴，而又生动精彩。故事中关于翠翠回忆傩送的那些描写似乎让我们看到了一个阳光生动令人动容的男孩子的形象。尽管故事的结尾没有以团圆而告终，而那淡淡的忧伤，淡淡的生活，却抑制不住生命内部的情不自禁。

翠翠，还在等着傩送，他会回来的，也相信他一定会回来的。因为，有个女孩还在等着他，并且深爱着他。

关于亲情。祖父和翠翠有着很深的感情，即使祖父在生命最后一刻，还在挂念着翠翠。在那个边远的地方，祖父对翠翠的爱体现在无微不至的关照之中，永远关心翠翠的喜怒哀乐，永远照顾翠翠的生活娱乐。而翠翠也一直体贴着祖父，两人之间的爱永远是那么纯朴自然，充盈着世间的真情。

祖父对翠翠，翠翠对祖父，就是人间亲情的一个样板。

而关于友情。不仅仅体现在大老对傩送的成全，还有那个丰富真实的小城，人与人之间永远互相关照，永远真诚相待。人们的朴实和真诚让小城洋溢出人情的温暖。还有渡口过渡人和老船夫的互相推让，无一不让你一览茶峒人情的美好和谐。

人生多么美好，当你拥有爱情、亲情、友情时，你是快乐的、幸福的。相信翠翠也一样，她已经体会过人生美好，在今后的日子里才能学会珍惜和抓住幸福，茶峒的故事因翠翠而发生，也一定因翠翠的长大而不断持续下去，让幸福伴她一生。

我们愿意和湘西的翠翠一起等待。当冬天，小白塔重新修好时，我愿意相信，翠翠会看到她深爱着、并一直在等待的那个人……

组 5：《边城》的象征艺术

唱出虎耳草来
1809 班　欧阳晔

"爷爷，你说唱歌，我昨天就在梦里听到一种顶好听的歌声，又软又缠绵，我像跟了这声音各处飞，飞到对溪悬崖半腰，摘了一大把虎耳草，得了虎耳草，我可不知道把这个东西交给谁去了。我睡得真好，梦得真有趣……"这是翠翠听着二老歌声做的梦。歌声在这风情质朴的湘西，是少男少女们情感的信使，他们用尽全身的气力，把喉咙唱枯，用着最悦耳的音调，和着顶精粹的言语，将自己的热情传递给那边对唱的人儿。他们的歌和着虫鸣、鸟啼，夹着风吟、林语，是一支支婉转、自然而纯粹的抒情小调。

二老的歌声使翠翠在梦中爬高崖去摘那象征着持续而坚定的虎耳草，可天保大佬的死却让这懵懂的爱情变得迷茫……

评论家司马长风说："《边城》是古今中外最别致的小说，是小说中飘逸不群的仙女。"它记叙着传统"唱爱"方式，让读者体会到湘西民风的热情；同时也讲述着少数民族自在而别致的生活，让我们体会到湘西民风的淳朴。《诗经·鄘风·柏舟》中的"之死矢靡它""之死矢靡慝"是有的，这是爱情的真挚与永恒的渴求；《诗经·召南·摽有梅》中的"摽有梅，顷筐塈之。求我庶士，迨其谓之"也是有的，这是爱情的期盼、等待与苦涩。

爱情不一定要有结果，手持虎耳草，无须担心交与谁，那灵魂被歌声托起的感觉也是很美妙的。"我问佛：世间为何有那么多遗憾？佛曰：这是一个娑婆世界，娑婆即遗憾。没有遗憾，给你再多幸福，也不会体会快乐。"只要爱过，没有遗憾却也是快乐的。

我心有块田，风吹着把歌声送来，惹得虎耳草片片地生，不求与谁共赏花开，只求与你一同种下。

组6：《边城》的主题意蕴

边城一梦

1809班 马晖

一梦有清云倒回江海
二梦萍水将枯枝灌溉
三梦歌声依托人浮洄
再不惧醒来

　　川湘交界，茶峒乡里，溪水白塔，独院门前，有诚恳的撑渡老人，灵动的翠翠和一只大黄狗。故事一代代地讲述着发生着，如白河流淌在这个氤氲着淳朴和静好宛若世外桃源的小城，流进人们单纯安宁的心间和梦里。

　　上一代的遗梦追情，身为军人的男人和女人先后为这无望的、不道德的爱情离开了人世。只有一个翠翠，和一个曾经的老父亲。竹林孤院里，爷孙俩撑船撑过了年年岁岁，平和宁静地生活，被淡化的清贫，相依为命。年月已过，迎接了终会来的一些。

　　人们是干净的。翠翠则是清澈见底，活泼灵动，文中说"俨然一只小兽物"，好比黄麂"眸子清明如水晶"，从不想到残忍事情。当已过及笄的十六到来，天保大老和傩送二老如时间增长般自然而然的感情的呼唤才似乎点醒了这个懵懂的少女些许。月夜与傩送的相遇，梦境里的歌声浮浮沉沉，送上云尖儿，摘下一把虎耳草，转手赠予谁？作者细腻的笔法点描出一个山水风日沐浴下长大的少女对朦胧爱情的向往和羞怯。有对爱情的忠于内心和迷茫，也有对等待苦渍了的日子的痛哭，无所归属，无可作为，平静无力。与傩送的天真的爱情终以二老的出走和翠翠无尽又似乎有期的苦候告终。老船夫为了孙女的幸福一次次去试问，在那个雷雨交加的夜晚，与世长辞。翠翠长大了也明白了前因后果，也许以后不只这些让她痛哭的"残忍事物"，也许她不会再为了什么大声痛哭了。那么个明净的人儿，她就在河这边呢，撑渡撑渡，渡舟渡己渡过生，也许"明天"也会渡呢？

　　城中人的寂寞全都落在了这平和安宁间，落在白河里，落在竹林梢，落成一把虎耳草。渡船的人守着这份落寞，边城年日依旧如梦。

组7：《边城》的人物形象塑造艺术

翠翠——爱与理想的化身
1809班 袁彬濱

　　翠翠就像她的名字那样纯洁美好，天真善良、善解人意、温婉多情。翠翠身上凝聚着这一种优美、健康、自然、而又不悖乎人性的人生生命形式的特定内涵：保守着人的勤劳、朴素、善良、热情，在爱情关系上，表现为自然与纯真。她和每个茶峒的姑娘一样，从小就有一个做新娘子的愿望。每当有花轿想摆渡过去，翠翠必定会跟着过去，把花轿送到对岸，甚至还送到对岸的小山头才依依不舍地目送他们离开。也许她还没发现，这时她那颗幼小的心灵已经开始萌动，也有了想要与心上人共剪西窗烛的美好想法。这是一个单纯而美丽的女孩，她一直过着我心里向往的那种无忧无虑的生活。但是翠翠的情路却很悲凉——大佬为了她死了、爷爷为了她心事重重，而二佬似乎再也不会回来了，而她自己却是那么的娇小无助。

天保是一个敢作敢为的人，同时又是一个胸怀宽广的人。他爱上了翠翠，便请人去提亲；知道弟弟也爱翠翠之后，便相约去决斗；忍痛割爱、成全弟弟之后，便外出闯滩。这都说明他敢作敢为，是一个真正的男子汉。而决斗时让弟弟先唱歌，最终放弃了追求翠翠，都说明他是一个胸怀宽广的人。

傩送是一个心地善良，敢于追求，蔑视权财，责任感强的人。他和翠翠一见钟情，不走车路，执着地为翠翠唱歌求爱。对于王团总陪嫁的碾坊，他毫不动心，敢于追求自己的最爱。当知道哥哥闯滩而死的时候，他心怀愧疚，舍弃一切，远走他乡。

爷爷是一位勤劳、善良、坚强的老人。他经受了女儿女婿双双殉情的悲惨人生，但依然怀着强烈的责任心在溪上摆渡。他对孙女关心备至，关心她的生活，也关心她的婚姻。为了把翠翠托付给人，解除他死后的遗憾，他亲自上街打探消息，并启发翠翠去恋爱、去回应傩送的爱慕。晚上，他常常带翠翠来到悬崖边、月关下给翠翠讲故事，跟翠翠说话，从来都和善安详。

小结：

《边城》是一部带着痛惜情绪的怀旧作品。边城到底不是世外桃源，也不是乌托邦，它只是一个被理想化的世界，是沈从文美丽而带点伤感的恋乡梦。沈从文先生说："我的作品可是在市面上被很多人所热衷，其实质就雷同于'买椟还珠'，虽然我作品之中的一些故事为大众所关注，但是背后故事中所阐述给大众的热情却没有被人所关注，虽然大众能够将文字里面的朴实内容所理解，但是却没有关注过作品背后所阐述的悲痛。"[①]

本文写于 1934 年，从湘西乡村走出来的沈从文，看到了都市文明掩盖下的传统美德的衰落，看到了现代文明物欲横流、金钱至上，看到了质朴、真诚的淡退、

---

① 　沈从文. 沈从文全集（第9卷）[M]. 太原：北岳文艺出版社，2002：4.

腐化浅薄的流行，写下这篇文章，表达内心的隐痛。"边"有边缘的意思，和"中心"相对。从时间、文化上考虑，"边城"是大城市的对立面，是"中国另外一个地方另外一种事情"。是沈从文先生在体会上流社会的腐朽生活和城里人"庸俗小气自私市侩"的风气之后，对其故乡未完全被现代物质文明摧毁的淳朴民风的怀念。在湘西，这种古朴的民风也正在消失。《边城》故事悲剧的后面，隐藏着作家从文更大的"哀乐"与"忧伤"——不仅仅是对个人命运前途的关注与思考，而且还有对于湘西人民的过去历史与未来发展的深深忧患。

自20世纪初叶，中华民族始终面临的一个重大问题，就是民族文化的重构。很显然，沈从文并不是单纯推崇边城的形态，只是赞美湘西人这种对待"生命"的态度。他意识到，湘西的过去和现在必将被汹涌到来的现代化浪潮所吞没，而这个极具中国传统美德与生活方式的地方，将不可避免地走向没落。白塔倒掉了，喻示着整个理想世界的倾覆。然而他写作边城的意义，正如他在《边城·题记》写道："《边城》中人物的正直与热情，虽然已成为过去的陈迹了，应该还保留些本质的在年轻人的血里或者梦里。"

沈从文一生恬静如水，质性自然，谦逊宽厚，他逝世后，张充和从美国电传了一副挽词。上面写着十六个字："不折不从，亦慈亦让。星斗其文，赤子其人。"非常贴切地概括了沈从文的一生。他一直坚持好的文学作品，除了使人获得真美的感觉外，还应给人一种引人'向善'的力量。"希望大家课后有时间还去读读沈从文的其他作品，如他写乡村的《长河》《萧萧》《湘行散记》，写都市的《绅士的太太》《八骏图》，在浮躁的时代去感受这颗赤子之心。

【教学反思】

新课标指出，师生选择的整本书阅读作品"应语言典范，内涵丰富，具有较高的思想水平和文化价值"。汪曾祺曾评价："《边城》的语言是沈从文盛年的语言，最好的语言。"《边城》情节淡化、篇幅适中，语言诗化，是非常适合整本书阅读的作品。

相较于单篇学习，整本书阅读篇幅更长，更适合进行专题研究，这样有助于学生更好地把握整本书阅读重点，从而提高学生的阅读能力。通过教师提供的阅读角度来进行专题研究，使得学生深入文本，思考小说的主题、情感、语言等深层次的内容。本课融合研究性学习、混合式学习、学科融合等多种学习方式，以实现阅读教学的目标。

第四节 让整本书阅读学习真实发生

——深度学习视域下的整本书阅读教学

一些阅读学习活动热热闹闹，然而学生收效甚微，说明我们的课堂有大量虚假学习存在，真实学习没有发生。什么是真实学习呢？只有真实课堂才能产生真实学习，真实课堂的标准是面向一个真实情境中的真实问题，强调的是知识的应用能力，诞生一个真实的思维成果，用真实的评价标准来评价教学。如果能达到这个标准就是深度课堂，如果达不到这个标准就是浅表课堂。深度课堂才能发生深度学习，培育学生的核心素养。

一、什么是"深度学习"

"深度学习"最早由美国学者马顿和塞利约提出，强调深度学习处于高级的认知水平，面向高级认知技能的获得，涉及高阶思维活动。我国学者黎加厚认为深度学习是指在理解学习的基础上，学习者能够批判性地学习新的思想和事实，并将它们融入原有的认知结构中，能够在众多思想间进行联系，并能够将已有的知识迁移到新的情境中，做出决策和解决问题的学习。深度学习有助于"学习者能动地参与教学"，能促进学生对所学知识的深层次理解，促进学生思维的发展和核心素养的生成，为教学设计提供了一个很好的研究视角。

中小学教育领域，最广为接受的"深度学习"定义来自北京师范大学教授郭华。她在 2021 年提出，"深度学习"是指学习者凭借已有的知识经验，积极主动地摄取新信息，进行整合迁移，批判性地理解新知识，习得新技能，同时完善旧的认知结构，达到高阶学习阶段的过程。这个过程是学生积极参与、全身心投入、获得健康发展的、有意义的学习的过程，旨在培养学生聚焦引领性学习主题、展开挑战性的学习任务与活动，掌握学科基础知识与方法、体会学科基本思想，建构知识结构，理解并评判学习内容与过程；能够综合运用知识和方法创造性地解决问题，形成积极的内在学习动机、高级的社会性情感和正确的价值观；成为既有扎实学识基础、又有独立思考能力，善于合作、有社会责任感、具备创新精神和实践能力、能够创造美好未来的社会实践的主人。[①]

深度学习是一种集自主性、探究性、批判性为一体的学习方式，在整本书阅读教学中启动深度学习引擎能更好推动教学活动的展开。教师为阅读教学创设真实的阅读情境，设计核心问题、对接高阶思维，为学生进入深度学习创造条件，让深度学习真正发生。基于"深度学习"的阅读教学要思考四个问题：

为什么而教？——教学目标的设定。

教什么？——教学内容的确定与再组织。

怎么教？——教学方式的选择与环境创设。

怎么评？——学业评价与教学评价。

"深度学习"致力于激发学生内在的学习动机，通过教师设计的引领性学习主题、挑战性学习任务以及持续性的学习评价，吸引学生主动地、全身心地投入学习活动之中，感受学习的乐趣，体会学习的价值和意义，不断生成成就感和效能感，进而达到为理想和热爱而学习的境界。如何激发学生内在的学习动机呢？

1. 设置有意义的学习情境：与学习内容建立意义关联；

2. 自主选择和控制学习进程（控制感）；

3. 成功的学习体验（自我效能感）；

4. 在活动中学习：适合大脑的学习方式。

深度学习策略包括学习主题的确定、学习目标的设计、学习活动的设计、持续性评价的设计。首先，要结合新课标、教材和学情，进行多角度研究、深度思考，围绕学习主题，设定深度学习目标。其次，深度学习活动的设计要依据学习主题、深度学习目标、学习内容，以及学生已有的知识和经验进行，设计基于解决关键问题的体验性学习活动，引导并帮助学生体验、经历、发现知识的形成过程，促使学生在活动中展示出他们对事物的新认识，呈现他们的思维特点。最后，持续性评价的设计是依据深度学习目标，设计发生在深度学习全程的持续性评价，即设计评价学生学习活动的评价标准、评价方式、信息反馈手段。评价的主体可以是多样的，评价的方式是多元的。

---

① 郭华. 深度学习的内涵与特征 [R]. 普通高中指向学科核心素养的深度学习教学改进项目综合组及学科组长第五次会议论文，北京，2021(2).

二、深度学习视域下的整本书阅读教学活动的特征

（一）积极自主的学习动机

学生阅读整本书的积极性、自主性有利于提升阅读质量和学习效果，所以发挥学生的自主性、积极性至关重要。积极自主的学习是学习者走向深度学习的关键，深度学习模式要求充分激发学生的内驱力，改变被动接受的模式，使学生学会求知思考，引发创造性的阅读活动。

"以学为主"强调的是教师在教学立场上更加重视、尊重学生的学习特点和基本规律，教学内容应从脱离学生的生活经验转向回归社会生活，教学方式应从单向灌输转向师生双边互动、共同探究，教学应从无"趣"到有"趣"，真正回归"学习主体"角色。

整本书阅读的深度学习是一个开放的过程，它强调阅读体验的生成性，教师通过创设真实的阅读情境，设计层进深入的阅读任务，让学生与文本进行深度对话。学生借助于自主合作探究的学习方式进行思考、批判和创造，将文本阅读深化。教师不再只是单一的讲授者，而是整本书阅读活动的设计者、组织者；学生不再是被动的接受者，而是阅读活动的主体。整本书阅读活动变成了一次有意义的发现之旅，学生在深度阅读中发现问题，解决问题。在整本书阅读教学活动中，师生是双向互动的，情感思想是流动的。

（二）整合、迁移与建构

浅层学习是学习过程的基础阶段。深度学习以浅层学习为基础，是浅层学习的延伸和拓展。浅层学习大多是机械、被动，由此积累的知识经验也是零散、孤立的。深度学习是针对浅层学习中的零散、孤立的知识进行整合和迁移。元认知理论指出一个人对思维活动和学习活动的认知是对认知的认知。深度学习吸取了元认知理论的精髓，强调培养学生的高阶思维能力，整合新旧知识。

整本书阅读的深度学习是认知结构的重组，而这种学习方式一旦习得就不会轻易忘记，要求学习者把已掌握的问题处理方法迁移到新的情境中，然后建构新的认知体系。如果说浅层学习的是为了完成阶段性的任务，获得文本阅读的初体验的话，那么深度学习以期对文本深层次的思考，对主题意蕴的深度挖掘，展现迁移运用的能力，发挥自己的主体能动作用，学以致用。最终实现从单纯简单的、机械的记忆到运用知识，迁移实践应用，实现浅层学习到深度学习的跨越。

（三）真实的语言情境

深度学习的策略之一是通过情境、问题和活动的设计，将知识转化为学生的认知，转化成解决真实问题的思路和方法；引导学生在真实、复杂问题的解决过程中转变认识方式，形成思路方法，达成目标；通过分析学生活动表现，对学生活动进行及时性评价和反馈，检验目标达成情况。新课标提出高中语文阅读教学的课程性质："语文课程应当引导学生在真实的语言运用情境中，通过自主的语言实践活动，积累言语经验，发展思辨能力，培养高尚的审美情趣。"[1]阅读学习情境应该是真实的语言运用情境。整本书阅读的语言建构只有在真实的语言运用情境中，才变得有意义。

情境是蕴藏情感的，是赋予抽象的文字符号以情感，并提供相关的真实场景和任务语境。立足于真实情境是深度学习发生的重要条件。"真实"是指在文本与学生的情感认知、生活经历等之间建立真实的关联，阅读思考也是置身于情境之中，使他们在整本书阅读学习中开展真实的思考，真正提升阅读能力和素养。从深度学习而言，文字符号本身是抽象的，只有赋予真实的语言情境，才能使整本书阅读富有生命力。整本书阅读的讨论在于使学习者成为真正的阅读者，教师要指导学习者在阅读时进行更好的思考研讨，需要筛选纷繁复杂的策略，找出那些成熟阅读者在阅读时经常使用的思考策略，如建立关联、注意细节、回想复述、预测、质疑、推断、综合和阐释等，将这些真实性阅读策略教给学习者。

（四）发展高阶思维

深度学习视域下的整本书阅读着眼于学生良好思维品质的培养，重视学生高阶思维的发展，符合课程标准的要求。新课标指出："在发展语言能力的同时，发展思辨能力，提升思维品质，进一步提高语文素养，为终身学习和全面而有个性的发展奠定基础。"[2]

深度学习在整本书阅读学习过程中关注学生的思维能力，包括把握整本书的逻辑能力、感知语言的形象能力、质疑文本的批判思维力等。在整本书阅读

---

[1] 中华人民共和国教育部. 普通高中语文课程标准（2017 年版 2020 年修订）[M]. 北京：人民教育出版社，2020: 1.

[2] 中华人民共和国教育部. 普通高中语文课程标准（2017 年版 2020 年修订）[M]. 北京：人民教育出版社，2020: 1.

过程中，学生要走进作品，走进作者的内心世界，挖掘丰富的主题意蕴和艺术特色等都需要高阶思维。高阶思维是在低阶思维基础上形成，发生在较高认知水平层次的心智活动，即新课程标准所指出的"分析、综合、评价、创造等较高认知水平层次的能力"。整本书阅读学习主要强调学习者批判性思维、创造性思维的发展。学生在阅读学习过程中，常常需要进行阅读思考和想象，这时候就需要发挥批判性思维和创造性思维，拓宽思维的空间。在深度学习中，学习者不会一味地接受教师的观点，不会盲从权威，他们对新的知识会持有一种批判的、质疑的态度，有自己的思考和理解。

三、勾连深切：指向思维发展的整本书深度阅读教学策略

（一）导读激趣，共创阅读氛围

"导"的主体是教师，"读"的主体是学生，教师给学生提供一定的阅读方法、重点的阅读内容，引导学生阅读，帮助学生在阅读的过程中实现对名著的内容理解和价值感悟。"导读"是一种真正调动起学生学习的主动性，促使学生在学习过程中积极思考的阅读策略。导读的目的在于积极引导，激发兴趣。整本书阅读篇幅较长，读完往往要花很长时间，学生常常望而生畏。因此开展整本书阅读活动，首先要找到学生的兴趣点，根据学生的心理特点，通过导读课介绍作家作品、补充背景资料、设置问题思考等，在开展阅读前做好"铺垫"。

1.跨媒介导读

随着近几年互联网对生活的广泛渗透，跨媒介成为信息传播的必然趋势，并逐渐常态化。"零零后"作为数字时代的原住民正在校园里成长，视频对学生的吸引力远超过文字。在信息化背景下，借助媒介导读，有利于激发学生的阅读兴趣。阅读托尔斯泰的《复活》整本书前，我们可以播放电影《复活》来激趣。

2.知人论世

老师可以借用海量的网络信息资源制作微课，在开启阅读之旅前，把背景知识分享给学生。比如在阅读沈从文的小说《边城》之前，我们设计了关于介绍作者沈从文和他的家乡凤凰的微课，展示了边城美丽的风土人情，充分调动了学生对《边城》的阅读兴趣。

3.阅读方法导读

通过微课做阅读方法的指导。整本书阅读应有别于一字一句的篇章阅读。针对不同的文学作品和学术著作，我们制作不同的微课做阅读方法指引。例如中国古代的章回小说，像《红楼梦》等小说的章节目录都高度概括了情节内容，可以通过目录管中窥豹，快捷把握整本书概貌。对于情节复杂，人物众多的长篇小说可以引导学生绘制思维导图。基于阅读方法指引的微课学习，有利于学生了解、掌握这些阅读技巧。

4.经典情节导读

经典的情节能激发学生阅读的兴趣，教师可以利用经典的情节中学生没有关注到的点进行导读。如阅读《复活》可以设置问题，聂赫留朵夫与玛丝洛娃重复，在称呼上有哪些变化？为什么有这样的变化，说明了什么？

5.学生分享激趣

同伴的引导很多时候更能激发学生的阅读兴趣。让红楼梦迷们来分享他们的阅读故事，有利于吸引学生们去阅读。

老师在文本研究成果的基础上，给学生提供阅读前的学习支架，带领学生完成导读工作，学生依据老师提供的策略和自己已有的阅读经验进行"真阅读"。

（二）精心设计，创设真实情境

情境也是一种教学资源。利用教学情境设计来调动学生，这是比较常见的教法。生活情境、媒体情境、演绎情境等都属于阅读学习情境设计范畴，针对文本内容合理创设情境有利于引导学生尽快进入文本世界。

1.利用自然环境创设真实情境

为了帮助学生更好地理解作品，我们可以利用自然环境还原阅读情境，进而获得更加深刻的情感体验。例如阅读《边城》整本书时，可以带学生去湘西茶峒，感悟沈从文笔下未受污染的原始淳朴的生态环境，更好地把握这不悖乎人性的优美的人生形式；阅读《平凡的世界》《白鹿原》，可以去西北黄土高原上看看，体会黄土地上蓬勃发展的生命热力。

2.利用多媒体资源创设情境

很多经典的文学作品都被改编成影视作品，在阅读这类作品时，可以借助相关影视资料，获得感官体验，缩短与作品的距离，为走向深度阅读体验做好铺垫。例如《红楼梦》约一百万字，篇幅长，缺乏宏大的叙述场景，更多的是对日常生活的描写,与高中生喜欢阅读跌宕起伏的小说相距较大。书中描绘的贵族日常生活距今已有一百余年了,学生理解起来也有一定难度,更谈不上对隐藏在细节背后的思想探索了。通过观看1987年版《红楼梦》了解当时的生活场景,让学生对《红楼梦》中的家具陈设、建筑结构、人物服饰和人物神态相貌有一个大致了解,有利于拉近学生与文本的距离,进而更深入地体悟人物悲喜。

3.通过角色表演方式创设真实情境

文学作品的深度理解在于对作品生命力的体悟。组织实践活动,给学生提供亲身经历的机会,让学生在角色扮演中获得更加深刻的理解。例如在学习《雷雨》《哈姆莱特》等作品时,可以让学生分角色扮演作品中的片段,当学生沉浸在塑造的形象,与人物充分共情时,能够更细腻地触摸人物个性,感受人物悲喜。《雷雨》《哈姆莱特》等作品归于戏剧单元的主题是"良知与悲悯"。通过角色扮演,学生更深刻感受到了悲剧震撼的力量。

4.创设链接文本与生活的情境

语文来源于生活,现实生活是创设真实情境的源泉。传统的语文阅读教学,常常忽视了阅读与生活的密切联系,导致学生无法对人物的命运感同身受。解决这一问题需要教师从生活元素入手创设真实情境,让学生可以在生活化的真实情境中与作者产生情感共鸣。阅读过程中的情感感悟有两个阶段:一是从抽象的文字在脑海中形成具象的生活场景,其次是将生活场景转化为更鲜活的情感体验。要实现深层次的阅读体验,教师需要立足于生活开展教学,创设链接文本与生活世界的情境,引导学生带着自己的生活体验走进文本,进行深度发掘。

情境设计没有固定格式,让学生建立身临其境的感觉,这样的设计才是最真实而高效的。

（三）巧妙设问,激发深度学习动力

"学贵有疑,小疑则小进,大疑则大进。"有价值的问题往往能引人深思,起到事半功倍的效果。教师在设计核心问题时,需要深潜在整本书阅读中,对文本内容进行深度剖析,精准把握学生的思维基础,设计核心问题,在问题的探索中推进阅读的深入,提升思维品质。

深度学习的核心是解决问题。促进深度学习的问题情境是教师依据教学目标和学生认知特点,将教学内容转化为一个个有待解决的研究性问题,并引导、促进学生学习的一种教学策略。核心问题的设计要基于学生的学情,是学生能够通过努力达到的任务。例如在组织《百年孤独》整本书阅读时，我们设计了以下探究题：

1. 如何理解马孔多的人染上失眠症

2. 如何理解《百年孤独》中的魔幻现实主义分析

3. 神话、典故的运用在《百年孤独》中的运用

4.《百年孤独》中的主题探讨

5.《百年孤独》的结构艺术

6.《百年孤独》对世界文学的影响

7.《百年孤独》对中国当代作家创作（莫言、余华、苏童、格非、陈忠实等）的影响

8.《百年孤独》与《红楼梦》比较、《百年孤独》与《白鹿原》比较等

9.《百年孤独》的女性形象

10.《百年孤独》的时间艺术

11.《百年孤独》的文化观

这些问题随着文本阅读的推进而深入，需要学生合作探究，一步步探索。这个探索的过程促进了学生思维能力的发展和思维品质的提升。同时对言语思维和言语审美的挖掘，无形中提高了学生感知和运用语言文字的能力。在创设问题时，我们需要对整本书进行认真梳理、深入挖掘、巧妙整合，根据学习目标将有价值的学习内容设计成具有关联性的问题，引导学生深入探究，实现对文本的深度解读和学习能力的提升。启发性的问题，能够促使学生展开关联性思考。阅读是读者和作者的直接对话，如何让学生顺利进入角色，这是设计问题需要重点考虑的。

（四）培养高阶思维，推进深度学习

在整本书阅读中，高阶思维表现为分析、综合、批判等思维活动，教师要以整本书为蓝本，对学生进行针对性指导，为学生提供深度思考的机会，给学生设计对比阅读、拓展阅读、研究性学习等任务，让学生进入深度阅读学习，并在完成任务中提升阅读能力。

整本书阅读的思维训练是循序渐进的。如阅读《红楼梦》整本书，首先需要激发学生阅读兴趣，让学生沉浸作品，初步把握文本，形成阅读初体验，培

养直觉思维。对《红楼梦》中人物关系与情节脉络的梳理可以有效锻炼学生的逻辑思维。其次，人物性格的多样与丰富性是《红楼梦》艺术宝库中的精华，对宝玉、黛玉、宝钗、王熙凤等人物形象分析，可以在阅读教学中展开讨论，培养创造性思维品质。学生在阅读过程中可以有效利用网络资源，进行批判性吸收与理解，如蒋勋以青春小说的视角解读《红楼梦》深受学生欢迎，也受到一部分台湾学者的质疑，对于这样的问题可以后期继续进行讨论，或许能够更好地帮助学生更多元地把握《红楼梦》整本书，形成自己的理解。

在高阶思维中，最重要的是创造性思维。通过质疑思考，探索新领域，钻研新课题，总结科学方法，以新方式解决别人未解决的问题。引导学生"举一反三"，触类旁通，不断拓宽其思维的空间，训练学生的创造性思维。

（五）整合资源，信息技术赋能

浅层学习在运用技术方面一般用信息技术作为播放、演示的教辅工具，学生被动地接受信息，是一种被动的媒介接触行为。但在深度学习的视域下，我们可以更大限度发挥信息技术的作用。不仅把信息技术作为教辅工具而且是作为学生能够主动地进行信息加工、交流合作、探究研发的学习工具，是一种主动性的媒介接触行为。例如在推进整本书阅读时，每个阅读小组选择了一个小课题进行研究。小组成员分工协作，利用网络搜集信息，进行线上讨论，整合讨论成果，制作多媒体课件，然后在语文课堂展开进一步讨论。在整个课题研究过程中，每个小组成员各展所长，体现了差异性合作的特点。在自由交流与碰撞中，实现了观点的多元化碰撞融合，有利于发展思辨思维。学生会发表不同观点，并寻找佐证材料，在不断地研讨中，推进阅读深入。大量实践表明，在这样的探究式阅读学习中，学生参与度更高，研究学习更深入。

我们可以利用网络平台测试工具对学生阅读效果进行检测。测试目的在于帮助学生梳理整本书主要内容，不是简单复现文本情节。学生通过网上测试，能够重新发现阅读过程中忽视的内容，调整阅读学习策略。在线自测既方便快捷，又可以进行数据分析，为进一步指导个性化阅读，调整教学策略提供依据。通过反馈，教师及时答疑解惑，调整教学，形成对话。

深度学习的实现需要充分利用网络资源，学习者能够主动获取和探究自己所需要的信息。信息技术对于深度学习的赋能支持，不仅带来教学媒介和学习方式上的更新，而且带来思维的更新。学生借助网络资源接触到的信息区别于传统课堂上教师对于知识的线性讲解，呈现出信息的广度性和深度性，并且能够提供不同的视角，有利于学生思维的深发化，促进学习者对知识的批判与创新，培养学生的高阶思维。信息技术赋能下的深度学习，还便于师生之间、生生之间的交流讨论，在实际教学中教师要善于充分利用网络资源，用信息技术支撑的教学环境在突破教材限制的基础上整合教学内容和教学资源，提高师生的信息素养。

　　阅读的本质是一种充满独特情感体验的生命对话。整本书阅读的深度学习应该是学生在理解语言符号的基础上，构建文本的情感价值，进而丰富自己的情感体验，形成生命感悟。整本书阅读的深度学习要结合具体学情，只有了解学生学习特点和学习心理，才能更合理地设计学习方案。高中阶段是学生思维能力、创造力发展的关键时期，通过不断训练，可以达到提升学生思维品质和文学鉴赏能力的目标。教师通过创设相关的阅读情境，组织阅读活动，促使深度对话的产生。学生积极主动地参与阅读学习中，并通过感知、领会、理解文本内容，体验文本的情感，并且对文本进行批判性的思考，使新旧认知碰撞出火花，并在碰撞和交流中一次次走向深刻。

课例

读不尽的《红楼梦》

——《红楼梦》整本书阅读

【**教学目标**】

　　1. 在规定时间内读完《红楼梦》，掌握略读、批读、研读等整本书阅读方法，建构阅读长篇小说的方法和经验，促进知识吸收与内化，养成良好的阅读习惯。

　　2. 品味《红楼梦》的语言艺术，在文学层面鉴赏人物形象，提升欣赏水平。提高阅读分析能力，积累名著阅读方法。

　　3. 结合历史文化背景和学术资料，完成研究性学习，读写融合，提高写作能力。

【**教材分析**】

　　作为规定的"必读整本书"，《红楼梦》有着举足轻重的地位。其百科全书般的广博内容、卓绝超拔的艺术成就、丰富厚重的人文内涵，对提升一个人的整体素养有着不可替代的作用。本单元的教学对象是高一年级的学生，对大多数十五六岁的中学生来说，阅读这部小说确实有难度。为缓解畏难情绪，课前需要导读激趣，为学生提供一扇窥视红楼的窗口。

《红楼梦》是长篇章回体小说。作者运用现实主义笔法，为人们徐徐铺开了十八世纪钟鸣鼎食之家的日常生活画卷，让我们看到了以贾府为中心的四大家族由鼎盛而至衰颓的过程，也看到了以宝黛爱情悲剧为中心的众女儿的不幸命运。

《红楼梦》被王国维誉为"艺术的绝大著作"，被周汝昌先生评为"中华文化的一个综合体和集大成"，被王蒙赞为"生活的百科全书，语言的百科全书"。这样一部古典文学的巅峰之作成为"整本书阅读与研讨"的重要课程内容，对拓宽学生视野，建构阅读整本书的经验，提升阅读鉴赏的能力，学习中华优秀的传统文化，从而促进学生的生命感悟和精神成长，具有重要意义。

新课标对《红楼梦》的整本书阅读与研讨做了总体教学的设计。结合长篇章回体小说的特点和《红楼梦》自身独特的结构、内容和艺术特点，从交流阅读方法、介绍结构主线、探讨人物形象、感受宝黛爱情、细品日常生活、赏读诗词、探究小说主题等方面安排阅读与研讨活动，共设 10 个课时。第六单元"整本书阅读"的单元导言中指出了在通读《红楼梦》全书的基础上应该完成的任务。阅读指导中提示师生在阅读时可以从以下几个方面来把握：把握前五回的纲领性作用；关注人物形象的塑造；在繁杂的情节中梳理情节主线；品味小说中对日常生活的描写，了解封建大家族的社会关系与生活习俗；品味鉴赏小说语言。教师可以选择其中部分完成，也可以自行设计任务。教材对《红楼梦》整本书阅读任务设计也有提示：绘制小说人物关系图；体会人物性格的复杂性和深刻性；品味日常生活的描写，感受其中丰富的内涵；鉴赏小说中的诗词创作；根据判词设想人物的命运结局；体会《红楼梦》丰富深刻的主题思想。[①]这些提示为教学实践提供了具体参考建议。

【教学重难点】

（一）教学难点

《红楼梦》将近一百多万字，篇幅长，而又缺乏宏大的叙述场景，更多的是对日常生活的描写，与高中生喜欢阅读跌宕起伏的小说相距较大。书中描绘

① 普通高中教科书语文必修下册 [M]．北京：人民教育出版社，2019：138-141．

的贵族日常生活距今已有一百余年了，学生理解起来也有一定难度，更谈不上对隐藏在细节背后的思想探索了。其次，《红楼梦》塑造的人物形象众多，体量巨大，笔法细腻，结构复杂，伏笔重重，学生缺乏良好的阅读习惯和系统的阅读方法，往往难以前后勾连，融会贯通。再者，大量富有文化内涵和象征意义的诗词曲赋、灯谜谶语，对文化积淀不够或鉴赏水平有限的学生来说很有挑战。大多数学生在阅读《红楼梦》初始，不习惯其中大量家庭琐事的描写和缓慢的叙事节奏。

《红楼梦》阅读的难度还在于它不仅是一部文学巨著，更在于其丰厚的文化内涵。《红楼梦》中大量诗词曲赋、对联、酒令、灯谜、百戏、雕刻、泥塑、参禅、测字、占卜、医药、赞、偈、诔等，都需要阅读者有一定的功底。而课时的有限性与高中繁重的课业负担，也使得阅读《红楼梦》面临重重困难。

（二）教学重点

《红楼梦》整本书阅读的难点，应当是教学关注的要点。阅读《红楼梦》要静下心来，尽可能从日常琐事的描写中读出人心与人性的复杂，读出特有的文化内涵。首先，教学设计要激趣，让学生有兴趣融入这样一部长篇巨著，并能够浸润其中。其次，尽可能去挖掘《红楼梦》人物丰富矛盾的内心世界和深刻多元的思想。

新课标对整本书阅读任务群的设置意图和教学目标有这样的说明：要求通过整本书阅读，建构阅读整本书的经验，了解掌握阅读同类书的方法。如何通过《红楼梦》的通读，举一反三，掌握阅读长篇小说特别是章回小说的一般读法是我们学习的重点。

【教学资源】

1.版本选择

《红楼梦》现存的版本，可分为两个系统，一个是仅流传前八十回的，保留脂砚斋评语的脂评系统（抄本系统）；另一个是经过程伟元、高鹗整理补缀的、删去所有脂砚斋评语的，并续写完成一百二十回的程高本系统（刊本系统）。

2.参考资料

可参考部分书籍或文章，以更好地理解小说内容。比如：

①作者传记类，如周汝昌著的《泣血红楼》，樊志斌著的《曹雪芹传》。

②《红楼梦》其他版本类，如周汝昌先生校订的《石头记》，广西师范大

学出版社出版的《红楼梦》。

③文本细读类，如王蒙著的《红楼梦启示录》，白先勇著的《白先勇细说红楼梦》，欧丽娟著的《大观红楼》，蒋勋著的《蒋勋说红楼梦》，蒋和森著的《红楼梦论稿》，王昆仑先生的《红楼梦人物论》，北京大学通识教材《红楼梦十五讲》，郑铁生的《红楼叙事艺术》，周汝昌的《红楼梦与中华文化》，周汝昌的《红楼小讲》。

④影像资料：1987版电视剧《红楼梦》，由王扶林先生导演，欧阳奋强、陈晓旭主演。

【教学策略】

（一）导读激趣

目标：

（1）感受《红楼梦》的艺术魅力，生发阅读兴趣；

（2）理解《红楼梦》前五回的整体作用，梳理《红楼梦》中关键人物的关系，掌握整本书阅读的方法；

（3）完成《红楼梦》阅读任务记录表，积累阅读经验，养成良好的阅读习惯。

1. 利用多媒体资源创设情境

《红楼梦》多次被改编成影视戏剧作品，尤以1987年版的《红楼梦》最为经典。通过观看《红楼梦》，让学生对《红楼梦》中的家具陈设、建筑结构、人物服饰和人物神态相貌有一个大致了解，有利于拉近学生与文本的距离，进而更深入地体悟人物悲喜，通过设疑激趣，激发学生阅读《红楼梦》整本书的兴趣。

导入视频推荐：1987版《红楼梦》宝黛爱情剪辑（"哔哩哔哩"App）。

2. 微课导读

对于《红楼梦》这样大部头的作品，我们可以录制微课导读来指导学生阅读。《红楼梦》作为古代章回小说的代表，其章节目录高度概括了情节内容，可以通过目录管中窥豹，快捷把握整本书概貌。对于情节复杂、人物众多的长篇小说可以引导学生绘制思维导图。基于阅读方法指引的微课学习，有利于学生了解、掌握这些阅读技巧。

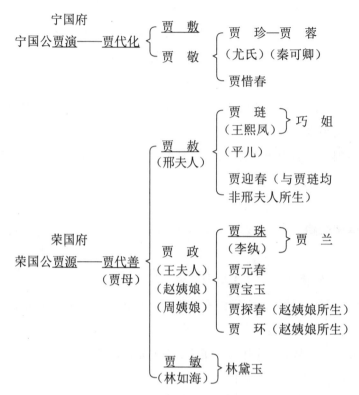

（注：画线人物，冷子兴演说时已不在人世；括号中的人物是上面人物的配偶）

《红楼梦》贾府主要人物关系表

　　《红楼梦》篇幅长，人物众多，叙述了大量的事件，复杂的人物关系和错综纷杂的故事情节大大增加了《红楼梦》的阅读难度。思维导图具有结构化、可视化等特点，这些特征可应用于《红楼梦》整本书阅读的诸多方面，厘清关联书中众多复杂的要素，并在此基础上不断发散思维，建构《红楼梦》整本书的知识体系，并产生自己独特的阅读感悟，有效推动《红楼梦》的整本书阅读。

　　3.利用作品内容激趣

　　以"传奇"为契合点，从开篇的神秘性入手，吸引学生阅读兴趣。"木石前盟""还泪说"等都极富传奇色彩。同时，《红楼梦》的创作历程极富传奇性。创作和评书同时进行，创作和手抄流传同步开展，最后四十回的原稿遗失使得几百年来红学兴盛不衰，至今没有统一的说法。书中所涉及的领域更是广阔，从诗词曲赋、园林建造、服饰摆设、到饮食起居……几乎无所不包。作者曹雪芹传奇的人生、崇高的精神境界、深厚的传统文化修养，都是高中生可以从《红楼梦》中汲取的丰富营养。

（二）运用混合式手段共读

《红楼梦》的阅读周期较长，同伴一起阅读打卡有利于让学生保持阅读热情，帮助部分难以坚持的同学更好地在规定时间内完成阅读任务。现在腾讯、钉钉和很多小程序的打卡技术很好地解决了阅读过程监督这一难题。整本书阅读通常在寒暑假进行，"打卡"是有效的学习监管助手。通过打卡分解阅读任务，可以在实现个体自由阅读的同时，整体监督调控。比如，高中生平均阅读速度是每小时 2.4 万字，每天阅读一个小时，《红楼梦》全书百万字，大概一个多月可以读完。全班同学一起阅读打卡，有利于良好阅读氛围的形成，强化阅读效果。

再者，可以在班级平台上发表每周一感，展示学生的读书笔记或阅读心得，请同学互评，鼓励学生展现思考的火花，从阅读中获得成就。小组成员定时分享阅读体验，交流阅读疑惑。有利于促进同学之间的友谊，也有利于促进阅读思考。教师也应当参与阅读共同体的构建，加强师生之间的合作对话。通过混合式学习，师生形成一个阅读共同体，实现实时互动，交流沟通，形成浓厚的学习氛围。在开学后，教师利用一课时，与同学一起分享共读时的收获，解决学生的疑难问题和阅读障碍，根据学生研究兴趣内容分组建立专题研讨小组，为后面的专题研讨活动做好准备。

线上线下探讨可促进阅读深入。一方面，线上学习，具有资源共享性和信息实时交互功能。学生主动带着阅读过程中的疑问，查阅资料，对文本进行研究。另一方面，学生可以及时通过交流平台提出疑问，进行交流讨论，反过来推动线下阅读。实践表明，在这样的探究式阅读学习中，学生参与度更高，研究学习更深入。

（三）运用研究性学习深入探究

学生自愿组成研究性学习小组，确立了以下研究性学习课题：

1. 细谈"红楼饮食"

2. 诗词歌赋话红楼

3.《红楼梦》的主题

4.《红楼梦》日常生活和细节刻画艺术

5.《红楼梦》中的梦境专题分析

6.《红楼梦》的人物塑造艺术

学生在指导教师的帮助下,对搜集到的资料进行归纳整理,然后围绕选题进行探究,每个小组长组织组员进行分工合作,撰写研究性学习报告。研究接近尾声,学生将结果进行归纳总结,得出结论,形成研究报告。

(四)活动课:阅读评价与成果展示

《红楼梦》整本书阅读周期较长,评价重在学生的阅读过程,评价的关键在于记录和分析学生的阅读表现,引导学生自我评价,从而改进学生的阅读行为。这样的评价理念和表现性评价不谋而合。表现性评价能够在整本书阅读中发挥显著的优势,能有效地测量学生的情意表现和阅读能力。表现性评价不应局限于纸笔形式,而应以多样的形式呈现,如档案袋等。我们可以通过制作阅读档案袋的方式,对学生起到监管和引导作用,在现实学习中尽可能高效地发挥档案袋评价的作用。

《红楼梦》阅读档案袋		
主题	读红楼故事,观自身成长	
评价目标	1. 能自行选择合适的材料,整理《红楼梦》阅读学习档案(10分) 2. 能记录自己的阅读习惯和阅读方法(15分) 3. 能对整本书情节进行大致梳理,对人物进行总结或点评(30分) 4. 能把握曹雪芹创作《红楼梦》的艺术手法和特色(15分) 5. 能展现自己对本书主题的思考(30分)	
重点项目及评价标准	我的阅读方法/我的阅读习惯记录: 要求:按一定的时间周期记录,如日、周、月等,要求结合例子呈现	评价标准: 记录清晰有条理(0~5分) 坚持记录(0~5分) 有对方法和习惯的反思(0~5分)
	本书情节梳理: 要求形式不限,可用思维导图、每章小结、分人物等方式概括或其他呈现方式	评价标准: 概括完整,用语简洁(0~5分) 有对重点情节的标示(0~5分)
	人物形象评点: 要求不少于三个人物,其中需包含贾宝玉、林黛玉、薛宝钗	评价标准: 能用具体事件分析人物性格(0~5分) 能看到人物性格的两面性(0~5分) 能分析人物性格在具体环境中的展示(0~5分) 观点新颖,有自己的见解(0~5分)

续表

《红楼梦》阅读档案袋		
主题	读红楼故事，观自身成长	
重点项目及评价标准	本书的艺术手法和特色： 要求分条整理，用具体事例或情节辅助说明	评价标准： 有具体事例或情节，较为详细（0～5分） 总结较为完善（0～5分）
	研究性学习或心得体会： 要求尽量以小论文或演示报告等书面材料的方式呈现，不少于1000字，逻辑合理，内容完整，并能结合书中的具体内容分析	评价标准： 字数达标（0～5分） 能够结合书中具体内容（0～5分） 有一定的独创性和深刻性（0～5分） 能够标明引用观点的出处（0～5分） 从不同方面分析本书主题（0～5分） 能谈到阅读给自己带来的收获（0～5分）

档案袋是一种用于展现学生学习成果的评价手段，适宜记录学生在阅读整本书中所取得的成果。它的类型十分多样，一般包括展示型、文件型、评价型、过程型和复合型。档案袋评价具有目标性，学生收集材料必须围绕特定的主题，将阅读知识、技能方面的内容，以及阅读过程、阅读方法等方面的内容收入档案袋；档案袋评价具有表现性，它关注学生的成长和改变，学生可以多次收录自己对同一文本的思考，呈现自己的思维的发展；档案袋评价还具有反思性，学生需要对制作档案的过程进行自我反思或评价，如考虑选择的材料是否合适。

整本书阅读档案袋宜采用结构复合型，即由教师提供主题、评价目标要点、重点项目、评价标准、各个重点项目的学习评价单，给予学生明确的指导，同时给学生留出一定自由发挥的空间，让学生自评、互评。若使用得当，档案袋可以贯穿学生全部的阅读过程，起到监管和引导作用，在现实学习中尽可能高效地发挥评价的作用。

在完成《红楼梦》整本书阅读研讨后，我们还可以通过精彩纷呈的活动课来展示阅读成果。

1.开展"人生自是有情痴"读书报告会

"人生自是有情痴，此事无关风和月"，《红楼梦》刻画了一群有情痴情之人。有宝黛钗爱情，也有无处不在的亲情、友情。高中生对爱情最为敏感，又最是朦胧，借《红楼梦》中宝黛钗的爱情，可以引导学生对这个困扰的问题进行探讨和辩证的思考。《红楼梦》的爱情并不是花前月下、海誓山盟的偶像剧，而是基于相互理解的心心相印，是生活和理想的高度统一。宝玉和黛玉心心相印的爱情能让高中生有所启发自不必说，尤三姐刚烈的爱情、司棋叛逆的爱情、晴雯纯洁的爱情，都能让高中生受到正面影响。爱情不是儿戏，不是幻想，而是实实在在的生活理想。

学生在思想交流和碰撞中不仅扫清了阅读障碍，也理解了人物的内心。这种读书报告会不仅能够整合专题内容，还能帮助学生深入理解人物。在这个过程中，教师的评价也能让学生明确自己的成果质量，从而鼓励学生不断努力，制定下一个阶段的阅读目标。在成果汇报的实施过程中，教师不妨和学生一起制定成果展示的评价标准，让学生互评、师生共评，让学生能够有针对性地改进自己的阅读，明确不足之处。

2.角色扮演，开展"红楼梦"小剧场

读红楼，品红楼，研红楼，写红楼，不如尝试着走进红楼，成为红楼中人，演绎我们的红楼故事，重现红楼衣食住行中雅致的审美情趣和中国传统文化的精神。当学生沉浸在《红楼梦》的角色中，才能更细腻地把握人物、理解人物。

根据同学的兴趣和能力进行分工，以班级为单位形成红楼剧组，分为编剧组、导演组、拍摄组、制作组、演员组、道具组、宣传组和后勤组，每位同学至少参与一个组别的工作。创作过程中可观看其他舞台形式对同一情节的改编与创作，例如1987版电视连续剧《红楼梦》借鉴书本"影视化"的改编经验。然后，利用休息时间进行排练，舞台剧表演结束后，全班对此次表演进行总结，重点关注人物形象刻画、剧本语言、情节冲突、舞台效果和小组合作五个方面，撰写剧评。

设计目的：让学生感同身受，融入作品之中，切身体会其中的语言特色。学生需要仔细揣摩自己所扮演的角色，通过人物的语言、动作等体会人物的性格特征，与角色融为一体，体会人物语言的个性化和其对塑造人物形象的作用。表演结束后，教师组织学生进行交流讨论，充分发表自己的看法，更准确地把握《红楼梦》语言的特色，提高学生的语言表达能力。

《红楼梦》舞台剧评价量表			
评价维度	评价细则	自评	互评	师评
剧本（15分）	1. 选取的片段或篇目有冲突，主题鲜明，深刻（0～3分）			
	2. 不同角色性格特点鲜明（0～3分）			
	3. 台词对剧情有较强推动作用，场幕之间过渡自然（0～3分）			
	4. 主线故事和副线故事相辅相成（0～3分）			
	5. 有明确的动作、语言、情感、舞台设计标记（0～3分）			
语言表达（15分）	1. 人物表演的感情发展基调与故事发展情节相符（0～3分）			
	2. 语气语速符合故事发展及人物性格（0～3分）			
	3. 台词风格符合人物性格，适合舞台演出（0～3分）			
	4. 长段落台词符合场景设置（0～3分）			
	5. 口齿清晰，语言流畅，语速恰当，声音洪亮（0～3分）			
舞台动作（6分）	1. 借助自然得体的动作表达人物的感情变化（0～3分）			
	2. 人物神态与剧情推进关联紧密（0～3分）			
舞台演出（6分）	1. 舞台设计能够推进剧情气氛（0～3分）			
	2. 服装道具符合人物形象和戏剧场景的搭建（0～3分）			
舞台说明（3分）	3分充分体现；2分基本体现；1分部分体现；0分未体现			

3. 开展诗词朗读、品鉴会

《红楼梦》中诗词众多，几乎人人都会写诗，常常展开诗会，众人围绕"海棠""菊花""柳絮"等创作了不少诗词。学生可以结合具体的章节，品鉴最喜欢的一首诗。还可以品读黛玉的《葬花吟》《五美吟》，宝玉的《红豆词》《芙蓉女儿诔》，薛宝琴的《怀古诗十首》等优美诗词。在朗诵的过程中，读出人物的性格特点，读出对诗歌的感情。《红楼梦》中的文化还涉及对联、谜语、酒令，学生可以自主收集，并选择一处思考其内容与人物或情节之间的关系。

我们还可以开展红楼梦读书征文比赛，人物配音大赛、辩论赛等，并有意识地将学生的活动成果整理成册。但我们要注意的是，教学活动要围绕整本书阅读教学展开，为学生的深度阅读而服务，不能为了活动而活动，反而影响了阅读目标的达成。在这个信息化的时代，教学活动不应局限于课堂和线下，可以利用线上线下互动来推动整本书阅读。比如对比影视改编作品、设计配图和书封、拍摄微电影等活动。应该开展多个主题推动、项目学习，例如"谁是红楼最痴人""以红楼之口，诉我心之忧"等。深度阅读应该建立在处理信息、认识世界、发展思维、获得审美体验的基础上，引导学生与学生、教师、作者、文本、世界之间的多重对话，产生思想的碰撞和心灵的交流，促进个性化的表达与交流。从这个角度上来说，整本书阅读相比于篇章阅读内容更加深入、阅读时间更久，也就更加适合开展深度阅读。

《红楼梦》整本书阅读教学的探索是无尽的，如何激发学生阅读活动的主动性，在活动中培养学生的阅读能力、思维能力和审美鉴赏力才是关键。《红楼梦》是一部生活的百科全书，高中生也具备独立人格和思考社会生活的能力，抓住《红楼梦》与高中生生活的契合点开展教学活动，就会让学生产生更多的阅读快感和成就感，切实感受到《红楼梦》超凡的艺术魅力。而如何以《红楼梦》为契机，培养学生阅读其他文学名著的能力是更值得深入探讨的话题。

4. 读写共生，品读《红楼》

学习活动：

精读《红楼梦》，聚焦主题、人物形象、艺术手法、诗词艺术、饮食文化、服饰文化成就等，反复咀嚼，纵深研读，直至鉴赏出精妙之处，并形成观点合理、论述充分、语言精美的小文章。

附学生习作：

浅谈《红楼梦》的花语
G2002班 邓钰凯

一、《红楼梦》中花对于人物性格和命运的暗示和隐喻

1. 桃花——林黛玉的爱情悲剧

第六十三回"寿怡红群芳开夜宴 死金丹独艳理亲丧"中，众人抽花名签行酒令，黛玉抽到的是一枝芙蓉，题着"风露清愁"四个字，并系有一句诗"莫怨东风当自嗟"，并且黛玉在死后化作芙蓉花神，可见曹雪芹认为芙蓉花代表

黛玉。亭亭玉立、高洁典雅的芙蓉花与黛玉本身冰清玉洁的形象和自尊自爱的性格特征相符合。桃花与黛玉之间的关系也不能忽视。例如，黛玉与宝玉在一起共读《西厢》的地点在桃花树下，著名的"黛玉葬花"所葬之物便是桃花；林黛玉所作的七言诗歌《桃花行》与《葬花吟》都将桃花作为主要的抒情对象。芙蓉花给人以"莫怕秋无伴愁物，水莲花尽木莲开"的生机和活力，与此相对的桃花带来的是"憔悴花遮憔悴人，花飞人倦易黄昏"和"一朝春尽红颜老，花落人亡两不知"的凄美和憔悴。由此观之，桃花这种具有悲剧色彩的花卉才能隐喻黛玉的爱情悲剧和生命悲剧。

2. 梨花——薛宝钗的容颜品性

牡丹素有国色天香之誉，盛开的时候雍容华贵，又被称为"花王"。唐代诗人李白曾作《清平乐》三篇，以"云想衣裳花想容，春风拂槛露华浓"将杨妃和牡丹相柔糅来描写。在《红楼梦》中，也有多处将宝钗比作杨妃的文字：如第二十七回的篇目"滴翠亭杨妃戏彩蝶，埋香冢飞燕泣残红"；又比如在第三十回中，宝玉透露说众人将宝钗比作杨贵妃，结果惹得宝钗大怒。宝钗体态丰腴，颇有杨妃之姿，兼之出身名门，这也与牡丹的雍容华贵不谋而合。尽管宝钗有着和牡丹的千丝万缕的联系，但事实上梨花更能代表宝钗。宝钗初入贾府时，便住在梨香院。所以，梨花才是宝钗的生活环境。自此，梨花开始进入宝钗生活的点点滴滴。宝钗所食"冷香丸"——"春天开的白牡丹花蕊十二两，夏天开的白荷花蕊十二两，秋天开的白芙蓉蕊十二两，冬天开的白梅花蕊十二两。"这里四种花是比喻癞头和尚、跛足道人的纯洁、高贵的出世精神。而四季轮回又代表着只有阅尽世态炎凉，才能真正懂得这种精神的可贵。"再加十二钱蜂蜜，十二钱白糖……若发病时，用十二分黄柏煎汤送下。"这里比喻要想达到精神上的最高境界，不仅要阅尽世态炎凉，更需遍尝人间甘苦。这"冷香丸"代表的是宝钗性情中的淡雅之美。《红楼梦》一书中强调"女人是水做的"，这水，在黛玉处代表"泪"，在宝钗处代表"雪"。岑参《白雪歌送武判官归京》中的"忽如一夜春风来，千树万树梨花开"写的是雪。以梨花暗喻雪，让雪多了一分柔和。也让我们看到了梨花的冰身玉肤、凝脂欲滴、妩媚多姿。由此观之，无论是宝钗外貌的丰腴之美，还是性情的淡雅之美都与梨花的特质相契合。

二、《红楼梦》中花语的艺术价值

"春梦随云散，飞花逐水流。"花是《红楼梦》中重要的意象。它既是女子身世飘零的悲剧；也是当代人们对尘世无常的感叹；它也是对中国古典文学的传承；更是代表着封建社会的衰落。"自古红颜多薄命"，花开时极艳，花落时憔悴。大观园的女子们，哪一个不是由花开的鲜艳明媚最终变为残花败柳？花与《红楼梦》中的女子形象紧密联系，这也使"花"在《红楼梦》中不再是没有感情的死物，而成为人物性格和命运的意象。"且住，且住，莫使春光别去"是乐观大度的史湘云无可奈何地在《咏絮词》中写的对往日封建大家族盛景的挽留之语，也是对封建社会消亡的哀悼。

"夜来风雨声，花落知多少。"在历史的长河中，花开花落是不变的自然规律。曹公的《红楼梦》以花为载体，叙述了自然界的精华，也描绘了人间女子的精华。花就像历史的趋势，极盛后便是衰亡。黛玉说："那花开时令人爱慕，谢时则增惆怅，所以倒是不开的好。"而宝玉则想："那花只愿常开。"花落是曹公的担忧，花常开是曹公的愿望。曹公借《红楼梦》的花开花落警醒世人：万事万物都是发展变化着的，极盛便是衰落的起点。毕竟，花都是要落的。

浅谈《红楼梦》中的饮食文化
G2020 班　谢家乐

《红楼梦》是我国古代小说的最高峰，它写尽当时的人间世态，包罗万象，被誉为我国"封建社会的百科全书"，其中的饮食文化细节也为人称道。据有关学者统计，《红楼梦》描写食品多达 186 种，包括主食、点心、菜肴、调味品、饮料、果品、补食、外国食品、洗浴食品九个类别。作者在写这些饮食的时候，总是结合烹饪技术民俗风情、历史典故等，从而赋予饮食以文化的形式和内涵。而对红楼人物品用这些食物的描写，也展示出中国古代人们的礼仪举止，显示流传千古的礼俗制度。

一、菜肴

《红楼梦》中的菜肴多种多样，食材丰富，配料考究，兼具精细和雅致的特点。

以《红楼梦》四十一回的名菜"茄鲞"为例，刘姥姥二进大观园中所品尝到"贾府这的茄子"，刘姥姥向王熙凤请教做法，凤姐煞有介事地说道："这也不难。你把才下来的茄子，把皮刨了，只要净肉，切成碎丁子，用鸡油炸了。"再用"鸡肉脯子合香菌、新笋、蘑菇、五香豆腐干子、各色干果子，都切成丁儿，拿鸡汤煨干了，拿香油一收，外加糟油一样，盛在瓷罐子里封严了。"到了要吃的时候"拿出来用炒的鸡爪子一拌，就是了。"做法可能略有夸张，但仅仅是一道开饭小菜"茄鲞"，做法便如此之复杂，贾府饮馔之精细，由此也可见一斑。

第三十五回提到的"莲叶羹"尽显红楼饮食之精细。所谓"莲叶羹"是将新鲜荷叶处理后和在面中，取点新荷叶的清香，用"一尺多长，一寸见方，上面凿着豆子大小，也有菊花的、梅花的，也有莲蓬的，也有菱角的"的模子，随后"印出来，放在鸡汤中煨成的羹"。一道小羹，令同是四大家族薛家出身的薛姨妈对此感叹："你们府上为吃的也想绝了。"而凤姐对此却说："也不是什么精细的东西罢了。"这一对比，足可见贾府中吃食的精细程度，是道道如此了。

而雅致则在四十九回"琉璃世界白雪红梅 脂粉香娃割腥啖膻"得到很好的体现。他们在大雪的芦雪庵烤鹿肉，踏雪寻梅，吟诗作对，更是在行他们的"是真名士自风流"的雅趣。这生火烤肉、大吃大喝的情景，看似粗糙，实际上却是一群少年的雅致，体现的是《红楼梦》的雅致饮食。

二、茶饮

《红楼梦》中茶品种类繁多，在发挥饮用作用的同时，也体现出了浓浓人文意趣。

贾府中，每个人喜欢的茶都不同，宝玉喜欢的枫露茶，林黛玉多喝的龙井茶，妙玉多泡的六安茶等。何时喝的茶也不一样，贾母吃完油腻的食物后，就不喝平日多喝的六安茶，喝的是能消食解腻的老君眉；宝玉吃了面，要喝"女儿茶"促一促消化。在"太虚幻境"中的茶也是不可不提的，宝玉在"太虚幻境"中喝的茶香清味美，名为"千红一窟"，出于放春山遗香洞，又以仙花灵叶上所带的宿露烹了，听名字和来历就知道非凡人可及。这些各有特色的茶饮，装点了贾府人们生活。

陆羽在《茶经》中说："水为茶之母。"水不佳，茶自然味不佳。而"其水，用山水上，江水中，井水下"。水的质地越往上越软，越清新，在净水设备和技术的短缺的当时，便是更佳的烹茶用水。妙玉曾说，喝茶"一杯为品，二杯即是解渴的蠢物，三杯便是饮牛饮骡了"。她所使用的"旧年的雨水"和"梅花上的雪"是水中的上乘，所用的茶杯也是时代文人赏玩的珍品。足可见其饮用的用心程度和雅致程度，也可窥见《红楼梦》中所涉及的茶文化。

三、礼节

《礼记》中写道："夫礼之初，始诸饮食。"饮食文化中的"礼"是指在吃喝中有严格的礼俗，由此衍生的精神文明产物。指饮食活动的礼仪性，包括坐席的方向，箸匙的排列，上菜的次序等。这些礼节也在《红楼梦》中得到了很好的体现。

第三回中写到了林黛玉第一次进贾府吃饭时的情景。林黛玉进贾府在见到了贾母、邢夫人、王夫人、王熙凤之后，迎来了她进贾府后的第一顿饭。其中蕴藏着深厚的文化底蕴和封建贵族家族的章法。

当林黛玉在王夫人房间说话时，有丫鬟来报告："老太太那里传晚饭了。""王夫人忙携林黛玉赶过去。"一个"忙"字，写出了王夫人不敢怠慢，儿媳妇要伺候婆婆吃饭，否则她就失职失礼了。王夫人和林黛玉进入贾母的后门，已有许多人在等候，伺候贾母的人看到王夫人来了，才安设桌椅。然后"李纨捧饭，王熙凤安箸，王夫人进羹"。孙子媳妇和儿媳妇亲手伺候老祖宗。吃饭的人开始入座，贾母正面榻上独坐，两边四张空椅。王熙凤拉林黛玉坐左边第一张椅子。林黛玉很清楚，"除了贾母的座位之外，左边第一张椅子是首位，王夫人和两位长嫂在，她怎么能坐？"她十分推让。贾母向她解释："你舅母和你嫂子们原不在这里吃饭。你是客，原应如此坐的。"林黛玉方告了座。贾母命王夫人坐了之后，跟她同辈的贾府三小姐才能告座。迎春右边第一，探春左边第二，惜春右边第二，长幼有序，依次落座，饮食无声。饭后也是井井有条，反映出了中国尊老爱幼、礼让宾客的文化传统。

四、细节

贾府吃饭非常注意细节，地点选取，饮食活动，使用器具的准备都非常细致。第三十八回中众人金秋食蟹，选址选在藕香榭的桂花树下，既可吃美食又可赏景。螃蟹是属于寒性的食物，姜醋不在话下，茶酒也都需配合。湘云和宝钗先到吃饭的地方，她们让小丫头"栏杆外另放着两张竹案，一个上面设着杯箸酒具，一个上头设着茶筅茶盂各色茶具"。煽风炉煮茶、烫酒，可见对于饮食搭配的准备非常周到。众人使用剥蟹器具纷纷品尝，黛玉身体不好，吃了螃蟹不太舒服，宝玉让小丫头用合欢花浸的酒给黛玉吃。吃完螃蟹洗手，用的是菊花叶儿、桂花蕊熏的绿豆面子，看似不经意的吩咐，平常的安排，透露出贾府饮食的细致。酒足饭饱后到了作诗环节，先是拟菊花题目十二首，各位才子佳人纷纷挥毫，佳句迭出。菊花诗作毕，宝玉、黛玉和宝钗又即兴做了三首《螃蟹咏》，可见饮食活动的丰富。

《红楼梦》中的饮食文化博大精深，它代表着中国传统饮食文化的博大精深，是古代小说中保存下来的少有的饮食精华。这精细雅致的饮食文化是中华民族永远的财富，是至今不能忘却的，独属于我们的民族的珍贵滋味。

多情公子犹在，世间离别难诉

——窥见贾宝玉的多愁善感
G2002班　崔声扬

贾宝玉是《红楼梦》里的男主人公，自幼深受贾母疼爱，游于温柔富贵乡，是一位多情公子。

一、鲸卿天逝黄泉路，书房难觅二人足

或许在宝玉看来，秦钟不算是自己的陪读，而是在书房里的一位挚友。宝玉初见秦钟时就已经"心有所失"，"痴了半日"，宝玉为秦钟之气质所打动，提出要一同上私塾。这是他内心追求平等的一种外在表现，是他对所生活在的封建社会提出的抗议。

"书房吵架"一事中，可见二人关系不凡，但是在秦钟为了宝玉留最后一口气的情节中，我们更能感受到他们那深厚的、如同亲兄弟一般的同学友谊。秦钟咽气，宝玉是"痛哭不已"，劝解半日才停，似乎把秦钟当亲兄弟看待。秦钟既是同学，也是为自己出过气的"好哥们儿"，但即使是这样，也不至如此哀伤。这便是宝玉多愁善感的第一体现。

二、最是人间留不住，朱颜辞镜花辞树

宝玉对黛玉可谓是一见钟情，二人自此无法割舍，贾母似乎也同意他们互相的爱慕。在他们两个的故事之中，我认为最能够体现宝玉的多愁善感的，其实反倒不是黛玉的离世，而恰恰是紫鹃对宝玉开的一个玩笑。

紫娟骗宝玉说林妹妹终归要回苏州老家，宝玉听后"呆呆的，一头热汗，满脸紫胀"，医生都说不中用了。后面更是说出："凭他是谁，除了林妹妹，都不许姓林的"这般傻话。读到这里自然是又好笑，又有几分忧愁，要是林妹妹真回苏州去了宝玉怎么办呢？或许他会双眼噙满泪，在风雨中拼命地向黛玉离去的方向奔跑；或许他会独自坐在房间里，默默地看着黛玉曾经留下来的诗作，回忆起和她曾经一同生活过的日子，黯然神伤。我们不得而知。但宝玉的多愁善感，在这里体现为对黛玉无条件的依赖与关怀。

清明时节，宝玉去潇湘馆途中看杏竟有几分惋惜，又联想到许多，虽不是自己的事，但总有几分悲哀。他由杏想到生命，想到了生命的循环往复。他知道生命繁华，知道繁华后会有故事，但不知道这故事是依旧繁华，还是默然寂静。这使他惆怅，使他忧伤，他不知如何排解，便只想着用繁华来弥补。宝玉希望花常开，水长流，生命永远年轻。他不希望"一朝春尽红颜老，花落人亡两不知"。在这里宝玉也竟有了几分林妹妹似的多愁善感。

三、人生有缘愿如故，难道离别忧愁苦

晴雯被王夫人赶出贾府的时候，宝玉甚是不舍，常睡下了习惯性地呼唤晴雯来送茶，还梦见晴雯在门口摇手。这不仅仅是因为宝玉离不开晴雯，更是因为他深夜造访而知晴雯过得并不好，怀着深深的同情。晴雯死后，宝玉为她写了祭文，文中几乎全是问句，这里有宝玉对她的思念，对她的牵挂，以及对她幸福安康的生活的一种美好憧憬。后来他又见到晴雯病中补好的雀金裘，于是为它题词曰："随身伴，独自意绸缪，谁料风波平地起，顿教躯命几时休，孰与话轻柔。东逝水，无复向西流，想象更无怀梦草，添衣还见翠云裘，脉脉使人愁。"他或许认为人生而平等，或许认为命运不公，他常质问命运为什么生他于富贵之家？为什么别人没有这种待遇？所以他渴望平等、痛恨封建、热爱自由。大概，其多愁善感若此吧！

这样一位"情不情"的多情公子身上有一种大爱，他悲叹每个人的离去，也同情每一个不幸的人。他不像黛玉独爱那些爱自己的人，葬花也只是埋葬自己的不幸，他会因落杏而感慨生命无常，爱山河花草最质朴的模样，对世上的一切都怀有一颗悲悯之心。

这位多情公子默默忍受着无数人的离别，看着这个社会把他原本完整美好的家庭拆得四分五裂，"落了片白茫茫大地真干净"。最后他决定出家，跟随一位老道士去了远方。宝玉不愿意去迎合这个黑暗的世界，他也期望能有一片净土，可以逃离尘世的喧嚣。正是因为经历了世事沧桑之后，看清这个社会只能使原本繁华的生命变成一片焦土。他不想让自己的生命成为另一个遗憾，选择了离开，或许是他生命最好的归宿。

凡鸟偏从末世来——评《红楼梦》王熙凤

G2020班　萧博韦

"开谈不说红楼梦，读尽诗书也枉然。"一本《红楼梦》，可悟世间情深几许，可品世态炎凉，可感人生百态。纵观中国文学史，很少有书能将女子之面貌、生活之细节、时代之兴衰展现得如此淋漓尽致，《红楼梦》实为一朵盛放奇葩。

其中王熙凤这一形象，性格复杂，形象立体，不仅干练精明，而且泼辣狠毒，在府里算是权威、女流之辈的真英雄，年龄虽不大，长袖善舞，左右逢源，深受贾母喜爱。其人物性格之多元，其人物形象之典型，人物命运之深刻，都对贾府影响颇深。同时王熙凤个人结局也是悲剧性的，这也脱离不了个人的局限性与时代的封建性……

都知爱慕此生才——生前之盛

王熙凤十分擅长管理，有令人羡慕的才气和理财能力，就连冷子兴哉也如是评价"男人万不及其一"。从协理秦可卿葬礼一事就可见一斑。凤姐上任，立马发现问题，提出"五个注意"，不仅是宁国府中风俗，而且是一切贵族大家的弊病，可见其在治家方面的才能与见识。同时她赏罚分明，具有政治魄力，"'本来要饶你，只是我头一次宽了，下次人就难管，不如现开发的好。'登时放下脸来，喝命：'带出去，打二十板子！'一面又掷下宁国府对牌：'出去说与来升，革他一月银米！'"虽然表面上狠毒干练，但更突出的则是凤姐的政治智慧与魄力，杀一儆百，大家"兢兢业业，执事保全"，这是凤姐确有管理才能的表现，它显示了凤姐这个人物性格的丰富性和多样性。

一从二令三人木　哭向金陵便事哀——命运之哀

"一从二令三人木"总结了她一生受到的三个阶段，初进贾家时遵守三从四德，接着就在贾府作威作福、发号施令，最后被丈夫休弃。王熙凤的命运之衰，在书中更是通过多组对比展现得淋漓尽致，一则是以贾府之衰为基础，暗含个人命运的悲剧，贾府从前的呼风唤雨到如今只是白茫茫大雪一片真干净。二则是以她对待刘姥姥态度为对比，一开始王熙凤对这个拐了几道亲戚弯的穷婆子不屑一顾，王熙凤病重，终究还是将女儿巧姐托付刘姥姥。三则是众人对王熙凤的态度为对比，一开始大家对于凤姐都服服帖帖，贾母死后，她四面受敌，遭人中伤。湘云都道："独有琏二嫂子，连模样儿都改了，说话也不伶俐了。""哭向金陵事更哀。”一席草席，在狱中去世，在自己的哥哥面前女儿都保不住。

纵观王熙凤的这一生，她用这一生的时间去争夺这世间无妄的权益，最后反是机关算尽太聪明，反算了卿卿性命，在封建社会的权力争夺之中，在这个没有真正美好的腐朽社会中，她精于算计，心狠手辣，她那将人玩弄于股掌之中的心机使人可恨，身为一个女人，却要像男人一样拥有权谋之术，最后反被命运玩弄，不忍让人道一声天涯沦落人。

凡鸟偏从末世来——时代之衰

凡鸟可作凤的繁体，极言王熙凤之精明能干。但可惜，这是一个男尊女卑的封建社会，即便她再精明能干，终归还是得听命于贾琏一句休妻，她只是婚姻的陪葬品。即便机关算计，最后还是会丢性命，总是她出身地位显赫，最终仍有被抄家的一天。封建时代的没落是没有任何人可以逃脱的，凤姐掌管权势，自然发现这个大家族许多问题，秦可卿也曾托梦，元妃省亲的大肆铺张也暴露了家族摇摇欲坠的讯息，但凤姐不同于探春锐意改革，她所做的一切只是如何在最短的时间内得利最多，延续摇摇欲坠之局势，在一个封建贪婪的环境泥潭中，只会更加强使人对权力和金钱的渴望，最终迷失在这万恶的深渊中。

在封建社会和封建礼教上，王熙凤双面的性格，一面极其疯狂地将财和权揽入怀中，却又有着为刘姥姥施以援手的仁慈，而这样的矛盾性格，也交织而成了一个真正所谓的凤辣子，却也因如此，她也真正成为了在那个吃人的社会下可怜的牺牲品，鲁迅先生说面具戴太久，就会长到脸上，再想揭下来，除非伤筋动骨扒皮，当他戴上这个为人处世的面具，便再也无法忍痛揭下来。不禁使人哀其不幸，更怒其不争。

此时我们更加感慨那一句“满纸荒唐言，谁解其中味”。逝去的黑暗如今已成光明照耀大地，悲剧的余音已酿成白云，困住她的是那个时代，走不出的是她自己。合上扉页，不禁轻轻感慨——

愿世间之凡鸟，擎黎明之火炬，敢于正视，从这个灯火消失的世界里，成就唯一炬火，多发一分光，多发一分热，从此，不必奔走黑暗。

《红楼梦》作品评介：《红楼中》的"情"与"空"

G2020 班　王珂瑜

　　读罢红楼，我们会为宝黛二人互为知己、两小无猜的"情"所打动，亦会为贾府最终"忽喇喇似大厦倾，昏惨惨似灯将尽"的"空"而伤感。感悟过贾府的"春夏秋冬"后，自会发现：《红楼梦》是一个围绕"情"与"空"展开的故事。

　　《红楼梦》中的"情"是多样的、复杂的。

　　"情"是爱情。它是宝黛"落红成阵"中共读西厢的浪漫，是宝玉"你死了，我做和尚去"的誓言，是龄官划"蔷"字的痴情，是凤姐泼醋的苦涩，是尤三姐自杀的贞烈，是小红遗帕的情思……在所有这些爱情中，宝黛的爱情是最为珍贵的，它是一同长大的两小无猜，它是共读诗书的才气相和，它是厌恶仕途的志趣相投。他们既是兄妹，又是知己，他们心灵相通，并且都能够珍惜对方的感情，这在封建社会乃至现在都是很难得的。

　　"情"是亲情。我认为《红楼梦》中最能体现"亲情"一词的可贵的是贾政。曹公对贾政这个人物着墨不多，但关于贾政其人，我们仍可从文中窥见一二。大观园试才题对额时贾政的笑让我们看见他对贾宝玉的欣慰；宝玉犯错时的棒打却又让我们看到一个父亲的无奈。七十六回的中秋之夜，黛玉与湘云在凸碧堂、凹晶馆联诗，黛玉无心的话语中透露了贾政对这个孤苦的外甥女特有的怜惜与疼爱："实和你说罢，这两个字还是我拟的呢。因那年试宝玉，因他拟了几处，也有存的，也有删改的，也有尚未拟的。这是后来我们大家把没有名色的都拟出来了，注了出处，写了这房屋的坐落，一并带进去给大姐姐瞧了。他又带出来，命给舅舅瞧过。谁知舅舅竟喜欢起来，又说：'早知这样，那日就叫他姊妹一并拟了，岂不有趣。'所以凡我拟的，一字不改都用了。"最让人动容的，还是中秋家宴上贾政蹩脚的笑话。贾政一向以正经面目示人，但在这样一个阖家团圆的日子里，他却放下身段，博大家一笑，这何尝不是他对亲情的珍惜呢？

　　"情"是友情。宝玉与秦钟的交往让他们共赴学堂，上演生动的学堂闹剧；大观园众姐妹结海棠社、拟菊花诗，一派欢乐；黛玉湘云中秋夜凹晶馆联诗，让读者在感慨于贾府衰落之快时得到一丝慰藉。

　　"情"是不同阶层间难能可贵的情谊。昔日刘姥姥进大观园，带来了新奇与欢快，贾府则回赠她厚礼。贾府败落、巧姐被卖后，刘姥姥一家则心怀感激，倾尽所有，赎回巧姐。

《红楼梦》中多样的情感塑造了多样的典型人物，而同样，正是多情的人物产生了丰富的感情。这样的"情"使得红楼中的每个人物都变得立体，情节变得生动。

"空"在《红楼梦》中也同样重要。原来在一开头，曹公就已道出《红楼梦》的主旨为"空"。"那红尘中有却有些乐事，但不能永远依持。况又有'美中不足，好事多魔'八个字紧相连属。瞬息间则又乐极悲生，人非物换。究竟是到头一梦，万境归空。"跛足道人的《好了歌》这样唱道：

"世人都晓神仙好，惟有功名忘不了。

古今将相在何方？荒冢一堆草没了。

世人都晓神仙好，只有金银忘不了。

终朝只恨聚无多，及到多时眼闭了。

世人都晓神仙好，只有娇妻忘不了。

君生日日说恩情，君死又随人去了。

世人都晓神仙好，只有儿孙忘不了。

痴心父母古来多，孝顺儿孙谁见了？"

世人万般，好便是了，了便是好，若不了，便不好；若要好，须是了。《浮生六记》中有句对《好了歌》的注解："世物茫茫，光阴有限，算来何必奔忙？人生碌碌，竞短论长，却不道荣枯有数，得失难量。"为身外之物忙忙碌碌、四处奔波，最后却一无所获，倒不如放下执念，知世知梦无所求，无所求心普空寂。我想这也许就是"空"的含义。

你可以说，林黛玉的多愁善感是"情"，含泪葬花是"情"，濒死烧帕是"情"，但最终她凄凉的死亡让一切成了"空"；薛宝钗用冷香丸抑制出生所带的名为"情"的热毒，变得沉稳冷静，一心劝学，最后宝玉出家，一切成"空"；宝玉下凡历劫，由空无转向多情，最后再转向空无；看过顽石上的故事，空空道人将自己的号改为"情僧"，由"空"入"情"。"情"和"空"看似对立，实则可以相互补充、转化。《红楼梦》中一切烈火烹油、鲜花着锦的"情"，在最后都落了个"白茫茫大地真干净"的"空"。袭人最看不起的是戏子，最后却偏偏嫁给了蒋玉菡；晴雯想当嫁前最清白的女儿，却偏偏被冠上已经失了身的狐狸精名号；

迎春不求大富大贵，只求息事宁人，宁静度日，却嫁了中山狼孙绍祖；宝钗想靠嫁得好，帮家人，坚持劝诫宝玉关注仕途经济，最终宝玉却出家为僧，留她一人孤苦伶仃；王熙凤精明一世，"反误了卿卿性命"，没能再回到金陵……到最后，千红一哭，万艳同杯，似乎没人能够如意，任何人的人生都是事与愿违。正应了黛玉所听到的那句："原来姹紫嫣红开遍，似这般都付与断壁颓垣。"待到大厦倾颓，万物皆空之时，不知宝玉再回想起旧日学堂内幼稚的打闹，共读西厢的岁月静好，吃螃蟹对诗时的欢笑，悲哀是否会溢满内心，是否会后悔以前所为？我们无法得知。但曹公前文描写得复杂真实的"情"，在最后的的确确令读者为薄命的女儿们感到惋惜。曹公利用大厦倾颓、红颜薄命来表现"情"和"空"的美感的手法，也是《红楼梦》这部作品成为流传千古的巨著的原因之一。

第四章
学科融合视域下的语文阅读教学

第一节　"语文+"，
中学语文阅读教学的一种选择

　　新课标特别提到要"关注学科间的联系与整合"，强调课程内容的关联性、不同学科之间的整合。关于学科融合，学者早有论述："我国当前的课程改革中应把课程综合化作为努力方向，这是顺应时代之举，利于克服我国课程结构中壁垒森严的学科设置所导致的学生人格'支离''片段化'。"① 课程的综合化需要将课程看成一个综合体，在整体框架下开展学科教学，打破学科壁垒。新课标在"学习要求"中提及："注意在生活和跨学科的学习中学语文、用语文，在学习和运用的过程中提高表达、交流能力。能综合运用在语文与其他学科中获得的知识、能力和方法。"在目前高中"三新""双减"全面推进的情形下，学科融合是课程、教学推进的题中应有之义。

　　"语文+"是新课改背景下的一种新的教学模式，即以语文为主，其他学科为辅，寻找教学的契合点，相互渗透融合的教学模式。学科融合的教学打破了固有的学科分类，开拓了一种全新的学科视野，对阅读教育改革有着深远意义。

一、什么是学科融合视域下的阅读教学

　　学科融合源于跨学科这一概念。跨学科（Interdisciplinary）一词最早出现于20世纪20年代的美国，由美国哥伦比亚大学著名物理学家伍德沃斯（Wood Worth）率先使用，用于指称多个学科进行研究的活动。60年代，"跨学科"一词成为欧美国家的流行词，并相继出现了《跨学科——大学的教学和科研问题》

---

① 张华. 课程与教学论 [M]. 上海：上海教育出版社，2000：34.

《高等教育中的跨学科》《跨学科学——历史、理论和实践》等重要文章。80 年代，跨学科开始受到中国学者的重视。刘仲林发表《跨学科学》一文，是我国第一篇系统探讨跨学科研究基本问题的文章。1990 年刘仲林主编的《跨学科学导论》为我们详细论述了有关跨学科的概念、跨学科方法等。21 世纪，我国相继出版了跨学科方面的文献刊物，如王续混主编的《交叉学科结构论》、武杰编著的《跨学科研究与非线性思维》和由刘仲林创刊的《中国交叉科学》等，各科研组织、研究机构相继成立，跨学科教学的教学理念在我国也引起广泛关注。

跨学科渐渐成为重要的学习方法。英国学者汉弗莱斯（Humphreys）在 1981 年提出了跨学科学习的最基本定义，"跨学科学习是指学生广泛地探索与他们生活环境中某些问题相联系的不同科目的知识，这些知识可涉及多个领域——人文科学、自然科学、社会科学、数学、音乐、美术甚至交流技巧。从而使技能和知识在多学科领域的学习中得到发现、发展和应用"[①]。随后其他学者也提出了对跨学科学习的理解，纽威尔（Newell）和格林（Green）则把跨学科学习定义为"结合两种或两种以上学科并形成对某一问题或主题的综合理解。跨学科学习的主要特点是'多学科知识在某一项目或主题中的联结和融合'"[②]。可见，跨学科学习提倡的是知识的迁移应用。美国学者舒梅克（Shoemaker）在 1989 年提出了跨学科教学的定义："跨越学科界限，把课程的各个方面组合在一起，建立有意义的联系，从而在广阔的领域中学习的教学。跨学科的学习把教与学看成一个不可分割的整体，并反映相互联系的真实化界。"[③]跨学科教学并不是简单的学科知识叠加，关键在于不同学科知识之间寻找联结点，建立其有意义的联系，并将这种联系作用于更广阔的学习领域，将传统教学的单线编制成知识网络，从而提高学生的多种能力。美国心理学家霍华德·加德纳（Howard Gardner）在 1983 年提出了多元智能理论，他认为智力的内涵是多元的，它由九种相对独立的智力成分构成。每种智力都是一个单独的功能系统，这些功能系统可相互作用，产生外显的智力行为。

结合多元智能理论，我们将学科融合教学进一步表述为"在教学过程中某

---

① 彭云，张倩苇. 课程整合中跨学科教学的探讨 [J]. 信息技术教育，2004（4）：96-101.

② 陈枯华，吴月文. 高中英语教材跨学科分析——以人教版必修模块为例 [J]. 课程教材教法，2012，32（04）：49-55.

③ 彭云，张倩苇. 课程整合中跨学科教学的探讨 [J]. 信息技术教育，2004（4）：96-101.

一学科，打破学科界限，融合各学科知识，有目的、有计划地进行教学设计和组织教学活动，编制综合知识和能力网络。它是基于多元智能理论的一种新思路，是对教育目的的一种全新思考"。学科融合并不代表摒弃学科界限，恰恰是建立在承认学科差异的基础上的。学科融合也不是将不同学科组装拼凑起来，而是学科间概念、方法的流动，由问题出发，集中采用多种思维方式，突破单一学科藩篱，促进知识的相互作用，力求找出突出本学科特色的创新点。基于学科融合的阅读教学，是通过学科之间的融合，对阅读学习进行补充，从而让阅读更富内涵，对学生的滋养更全面更深入。1代表的是语文阅读教学；N代表的是多学科，根据阅读内容的不同，选择适合的学科融合。

新课标指出教师要"积极利用与开发各种课程资源聚焦课程目标，优化课程资源，拓宽学生的视野，促进学科核心素养的建构和发展"[①]。对于阅读课堂，我们一线老师也应做出改变，而不是像井底之蛙一样，只守住自己的一方天地，不关乎外界发展。我们一线老师应与时俱进，特别是语文老师，不要把学生局限在语文课本内，而是让他们走出去，去看到更广阔的天地，在教师的引导下，积极建立各学科和语文学科的关系，形成有机整体，互帮互助，全面发展。教师积极地去创设灵动开放的阅读课堂，把学生感兴趣的话题合理优化地引导到阅读课堂中来，交叉融合，让阅读课堂不再枯燥。

二、新课程背景下的学科融合阅读教学

（一）适应时代发展的需求

随着时代快速发展，信息化的普及，社会对人才的需求也悄然发生了变化。当今社会需要的不再是单一人才，而是素质全面的复合型人才，为社会带来更多创新与活力。于是学科融合成为教学发展的必然趋势和培养人才的必要手段。传统的分科教学过于强调知识细分，培养的学生知识结构相对单一，缺乏开阔的视野，导致学生难以综合运用所学知识，适应日渐复杂化的社会问题。而学科融合教学在提高学生综合能力、提高课堂效率方面起到了单一学科课程无法企及的作用。正如朱永官所说："当前，学科的专门化程度和交叉性几乎同时在增加，而一个人的知识又是非常有限的，不可能同时精通多个学科。通过学

---

① 中华人民共和国教育部. 义务教育语文课程标准（2017年版2020年修订）[M]. 北京：人民教育出版社，2020：52.

科交叉得到的方法和思路常常会带来新的突破，形成新的学科增长点。"

语文，作为一门基础学科，具有人文性和工具性相统一的特点。在学科教学中，语文学科承载着重要的作用，是学习其他学科知识的基础。基于语文学科开展学科融合的教学活动有一定的优势和基础，不但能发挥语文学科与其他学科易建立联系的优势，而且能依托新课程标准，顺应时代发展，更好地促进学生提升综合能力。

（二）改善当下阅读教学现状的需要

随着碎片化阅读冲击的到来，高中语文阅读教学面临新形势。许多教师仍沿用传统的教学方式，一味单篇教学，缺乏与学生的互动。在阅读教学中，一些教师只关注文本本身的解读，忽视了与各学科知识的融合。学生不能很好把语文知识融入其他学科中，没有发挥语文学科的最大价值，也不利于培养学生的核心素养，改变势在必行。通过学科融合的方式推进阅读教学，培养学生的核心素养，而不只是简单地传授语文知识，以此帮助学生建立学习框架、完善思维模式。通过学科融合的教学培养学生的综合学习能力，更符合当下教学改革的要求。

（三）提升学生的阅读素养和学习能力

学科融合的阅读教学有利于提升学生的阅读素养。在传统单一学科形式的教学活动下，知识分科储存，不懂得建立学科间的知识通道。通过学科融合的教学方式，可以更好引导学生建立起学科间的横向联系。不仅有助于加深巩固已有知识，还能整合零散的不同学科的知识，形成系统性，使学科知识变得更加饱满、充实，在应用中游刃有余。

学科融合的阅读教学有利于提升学生的综合能力。学科融合的阅读教学从学生主体出发，根据不同维度、不同方向启发学生在整体上理解与把握教学内容，由此拓展思维，开阔视野，促进其自由而全面的发展。阅读和音乐的结合可以提高学生对音乐的欣赏水平；阅读和绘画的结合可以提高学生的审美、鉴赏能力；阅读和历史的结合可以让学生从文学的角度纵观历史变迁，时代更迭，从而更好地传承传统文化；阅读和政治的结合可以让学生有时代意识，主人公意识和责任意识等。

（四）提升教师教学能力，促进其专业发展

学科融合的阅读教学有利于提升语文教师教学能力。学科融合的教学对教师的专业素养和学习能力提出了更高的要求，是新的教学理念和方法，是机遇也是挑战，它打破了常规教学方法，有利于激发教师的教学热情。学生的教学活动参与度变高了，也让教师更有成就感，以更饱满的热情投入阅读教学。

在传统单科教学体系下，教师仅仅停留在对本学科知识的教学研究上，较少涉猎其他学科的知识。当采取学科融合的教学方式，教师必定要博采众长，学习新知识，掌握新技能，不仅能够促进教师自觉去学习，也带动了学科间教师的交流，拓宽了教师视野，推动其专业发展。

（五）学科融合是培育核心素养的必然要求

学科融合可以让学习者获得更广阔的知识视野，为核心素养的培育奠定基础。学科融合教学鼓励学生充分利用多媒介和多种学习资源，积极开展融合学科知识和能力运用的综合性学习活动，彰显了新课程的教学理念。

新课标强调语文教学和时代紧密结合，努力构建开放、多样、有序的综合性语文课程，通过跨文化、跨媒介的语文实践去开阔视野。例如，"中国革命传统文化研习"任务群的教学提示指出"在高中语文教学过程中与历史课、地理课结合，组织一些高效率跨学科的学习活动，使学生自身思想水平得以提高的同时，也能提高学生口头交流、现场记录、文稿整理、理论论证的能力和水平"；中国革命传统作品专题研讨的教学提示提及要和政治、历史等学科的任课教师组成专题指导组，引导学生的跨学科研究。[①] 教学中要充分利用学科间不同的教学资源建立共同的联系，就某一有关联性的知识点去开展相关的教学活动，把语文学科和其余相关学科紧密联系在一起，带领学生进行综合性、实践性学习，实现不同学科之间的跨学科综合学习，拓展学生语文学习空间，丰富学生语文素养。[②]

---

① 中华人民共和国教育部. 普通高中语文课程标准（2017 年版 2020 年修订）[M]. 北京：人民教育出版社，2020: 24-29.

② 方丽芬. 让语文综合性学习在学科融合中提升 [J]. 课程教育研究. 2016（2）：47-48

三、学科融合阅读教学现存问题和对策

随着新课改的推进,学科融合视域下的阅读教学备受关注,取得了一些成绩,也存在一些问题。具体表现在:

1."学科融合教学"概念认识模糊

大多数教师对"学科融合教学"的意义和必要性都有积极的态度,但是学科融合阅读教学的概念认识模糊,基本还停留在自我理解的程度上,主观性较强,缺乏科学理论的指导。没有正确的认知,在推行学科融合活动时,容易陷入流于形式的问题。

2.教学目标的制定缺乏"学科融合"特性

教学设计缺乏融合教学的特点,部分教师还只是围绕语言建构与运用、思维发展和提升、审美鉴赏与创造、文化理解与传承四个方面制定教学目标,很少尝试从学科融合的角度制定相应的阅读教学目标。

3.教学内容的整合缺乏系统归纳

教师缺乏对阅读教学内容的整合,没有系统地总结归纳文本中哪些适合学科融合教学。从学科资源来说,学习链接、补充阅读内容较少。

4.教学方法的运用缺乏科学依据

教师很少尝试跨学科阅读教学的方法,依旧以传统教学方法为主,畏于创新,同时也表示缺乏此类教学方法的科学指导。学科融合背景下的语文课堂,需要在短时间内包含大量的信息,单一的教学手段无法满足师生的需求。

针对学科融合教学存在的问题,我们可以从以下方面着手:

1.跳出传统思维,树立融合观念

当前教育背景下,语文教师唯有从传统的教学观念中解放出来,提升学科整合的自觉性、主动性。秉承整体观念,将语文学科视为一个综合性学科,有意识地将其他学科知识渗透阅读教学中。

我们需树立阅读融合教学的新观念。传统阅读教学提倡先辨别文体,即文本属于小说、散文、诗歌还是其他文体。因为不同的文体有不同的表达方式,只有确定文体,才能教给学生特定文体的阅读方法。但这种文体教学最大的弊端即造成学生阅读的单一性、片面性、认识事物的不完整、不全面性。阅读也需要一种学科思维,它提倡通过不同的学科知识来认识围绕某一主题的核心概念。借助跨学科阅读资源,运用不同的学科思维解读相应的学科语言。

主动去听相关学科的课。比如语文教师可以经常去听政治、历史、地理、音乐、美术等课。语文并不是一门孤立的学科，学科之间互相听课有利于教学相长。积极主动去听课并长期坚持，能自发地去寻找语文学科与其他学科的关系，利用学科互补，打造新型语文课堂。

2. 不断学习，提升设计学科融合课程的能力

语文教师应当积极丰富自我，教学中建立语文学科与其他学科之间的联系，设计综合性学习的主题内容。在日常教学之余，可以通过线上学习，完善自身的知识体系，深入研究当前教学改革的内容，不断充实自己，提升自身专业素养和教学水平。

还可以借鉴国外阅读教学模式。国外关于阅读课程有两类，一类是文学阅读课，另一类就是英语语言艺术课。后者就是跨学科阅读教学的性质，围绕某一主题，通过数学、社会学、生物学进行阅读。教师可以搜索这类课程的教学案例，以教材中蕴含很多学科知识的一篇文本为例，模仿教学，不断尝试改进，从而改变传统阅读教学观念。

3. 多学科联合教研，促进学科融合

各教研组就如何加强集体备课，如何深挖教材，如何充分利用学科交叉融合去组织本组老师打造高效课堂，提高课堂趣味等方面，探讨调动学生积极性的方法，让学生充满激情地高效率地学习。

学校可定期召集各学科进行联合教研，如一月一次研讨会。在教研会召开前，各科可以沟通一下彼此在教学中遇到哪些学科融合的困惑，以方便确定研讨主题。

四、指向核心素养的学科融合阅读教学

（一）语文与英语学科融合教学，促进语言建构与运用

语文学科与英语学科同属于语言学科，尽管二者属于不同民族的母语学科，仍有相通之处，值得相互借鉴。

1. 聚焦语言相通性，激发学习兴趣

我们可以利用这两门语言之间的相通性创设情境活动，激发学习兴趣。在教学中，我们可以利用英文诗词翻译的美，让学生感受英汉融合教学的魅力，感悟传统文化的博大精深。例如我们可以开设中英文诗歌对比阅读课。我国著

名的翻译家许渊冲先生，曾经把 100 首唐诗宋词翻译成英文，可以提供给学生欣赏。例如唐代杜牧的《清明》："清明时节雨纷纷，路上行人欲断魂。借问酒家何处有？牧童遥指杏花村。"整首诗翻译如下：

A drizzling rain falls like tears on the Mourning Day;

The mourner's heart is going to break on his way.

Where can a wineshop be found to drown his sad hours?

A cowherd points to a cot amid apicot flowers.

许渊冲先生认为这首诗中"清明时节"不是指天气，而是悼念亡人的节日，所以不能按字面对等翻成"the Pure Brightness Day"，而要翻成"the Mourning Day"；"雨纷纷"如果仅译为"it drizzles thick"传达不出原文的意境，把雨水比作眼泪则能体现哀悼之情，所以译为"a drizzling rain falls like tears"；"路上行人"不是指一般的过路人，而是特指上坟悼念死者的亲友，所以翻译为"mourner"；"断魂"译成"伤心"略轻，译成"心碎"略重，但许老认为这里"过之"胜于"不及"，所以整句译为"a mourner's heart is going to break on his way"；"酒家"不能直接译为"public house"，因为英国的酒家太热闹，而翻译为"wineshop"又可能指卖酒而不喝酒的酒店，所以需要补充为"a wineshop to drown his sad hours"；"杏花村"是酒店的名字，不能直译为"村"，所以处理为"a cot amid apricot flowers"（一片杏花中的小屋）。在这种中英文互译中，我们感受到了中英文的差别，也进一步领略了古典诗词的美和英语的双重魅力。

2.加强对比阅读，优化融合教学

当我们学习外国作家作品时，如果只是从中文语境出发阅读作品，有时会丢失掉英语语境下的感情内蕴。如能联系原文的英语选段进行教学，从双重语境下感受文学魅力，在经典名著精读上引导学生鉴赏外国小说，通过语文和英语跨学科融合教学内容帮助学生逐渐建立学科跨越思维，发展核心素养。如选必上第三单元选择了四部外国小说：英国作家狄更斯的《大卫·科波菲尔》、俄国作家列夫托尔斯泰的《复活》、哥伦比亚作家加夫列尔·加西亚·马尔克斯的《百年孤独》和美国作家海明威的《老人与海》。学习《老人与海》时，可以让学生利用课后阅读《老人与海》英语原版，让学生感受双语学习环境下语文和英语表达的不同。通过比较阅读，大部分学生感受到英语原版会更加符合语境，更能把握人物的心理状态和情感变化，而中文表达上更含蓄内敛。

我们还可以让学生从英语经典作品的优秀译文赏析中，感受表达方式与思维方式的不同。如《外国文学作品经典段落赏析》课程，教师可引导学生对原作和译作反复阅读。首先，宏观分析，体味译作是否符合原作的意图，内容、形式是否达到和谐统一，原作的意境、神韵是否得到再现。然后逐词、逐句、逐行、逐段对照阅读，进行微观赏析，多角度、多层次细细品味译作韵味。让学生阅读比较不同的译本，不同译本一方面反映了译者对原著的理解程度，同时也不可避免地体现译者的文风。通过不同译本的比较，学生在字词选择差异的比较中感悟语言表达的细微差别。如针对海明威的《老人与海》小说开头的译文，可感受黄源深译本、吴劳译本以及张爱玲译本等不同译本的语言风格差异，深度认识中英文语言表达方式的异同，同时加深对文学作品及译者的深度理解。

3. 融合跨国文化，积累丰富素材

学习外国文学作品，进一步了解外国文化，积累丰富素材。教师可以先让学生诵读中文版本，初步感受诗歌情感和语言之美。诵读英语原文，了解语言表达方式和思维方式的不同，感受其文化内涵。例如惠特曼的《自己之歌》。

我相信一片草叶所需费的工程不会少于星星，

一只蚂蚁、一粒沙和一个鹪鹩的卵都是同样地完美，

雨蛙也是造物者的一种精工的制作，

藤蔓四延的黑莓可以装饰天堂里的华屋。

我手掌上一个极小的关节可以使所有的机器都显得渺小可怜！

母牛低头啮草的样子超越了任何的石像，

一个小鼠的神奇足够使千千万万的异教徒吃惊。

我看出我是和片麻石、煤、藓苔、水果、谷粒、可食的菜根混合在一起，

并且全身装饰着飞鸟和走兽，

虽然有很好的理由远离了过去的一切，

但需要的时候我又可以将任何东西召来。

逃跑或畏怯是徒然的，

火成岩喷出了千年的烈火来反对我接近是徒然的，

爬虫退缩到它的灰质的硬壳下面去是徒然的，

事物远离开我并显出各种不同的形状是徒然的，

海洋停留在岩洞中，大的怪物僵卧在低处是徒然的，

鹰雕背负着青天翱翔是徒然的，

蝮蛇在藤蔓和木材中间溜过是徒然的，

麋鹿居住在树林的深处是徒然的，

尖嘴的海燕向北飘浮到拉布多是徒然的，

我快速地跟随着，我升到了绝岩上的罅隙中的巢穴。

I believe a leaf of grass is no less than the journey-work of the stars,

And the pismire is equally perfect, and a grain of sand, and the egg of the wren,

And the tree-toad is a chef-d'oeuvre for the highest,

And the running blackberry would adorn the parlors of heaven,

And the narrowest hinge in my hand puts to scorn all machinery,

And the cow crunching with depress'd head surpasses any statue,

And a mouse is miracle enough to stagger sextillions of infidels.

I find I incorporate gneiss, coal, long-threaded moss, fruits,grains, esculent roots,

And am stucco'd with quadrupeds and birds all over,

And have distanced what is behind me for good reasons,

But call any thing back again when I desire it.

In vain the speeding or shyness,In vain the plutonic rocks send their old heat against my approach,

In vain the mastodon retreats beneath its own powder'd bones,

In vain objects stand leagues off and assume manifold shapes,

In vain the ocean setting in hollows and the great monsters lying low,

In vain the buzzard houses herself with the sky,

In vain the snake slides through the creepers and logs,

In vain the elk takes to the inner passes of the woods,

In vain the razor-bill'd auk sails far north to Labrador,

I follow quickly, I ascend to the nest in the fissure of the cliff.

　　在中英文的对比中，我们感受到了两种语言的美。惠特曼选取丰富的意象，表现对世界及其生命的认知，进而呼唤我的觉醒和人的自由。所选用意象可分为两类，一类是我所观照，与我同在的对象。第1节从大自然里选取草叶、蚂蚁、沙粒、鹪鹩的卵、雨蛙、黑莓、母牛、小鼠，以及手掌的关节，并拿星星、天堂华屋、石像等作为参照系，表现生命的种种形态，彼此有着亲缘的关系；而我在其中，亦与万物相融。由是赞美生命的活力、造物的美妙，进而充分讴歌物类自由、生命平等。从中可窥诗人人道主义的立场。一类是反观自我，与我异类的对象。第2节反观自我，罗列片麻石、煤、藓苔、水果、谷粒、菜根，甚至飞鸟、走兽，如此混合，以此表现生命的起源，而作为人的我，经历亿万年的进化，有着与物类包括有机物和无机物相同的特征，诗人接受进化论观念的同时，暗示当时有人片面接受达尔文主义，将人以及某些人类族群视为生存竞争的胜利者是错误的。至此，诗人对泛生命的演进观有所总结。第3节再从自我出发联想到火成岩、爬虫、海洋、鹰和蛇等，诗人向外、向整个宇宙扩张，重现生命的起源和进化，深度揭示宇宙造物的万千形态。而我与万物自处，同样是自由的，并且物类这种本质上的同一性无法否定，人想要抹杀生命的万千形态当然是徒劳的，而生命还在演进。

　　我们在阅读英文时，可以积累丰富的素材。学生善于利用英语学科中的素材进行积累和运用，内化为自己的写作资源，写出更好的作文。比如，语文写作主题要契合文化传承，学生在书写时，素材多为国内的，缺乏新颖。那么教师可以引导学生关注文化传承相关话题的英语学科。高中英语必修二 Unit1 Cultural heritage 围绕"文化遗产"这一主题，教师可以引导学生思考在英语课中所学到的观点，思考是否可以运用到写作中。学生经过语言重组，利用在英语课堂上学到的表达，顺利完成写作。

　　4.设立融合阅读课程，增加学习体验

　　语文和英语均有中外诗歌、戏剧、小说等优秀文学作品的学习，我们可以开发经典演讲的英文对照演说、课本剧表演、文艺创作等内容。教师可以组织学生通过朗诵诗歌、演讲、话剧、经典桥段的配音等感悟中英文化的魅力和差异，或组织学生进行中英文写作比赛、制作中英文微视频等，使学生充分展示自我，激发创新潜能，在表演中感悟、体验文化的魅力。通过中英文写作竞赛、微视频制作、汇演、晚会等活动，给学生搭建更多表现的平台，激发学生潜能，提升创新能力。学科融合课程要通过各种方式增加学生的体验性学习与实践性学习。

（二）语文与政史地融合教学，促进文化传承

自古文史哲不分家，将优秀的传统文化要素融入阅读教学，有利于陶冶学生情操、培养学生审美能力。

《诗经》的质朴无华、《楚辞》的浪漫瑰丽、唐诗的百花齐放、宋词的精妙绝伦、元曲的平易清新、明清小说的引人入胜等，这些中华艺术瑰宝与思想精华都是通过文学显现出来，蕴含着深厚的民族文化精神。在阅读教学中，教师可以将其与政治、地理、历史等进行融合教学，巧妙设计综合性学习活动，帮助学生在活动探究中理解和掌握祖国语言文字，积累丰富的语言材料和活动经验，从而形成良好的语感，有效提高学习兴趣。例如进行古诗文教学，教师可以开展学科融合的综合性学习活动。对古诗文中经常出现的地名，搜集富有地方特色的景观图（如著名的岳阳楼、兰亭、武侯祠、昭君墓、赤壁、蜀道等景观图）让学生说出相应的地名与其相关的历史文化名人或历史故事，吟诵相关的诗文名篇。可以采取小组竞赛的形式，最终答题准确率高和准确答题数量最多的小组获胜。这样融合地理、历史、语文学科知识的综合性学习活动，既让学生领略到古诗文名篇中所述的地理风貌和亭台楼阁的景致，又让学生在综合地理知识、历史典故、诗文理解、诗文背诵等趣味活动中有效提升语言运用能力。

又如教学《屈原列传》《边城》《秦腔》等经典名篇时，我们可以让学生结合政治、地理、历史等学科知识，开展研究性学习活动。各学习小组分别以"说说我所了解的边城""屈原的生死抉择""秦腔艺术"为主题展示研究性学习成果，多角度挖掘课文中蕴藏的时代背景、历史沿革和人文故事。教学《别了，不列颠尼亚》一课时，可以联系香港回归这一重要的历史背景，谈一谈香港回归的历史意义。教学《喜看稻菽千重浪——记首届国家最高科技奖获得者袁隆平》时，可以让学生结合袁隆平的禾下乘凉梦，谈谈自己的生涯规划。我们在进行跨学科融合教学设计时，可以多一些思考，多一些创意，多一些拓展。上至天文，下至地理，串联历史，结合时政，巧妙创设灵动的教学情境，引导学生综合运用语文、政治、地理、历史等学科知识，在活动中学，在活动中讲，有效培养学生的文化传承和理解能力。

（三）语文与理科学科融合教学，促进思维发展与提升

阅读教学侧重培养学生的直觉思维、形象思维，在培养学生的逻辑思维、

辩证思维方面欠缺。将语文学习内容与数学、物理、化学等理科知识融合，巧妙设计学科融合活动，有利于促进学生思维能力的发展与提升。

例如《中国建筑的特征》，这篇课文的主要教学内容是指导学生概括和理解中国建筑的九个基本特征。我们在讲授"中国建筑的体系是以木材结构为主要结构"时，结合课文涉及的立柱、横梁、梁架、横木等内容，联系物理学科中的力学平衡原理，以及高中物理必修一"重力与弹力""共力点的平衡"等章节的知识点，讲解中国建筑以"间"的主要构架来承托物体的重量的知识。教师可拓展延伸引导学生思考："在以木材结构筑造的中国建筑中，你发现了什么物理原理呢？""为什么木质的结构可以支撑起整个房子这么重的重量？"由此引导学生更深入理解中国建筑的特征和其中蕴含的物理原理。类似这样的学科融合教学设计，可以促使学生加强综合思维训练，综合培养学生的形象思维、逻辑思维、辩证思维和创造思维。设置具有启发性的教学问题，积极发展学生的学科融合思维，实现各学科知识体系间的优势互补，教会学生以跨学科探究的思维和视野深入研读课文，全方位提升学生发现问题、研究问题、解决问题的能力，这也是语文教师有效进行学科融合阅读教学的关键。

（四）语文与音乐、美术融合，加强审美鉴赏与创造

1. 语文阅读教学与音乐融合

古代经典诗词都是可以传唱的，而音乐的有声展示和艺术表现，可以为文学作品的精彩描绘插上艺术的翅膀，使听众在悠扬动听的乐曲中获得美的熏陶。音乐阅读的融合教学，有助于创设课堂情境，以达到浸润人心的艺术境界。例如教学《虞美人》时，我们可以先播放邓丽君演唱的《虞美人》，让学生去感受这千古词帝绝命之作的悲伤。我们还可以播放央视制作的大型文化节目《经典咏流传》中的视频，创设课堂情境，引导学生通过品读词作文字与流行歌曲歌词之间的差别。

阅读教学和音乐学科融合，可以帮助学生品析鉴赏作品中的精彩片段。例如《琵琶行并序》一文，白居易用形象生动的文字，将琵琶女精湛的演奏技艺描绘得淋漓尽致。在研讨分析时，可以辅以贴合情境的琵琶演奏配乐，帮助学生沉浸式品鉴琵琶乐曲，体悟诗中跌宕起伏、饱含深情的琵琶乐曲片段描写的精妙。通过语文和音乐的学科融合教学，以乐设境、以乐怡情、以乐品文，有效提升学生的审美鉴赏力。

2.语文阅读教学与美术融合

引导学生品读课文时，结合摇曳多姿的书法艺术、缤纷多彩的绘画艺术、美轮美奂的摄影艺术欣赏，让学生获得更形象直观的感受。如学习毛泽东的《沁园春·长沙》一词，我们可以让学生欣赏毛泽东苍劲有力、汪洋恣肆的书法作品，让学生在飞逸奇雄、疏朗流畅的"毛体"中，感受革命者"指点江山，激扬文字"的豪放气概和炽烈的革命情怀中，汲取奋发前进的信心和力量。又如学习王羲之的《兰亭集序》，可以通过"入木三分""竹扇题字""书成换鹅"等典故，向学生讲授王羲之刻苦练习终成为一代书法名家的故事，并结合课文展示"天下第一行书"《兰亭集序》，让学生在欣赏王羲之俊逸遒劲、潇洒飘逸的书法笔法，体悟超脱生死的意趣。

教《荷塘月色》《故都的秋》群文阅读时，我们可以设置问题，"朱自清笔下的荷塘、郁达夫笔下的秋天成为文学史上最美的风景，说说最触动你心弦的那一处风景是什么、它美在哪里，并根据课文中的描绘和自己的体悟，将你们最喜欢的那幅图景画出来"。这样结合美术的教学设计，可以让学生自由选择喜欢的文段，深入品读文字后，用心绘制文中所述之景，并给自己的画作命名。有学生命名为"幽雅宁静的月下荷塘图""朦胧雅致的荷塘月夜图""清静悲凉的秋晨院落图""淡雅落寞的秋槐落蕊图"等。再精选优秀画作，让学生在课堂上分小组进行展示分享，请学生讲述自己在绘制画作时的感受，并结合画作谈及所画文段在景物选取、景物特点、手法运用等方面的精妙之处。在画中品、在画中学、在画中悟，这样的学科融合教学，既让语文课堂充满浓郁的艺术气息，又达到"润物细无声"的学习效果。

五、学科融合视域下阅读教学的路径探索

（一）立足核心素养的培育，确定融合教学目标

学科融合视域下的阅读教学，以学科核心素养为起点，选择相近或相关的教学内容，确立相应的教学目标，采用符合学习需要的教学方式，提升学生的综合素养。融合多学科的核心素养要有相同或相近的地方，如物理、化学、生物都有"科学思维""科学态度""社会责任"，语文的"文化传承与理解"、历史的"家国情怀"、政治的"政治认同"都比较接近。

教学目标是"基于语文学科的学科融合学习"，那么语文这个基底必须维

持好，切不可为了融合而融合，导致其他学科在语文课堂上喧宾夺主。融合教学的最终目的仍是培育学生的语文核心素养，这一点不可动摇。此外，教师要在深入研读教材基础之上，结合学生实际，找准融合切入点，真正实现课堂教学的提质增效。学科融合视域下的阅读教学，要始终坚持语文特质。要坚持教学目标设定要姓"语"，教学设计要指向"语"的融合原则。

（二）挖掘学科教学资源，确立好"融合点"

整合教学资源，寻求各学科融合点。"融合点"就是找到一个适合开展学科项目化融合学习的主题，"融合点"要能激发学生的探究兴趣，促进学生语文素养的提升，并与当前的阅读材料紧密关联。教学中要找准一个切入点让学科之间相互渗透。教师要用学生感兴趣的知识来联系那些颇有难度的知识，让相关的阅读材料和其他学科知识有机联系到一起。否则学生会听得云里雾里。

（三）调动学生先前经验，整合跨学科阅读教学知识

通过"刺激"，唤起学生的先前经验。跨学科阅读教学的内容，很多都涉及其他学科知识，而这些学科知识零零散散地在学生的知识库中存在着。这时就需要教师充分调动学生知识库中已有的经验，完成阅读任务。例如教学《登岳阳楼》一诗，开篇导入唤起学生关于地理学科中名胜古迹的知识。洞庭湖浩瀚无际的磅礴气势和宏伟壮丽的形象真实地描画出来，让学生感受"吴楚东南坼，乾坤日夜浮"的盛景。并运用历史学科知识，调动学生已有知识、激发学生思考大历三年（768）唐朝的政治形势。安史之乱，唐王朝由盛转衰，人民的深重灾难，杜甫个人的悲惨遭遇，这一切都凝聚在一起，凝聚在杜甫的心头，并随着诗人一起登上了岳阳楼。

（四）链接课外丰富资源，生成跨学科阅读教学新内容

为了达成教学目标，教师可在教材本身所蕴含的阅读内容上资源链接，适当增加密切相关的跨学科资源。例如在《中国建筑的特征》阅读教学中，就可以根据需要，将课外资源《一本书读懂中国建筑》作为补充阅读材料。题目的更换、内容的删减以及学科性的知识点都可以成为学生阅读的新资源。通过补充，可以让学生阅读更多内容，了解更多建筑学的知识。根据阅读内容确定跨学科阅读教学内容的关键是有效地、合理地转化教学内容。不仅要提炼文本自

身的阅读教学内容，也要适当地增添新的课外资源，更要符合学生的现有经验，不做无用功。

（五）创设真实学习情境，确立好多元评价

"1+N"融合教学采用任务驱动式的学习模式，需要教师创设真实情景，引导学生进入学习，在解决问题的过程中进行学科与学科、学科与生活、学科与人际的关联拓展。学习活动设计要体现层次性，采用板块的方式进行。各板块之间并不是简单的并列关系，而是逐层深入。每个板块都由相应的驱动性问题切入，带动学生主动开展探究性学习。

相比于具体学科知识的评价，学科融合实践活动因其自身的跨学科性、情境性、体验性和挑战性为评价带来了一定困难。学科融合的教学实践活动到底该评价什么、如何评价，这些是教师必须面对和解决的现实问题。应遵循以下原则：

1.多元评价，达成融合目标

融合课程作为一种全新的课程体系，吸收融入了丰富的课程资源，这些资源以多元化的方式在学生成长过程中实现融合，评价方式也应该是多元的。评价包括学生自评、学生互评、教师评价等。其中，学生自评或互评还包括以小组为单位的组内自评、组间互评等形式。从广义上来说，凡是与学科融合实践活动相关联的主体都可以参与到评价中。多主体评价能够调动不同评价主体参与的积极性，从不同的视角对学生在跨学科实践中的表现做出价值判断或给出建议，有助于学生更加客观全面地掌握自身优势和不足。

评价的方式要多样化，既要鼓励学生积极参与，激发学生的兴趣，又能起到评价的作用。融合实施中既有表现性评价，如小组汇报形式的，还有纸笔呈现评价，如海报制作、习作练笔等。这一评价体系以自我评价、师生互评为主要评价方式，以过程性评价与终结性评价为基本内容，以学校课程目标的落实情况及学生的学习效果为检验标准，以上评价形式都是基于融合学习目标的达成反馈。

2.持续评价，实现学科融合

"评价即学习"主张将评价与学习融合，让评价本身成为一种学习活动，伴随学习的过程，产生学习的结果，促进学习者认知的发展。为了保障跨学科学习活动的质量，形成项目学习成果，教师要注重用标准持续评价活动，建立切实有效的评价机制。

融合教学的评价量表

评价维度	评价指标
学科融合选题	与新课程标准的一致性
	与学科融合教学目标的一致性
	与真实情境问题的相关性
学科融合点	与课程标准的相符度
	是否涵盖学科单元知识的关键知识
融合学习目标	是否围绕学科知识和内容设计学习目标
	是否契合学科能力和专业能力的培养目标
	是否体现核心素养的能力要求
融合学习环境	融合学习的软环境
	融合学习的硬环境
融合学习方式	自主合作探究学习
	过程性评价与反思
	总结性评价与反思
融合学习效果	达到融合学习目标

3. 成果可视，提高语文核心素养

语文学习任务群的设计最终目的是着力培养学生的语文素养。语文素养的提升不仅仅是学生课上的言行表现，还通过可视化的成果如作文、演讲等形式呈现出来，打通学科壁垒，体现跨学科认知能力的融合与发展。

学科融合的阅读教学涉及语文、政治、历史、地理、物理、化学、生物、美术、音乐、信息等几乎所有学科。阅读与各科有机结合，道阻且长，行而不辍，则未来可期。语文是一门实践性很强的学科，教师要引导学生进行学科融合学习，从而激发学生的学习兴趣。将多学科知识巧妙渗透到阅读教学中，充分地调动学生的各种感官，能加强学生对学习内容的掌握，让学生更好地参与到学习中来。真正发挥学生主人翁精神，拓展学生的语文思维能力。本章将以学科融合视野下的高中诗词教学、阅读教学与生涯规划教育的融合、阅读教学与心理健康教育融合为例，来探讨学科融合的有效途径。

第二节　融合共生，以促诗教

——学科融合视域下的高中诗词教学

诗歌是我国文学长河中的精华，部编语文教材编排了大量诗词，共 47 篇。从远古时期的《诗经》、《楚辞》、汉乐府歌行、唐诗宋词元曲到现代新诗，诗词以其丰富的内容形式和伟大的艺术魅力，涵养了一代代中华儿女。学习这些经典诗作不仅可以提升文学素养和审美鉴赏力，也可以陶冶性情，激发情感共鸣。学科融合的视野有利于打开诗词教学的新局面，创新诗词教学方法，培育学生核心素养。

一、实行诗词学科融合教学的必要性和可行性

（一）符合语文学科基本属性

语文作为一门基础性学科，具有工具性与人文性相统一的特点。以学科融合视野来进行诗词教学，有利于打开学生的视野，丰富学习方式，提升鉴赏能力。然而不少教师在进行学科融合教学时，忽视了语文学科的主体性，忽略了既定的诗词教学目标，将语文课上成了"历史课""地理课"。笔者在听一位教师执教《虞美人》时，大谈李煜从南唐后主沦落到阶下囚的这段历史，占据了课堂 2/3 的时间，而忽视了这首千古佳作本身的鉴赏。这堂课虽然进行了学科融合学习，但舍本求末，没有实现既定教学目标。

（二）改善诗词教学现状的需要

传统的诗词教学以教师讲授为主，一般以介绍诗人和写作背景，逐句赏析诗歌，总结主旨和艺术手法为主要上课模式，课堂设计千篇一律，学生学习兴趣不浓。教师倾向按教参进行标准解读，忽略了阅读主体的能动性，削弱了学习兴趣。

诗词意蕴丰富，与其他学科有着千丝万缕的联系。基于学科融合的诗词教学，课堂容量更大，涉及领域更宽广。因此，诗词教学与其他学科融合是学生学习

需求和学科发展的必然要求。教师在教学中要帮助学生发掘诗词与相关学科的链接点，主动去链接、尝试、探索、思考。

（三）适应部编新教材的需要

部编高中语文新教材增加了诗文内容占比，收录了不少经典诗作，涉及了政治、历史、地理、音乐、美术等学科。统计如下：

	必修	选择性必修
与政治学科有关的高中诗词	《沁园春·长沙》（毛泽东）涉及政治生活和哲学思想，《立在地球边上放号》（郭沫若）、《红烛》（闻一多）与政治环境相关；《文氏外孙入村收麦》（苏轼）、《短歌行》（曹操）、《归园田居（其一）》（陶渊明）、《梦游天姥吟留别》（李白）、《琵琶行》（白居易）、《登高》（杜甫）、《琵琶行并序》（白居易）、《念奴娇·赤壁怀古》（苏轼）、《永遇乐·京口北固亭怀古》（辛弃疾）、《虞美人（春花秋月何时了）》（李煜）等均涉及政治生活	《无衣》、《离骚》（屈原）、《书愤》（陆游）、《扬州慢》（姜夔）、《拟行路难（其四）》（鲍照）涉及政治生活，《蜀道难》（李白）、《望海潮》（柳永）与政治学科中的经济生活有关，《致大海》（普希金）涉及政治生活
与历史学科有关的高中诗词	现代诗歌《沁园春·长沙》（毛泽东）、《立在地球边上放号》（郭沫若）、《红烛》（闻一多）、《峨日朵雪峰之侧》（昌耀）等涉及了时代背景；古诗词《文氏外孙入村收麦》（苏轼）、《短歌行》（曹操）、《归园田居（其一）》（陶渊明）、《梦游天姥吟留别》（李白）、《登高》（杜甫）、《琵琶行并序》（白居易）、《念奴娇·赤壁怀古》（苏轼）、《永遇乐·京口北固亭怀古》（辛弃疾）、《虞美人（春花秋月何时了）》（李煜）等均涉及历史背景	《将进酒》（李白）、《江城子·乙卯正月二十日夜记梦》（苏轼）、《锦瑟》（李商隐）、《书愤》（陆游）、《离骚（节选）》（屈原）、《蜀道难》（李白）、《蜀相》（杜甫）、《扬州慢（淮左名都）》（姜夔）、《拟行路难（其四）》（鲍照）、《临安春雨初霁》（陆游）等均涉及了历史人物或历史背景
与地理学科有关的高中诗词	《沁园春·长沙》（毛泽东）、《峨日朵雪峰之侧》（昌耀）、《立在地球边上放号》（郭沫若）、《梦游天姥吟留别》（李白）、《念奴娇·过洞庭》（张孝祥）涉及地理空间及自然景物，《涉江采芙蓉》涉及地理空间；《鹊桥仙（纤云弄巧）》（秦观）涉及星象；《登高》（杜甫）、《致云雀》、《雪莱》与气候、景观有关；《再别康桥》（徐志摩）涉及人文景观	《蜀道难》（李白）与地形地貌有关；《望海潮》和《雨霖铃》（柳永）、《燕歌行并序》（高适）均涉及地理因素；《春江花月夜》（张若虚）涉及气象和自然景观

续表

	必 修	选择性必修
与音乐有关的诗词	主要表现在乐感呈现（节奏、音调、韵律），音乐感受，音乐"美"特性（回旋往复、一唱三叹）几方面，如《立在地球边上放号》（郭沫若）、《致云雀》（雪莱）、《芣苢》、《静女》、《无衣》、《声声慢》（李清照）等；有直接描写音乐的《琵琶行》（白居易）、《李凭箜篌引》（李贺）等	
与美术有关的诗词	《沁园春·长沙》（毛泽东）："看万山红遍，层林尽染；漫江碧透，百舸争流。"（色彩）《登高》（杜甫）："渚清沙白鸟飞回。"（色彩）《水龙吟·登建康赏心亭》（辛弃疾）："蓝天、绿水、青山、红日、红巾翠袖"（色彩）《望海潮》（柳永）："风帘翠幕""怒涛卷霜雪"（色彩）等等	

综上，我们发现部编新教材选编的诗词有大量篇目与各学科有交叉，为实施学科融合的诗词教学提供了可行性。我们要找到诗词与相关学科的整合点，不断打破学科边界，促进学科间相互渗透，实现深度融合。

二、学科融合视域下诗词教学实施策略

（一）历史与诗词的融合教学

文史不分家，历史为我们打开了一个认识诗人的窗口。诗词的教学过程也是感悟历史脉搏的过程，文史交融，彰显诗词教学魅力。

1.知人论世，以意逆志

诗词创作常常与时代背景息息相关，只有了解诗歌创作的历史背景，才能更好地与诗人对话。倪文锦说："知识往往并不以学生掌握的知识形态出现，而是间接地融于文本中，如果不了解这些背景知识，将阻碍到语文学习。"[1]学习李煜的名篇《虞美人》，了解诗词创作的时代背景十分必要。李煜的这首绝命词作于北宋太宗太平兴国三年（978），当时李煜被幽囚汴京已近三年。我们只有了解李煜作为南唐后主奢侈享乐，沉溺佛教，不理朝政，错杀忠臣的那段历史，才能体会词人开篇为什么发出"春花秋月何时了，往事知多少"的叩问。我们只有理解词人从至高无上的皇帝跌入阶下囚，跌入万丈深渊的这段特殊经历，才能更深刻体会"故国不堪回首月明中"的凄惨悲凉。知人论世是诗词鉴赏的一个重要方法，知人论世的过程也是走近作者，与历史对话的过程。

---

① 倪文锦. 高中语文新课程教学法 [M]. 北京：高等教育出版社，2004：15.

2.回到历史现场，感悟诗人情怀

因为时隔久远，学生往往无法感知古人作诗时的情怀。只有当我们回到历史现场，把握时代脉搏，才能更好地与诗人对话，感受古今共情。上课时，教师如能把握契机，引入一些故事等，创设情境，使学生既知晓了历史又能深入理解诗词，事半功倍。

如学习白居易的《琵琶行》时，我们可创设情景，带领学生回到历史现场。白居易因平素多作讽喻诗，得罪朝中权贵，被贬为江州司马，早期的斗争锐气逐渐消磨，消极情绪日渐增多。元和十一年（816）秋天，白居易在浔阳江头送别客人，偶遇一位弹琵琶的长安倡女，琵琶女自叙身世，引起白居易的共鸣。只有当我们了解这段经历，才更能与诗人共情，体会那知音相赏，惺惺相惜的千古情。只有当我们深入挖掘出文本中的历史元素，巧妙地回到历史场景，才更能激发学生的共鸣。

（二）地理与诗词的融合教学

诗词中有不少涉及地理知识的词句，文学地理学是从地理的角度来赏析文学作品。运用地理学的相关知识，能有效帮助学生了解诗歌，探寻诗词意蕴。

1.运用地理知识，探寻诗词意蕴

诗词中常常涉及一些地理现象，理解必要的地理知识，有助于我们理解诗词。如苏轼的《浣溪沙·游蕲水清泉寺》中写道："谁道人生无再少？门前流水尚能西！休将白发唱黄鸡。"中国地势西高东低，水通常自西向东流，作者却看到门前流水尚能西这一不寻常现象。当我们通晓这一地理现象，就更能体会词人旷达乐观的人生态度，不因年老感叹时光的飞逝。人们惯用"白发""黄鸡"比喻世事匆促，光景催年，此处诗人反其意而用之，希望人们不要自伤衰老。

2.巧借地图，赏析诗歌

诗歌教学应该是活泼生动的，对于一些描摹自然风光，具有鲜明地域特征的诗词，如山水田园诗、边塞诗等，我们可以通过欣赏图片，捕捉直观感受，充分发挥想象，使知识立体化。

文学作品中的地理空间是"存在于作品中的由情感、思想、景观、实物、人物、事件等诸多要素构成的具体可感的审美空间"，"它包含了作者的想象、联想和虚构，而与客观存在的自然和人文地理空间有着或显或隐的联系"。① 如毛泽东的《沁园春·长沙》展现了秋日，诗人独立橘子洲头所见多姿多彩、绚丽斑斓之景。上课时，我们可以借助湘江秋季图，赏析词中描写的从山上、江面、天空、水底的景象，远近相间，动静结合。地图直观的呈现，有利于学生把握意象方位，洞悉词人景物描写的手法，体会这派生机勃勃、自由阔大之景，为下文"怅寥廓，问苍茫大地，谁主沉浮？"的发问张本。通过观察橘子洲秋日图景，有利于学生把握这首词情景交融的特点，更好地把握诗人的豪情壮志。

（三）政治与诗词的融合教学

"诗，可以兴，可以观，可以群，可以怨。"从《诗经》开始，诗歌就承担着讽劝时弊和政治教化功能。用政治学科视角引导学生分析诗词，有助于陶冶情操，塑造高尚人格。

1.传承优秀文化，弘扬家国情怀

借助政治学科视角赏析诗词，有利于传承优秀文化，发挥诗歌涵养品德的功能。比如《无衣》一诗："岂曰无衣？与子同袍。王于兴师，修我戈矛，与子同仇！"这首慷慨激昂、同仇敌忾的战歌，昂扬了秦国军民团结互助、共御外侮的高昂士气。大敌当前，秦地士兵舞戈挥戟，奔赴前线，共同杀敌。这无所畏惧的英雄主义气概和爱国主义精神从几千年前就开始传唱。《离骚》作为我国古代最长的一首政治抒情诗，流淌着"长太息以掩涕兮，哀民生之多艰"的悲悯情怀。诗人无力改变现状，不愿屈心抑志，以死明志，折射出诗人对理想的坚守。结合政治学科赏析诗词，能够更深入了解政治抒情诗的文化价值。又如郭沫若的《立在地球边上放号》："无限的太平洋提起他全身的力量来要把地球推倒。／啊啊！我眼前来了的滚滚的洪涛哟！／啊啊！不断的毁坏，不断的创造，不断的努力哟！"受五四运动和十月革命冲击的郭沫若从日本渡海回国。当他置身于日本横滨的海岸，面对浩渺无边的大海，那惊天激浪和时代洪流一起冲击胸怀，于是写下这首对力量的赞歌，向旧世界发起挑战。

2.叩问哲思，逻辑思辨

中国古典诗词常蕴含哲思，引入哲学视野，有利于把握诗词深层意蕴。宋诗尚理，《题西林壁》《登飞来峰》《观书有感》等诗中蕴含着丰富哲理。诗

---

① 曾大兴. 文学地理学研究 [M]. 北京：商务印刷馆，2012：143.

人将理性思辨熔铸于诗境，来传达认识世界的哲思。这种"理"不是一般的抽象、空泛的理，它与"趣"密不可分。诗人结合富有情趣的生活片段，融入哲思理趣，情景与义理浑然一体，从而收到发人深思的艺术效果，形成独特的审美气质和神韵。诗词讲解中融入哲学内容，让学生在明理言志的基础上发展抽象逻辑思维能力，使阅读课堂绘声绘色。

（四）音乐、美术与诗词的融合教学

《毛诗序》有云："情动于中而形于言，言之不足故嗟叹之，嗟叹之不足故永歌之，永歌之不足，不知手之舞之，足之蹈之也。"在我国，诗乐舞三位一体。诗从诞生起，就与音乐舞蹈有千丝万缕的联系。阅读教学时融入乐舞欣赏，有利于我们更好地欣赏诗词。

《经典咏流传》《舞千年》等节目用流行的方式重新演绎诗词之美，有利于给学生带来直观的审美享受，更好地品味诗词之美。诗乐舞三位一体，诗中跳动着生命的节奏，那美妙旋律呈现出整齐的美、错综的美、抑扬的美、回旋的美，相互渗透、相互作用，反映着诗的灵动和真情实感，言有尽而意无穷。音乐那洋溢的生命力、激发的想象力，具有强大的、冲击心灵的力量。诗歌、音乐、舞蹈三种艺术将人的内在情感与外在的美统一起来。比如赏析李煜的《虞美人》，我们可以通过欣赏《虞美人》的演唱，置身诗境，一同感受作者往事不堪回首、国破家亡的痛苦；学习《琵琶行》，我们可以先欣赏琵琶乐的演奏，感受这一艺术形式，从而更好地感受琵琶女演奏技艺的高超和自伤身世之感。

诗画一家，学习山水田园诗、题画诗等诗词时，我们可以结合绘画一起品味。诗词鉴赏可以借鉴图文结合法，学者戴俊骋指出用文本分析和地图呈现相结合的方法研究文学能更加形象生动全面地了解文学。[①] 如陶渊明的《归园田居（其一）》中所写的"暧暧远人村，依依墟里烟。狗吠深巷中，鸡鸣桑树颠。"就是一幅诗意恬静的中国山水画。

---

① 戴俊骋. 中国文学地理学的研究范式与学科融合趋势 [J]. 地理科学进展，2015（4）：526-532.

三、诗词学科融合教学视域下教师发展之路

学科融合的教学方式对教师提出了更高的要求。教师需要整合各科资源，共同促进教学任务的完成。

（一）更新教学观念，树立融合理念

教学方式的变革，理念革新需先行。教师首先要打破学科本位的惯性思维，加强新课程的理念学习，树立正确的融合理念，不能为融合而融合，而要着眼于问题的解决，培养学生的综合素质。

新课标提到要"注意在生活和跨学科的学习中学语文"，强调把语文教学和时代紧密结合在一起，构建开放、多样、有序的综合性语文课程。学科融合理念倡导以诗词教学为本位，巧妙地融入其他学科知识，促进深度学习的发生。在融合教学中，教师是课堂活动的组织者，是融合课程的开发者和设计者。教师要积极主动地参与课程的开发和设计，因材施教，让学生在学习过程中收获喜悦。

（二）统整学科教学，实现"教学评一体化"

学科融合实际上是整合各学科知识促进学习目标的达成。学者陆启威指出："学科融合是多门学科的参与和介入，但不是简单的跨学科教育。学科融合虽涉及不同学科元素的参与，但却不是几个学科的大杂烩。要抓住核心科目的本质和特点，拓展合一、总分有序地学科相容。"[①] 学科融合不是各学科的简单组合，机械叠加，而是教学理念上的一次革命，是学科之间的一种深度融通。它要求师生都以一种全新的视角去审视语文学科与各学科的关系，通过相互借鉴整合，打破学科壁垒，培养综合性思维，以适应新时代对于综合型人才的要求。

要实现教学的深度融合关键要统整教学目标，找到学科的整合点。学科融合的诗词教学应还原历史情境，以赏析诗词为立足点，找到各学科与诗词教学的结合点。学科融合的教学有利于学生多元智能的发展，相应的评价方式也应做出适当调整。教师应及时更新教学评价理念，改变过去单一的评价标准，对学生进行多元化评价，实现"教学评一体化"。

---

① 陆启威. 学科融合不是简单的跨学科教育 [J]. 教学与管理，2016（32）：6.

比如讲李清照的诗词时，我们可以开设专题"讲解李清照"让学生更加直观地去感受。利用"李清照的足迹图"去贯穿，借用地理知识，追溯历史发展，寻求李清照的足迹，感悟作者词中的情感。

李清照的一生：

0～37 岁	章丘→开封→益都→济南→益都
37-45 岁	昌乐→莱州→淄川→开封→益都→南京
45 岁	和县→贵池→南京→绍兴
46-50 岁	宁波→绍兴→衢州→绍兴→杭州
50-72 岁	桐庐→金华→杭州

从地图上，我们可以看到李清照一生的足迹，从北向南，从一个天真烂漫的才女到不停奔走迁居的词人，这幅地图是词人一生的写照：从未出嫁时的少女情怀——《点绛唇·蹴罢秋千》；出嫁后思念丈夫的无限闲愁——《醉花阴》；丈夫弃城后的失望伤心——《夏日绝句》；南迁流亡、国破家亡之恨——《声声慢》。跟随词人的足迹，感受诗词中情感的变化，这些都和当时的历史背景相关，北宋崩溃，靖康之变，百姓颠沛流离。结合历史了解到，宋室南渡之前李清照的生活是无忧无虑，闲愁几许；宋室南渡之后是悲叹身世，家国之思。这个女人一生的命运其实也彰显了一个朝代的更迭。这样一个专题的开设使学生通过融合学习，更深入了解李清照的诗词创作。

（三）不断充电学习，提升教学水平

融合教学涉及学科较多，知识面较广，教师必须不断学习，提升课程开发、整合和设计能力。教师必须具备创意思考能力，对其他学科有所了解，有效整合各学科的教育教学资源，并拿来为我所用。我们要关注每一门学科的特殊性与交互性，不断发展专业素养。融合教学最终要回到学科本身，加深学生对学科知识的理解，才能进行更高水平的学科融合学习。

此外，教师要积极学习新教学模式，比如研究性学习、项目式学习、主题式学习等，探索学科间教学整合的最佳模式，构建"1+X"学科间辅助合作教学模式。

（四）重视教育科研，培养研究能力

融合教学的开展主要依靠校本课程的开发和教师专业自觉。从学校层面看，

我们要做好融合课程的开发和教师培训。从教师层面而言，我们要成为研究型教师，始终保持终身学习的态度，创新教学方法，提升教研能力。教师可适当增加跨学科听课，进行学科资源的优势互补。教师要增加学科融合的相关知识，找到学科融合的适当方法。学科融合教学的目的不只在于学科知识的掌握，更在于综合素养的提升，其意义更多着眼于学生未来的发展。我们可以把科研成果集结起来，开发融合课程，编写独具特色的学科融合校本教材。

课例

学科融合教学课例
——以汉英语言对比视角下的诗歌赏析及翻译为例
Teaching Practice of Interdisciplinary Lesson: Comparative Poetry Appreciation and Translation between Chinese and English

陈超　肖思宇

中英语言各异，而文化无国界。孟晚舟的感言《月是故乡明，心安是归途》情感深厚，文质兼美，以诗传情。本课试图通过英语学科和语文学科融合的方式，选择了文中引用或化用诗词之处进行赏析和翻译，来感悟中英文在表达情感上的同异，品味中、英语言之趣，促进语言学习的融通。从而引导学生理解和尊重文化的多样性、涵养家国情怀。

【教学设计解读】

学科间的界限并非泾渭分明，尤其是同属人文学科的语文、英语学科。汉语具有丰富的文化底蕴，对于高中生来说掌握好祖国语言文字的特点与运用规律，是进行一切学科学习的基础。英语是当今世界广泛使用的国际通用语，也是世界各国记录与传播思想与文化的重要载体。《普通高中语文课程标准（2017年版2020年修订）》指出："高中语文课程应加强与其他的课程的沟通，更新内容，以适应现实生活和学生自我发展的需要。"[①]《普通高中英语课程标准（2017年版2020年修订）》中关于英语学科核心素养的表述中明确涵盖"文化意识"，指出"文化意识指对中外文化的理解和对优秀文化的认同。文化意识的培育有

---

① 中华人民共和国教育部. 普通高中语文课程标准（2017年版2020年修订）[M]. 北京：人民教育出版社，2020：52.

助于学生增强国家认同和家国情怀，坚定文化自信，树立人类命运共同体意识。"何善芬教授在其著作中指出："开展汉外对比研究是促进语言研究的一种新途径，它使被对比语言的共性和特性更显突出，使语言的描写和阐释更臻于精确。"①著名语言学家吕叔湘在谈到汉语的文法时曾指出，一句中国话翻成英语怎么说；一句英语，中国话里怎么表达，这又是一种比较。只有比较才能得出各种语文表现法的共同之处和特殊之点。②

在各种语篇类型之中，诗歌具有内涵丰富、语言凝练的特点，一句汉语的诗歌该如何翻译成英语向来不是易事。但是人类的情感是共通的。在全球化背景下，中国与世界各国的文化沟通日益密切。中国具有悠久的诗歌传统，如何将当代汉语文章中引用的古诗词，准确地翻译成英语来传达作者的情感与观点呢？针对这一问题，本课以孟晚舟《月是故乡明，心安是归途》中引用或化用的诗词为例，展开了汉英语言对比视角下的诗歌赏析及翻译融合课教学实践。

【教学目标】

1. 学习鉴赏诗歌，品味诗歌情感，能进行汉译英的翻译实践活动。

2. 提高跨文化沟通意识，识别中英文诗歌中的不同文化元素，尊重和理解文化的多样性，拓宽国际视野、坚定文化自信。

3. 主动观察语言和文化中的各种现象，通过跨学科视角来解读文本。

【教学重难点】

1. 学习鉴赏诗歌，感悟中文原文及对应英文译文在表情达意上的异同。

2. 学习创作中文短诗，并运用所学的翻译技巧进行汉译英实践。

【教学流程】

（一）视频导入，回顾事件

观看孟晚舟《月是故乡明，心安是归途》的朗读视频，重温孟晚舟归国的历史瞬间。该语篇属于"人与社会"的主题语境，具体而言属于社会热点问题、重大政治、历史事件。通过创设与主题意义相关的语境，引起学生对主题的感知注意，积极参与学习活动，在解决问题的过程中形成新的知识结构，并激发学生赏析和研读文本的兴趣，了解孟文创作的背景。

（二）打破语言隔阂，欣赏诗歌之美与翻译之趣

本课立足于孟文原文引用或化用的诗词，引导学生通过"学典故—辨意象—悟译法"的学习路径，通过一系列参与和体验式活动，理解并评判引用或化用诗

---

① 何善芬. 英汉语言对比研究 [M]. 上海：上海外语教育出版社，2002：2.

② 吕叔湘. 中国文法要略 [M]. 北京：商务印书馆，1982：78.

词不同版本的英译，在汉英语言对比之中感受中英文诗歌之美，探索引用或化用中国古诗词的翻译之趣。

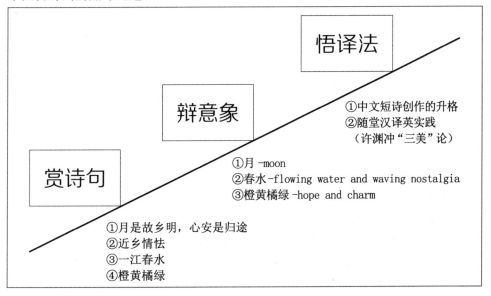

汉英语言视角下的"学典故－辨意象－悟译法"的诗歌欣赏与翻译深度学习路径图

活动设计一：

赏析引用或化用古诗词之妙，探索"三美"的汉译英翻译技法

汉译英评价量表

	优秀 （100～90分）	良好 （90～80分）	中等 （80～70分）	及格 （70～60分）	不及格 （60～0分）
信 （忠实） （40%）	原文的信息全部传达，语气和文体风格与原文一致	除个别次要信息有疏漏之外，原文的重要信息全部传达，语气和文体风格与原文一致	有少量理解错误或个别漏译，但主要精神与原文一致	有个别重大错误或遗漏，部分信息含混，但总体上基本达意	误译、漏译较多，不能传达原文主要精神
达 （通顺） （40%）	句式处理恰当，选词妥帖，英语比较地道	语言基本合乎英文规范，行文比较流畅	有个别句子结构错误和词不达意现象，行文不够流畅	有逐字硬译，不符合英语表达习惯的现象。句子不连贯，比较费解	有大量的语法和用词错误。1/3以上的句子生搬硬套，不知所云

续表

	优秀 （100～90分）	良好 （90～80分）	中等 （80～70分）	及格 （70～60分）	不及格 （60～0分）
雅 （优美） （20%）	扬长避短，发挥译语的语言优势，"形美""意美""音美"	能一定程度发挥译语的语言优势，翻译顺畅优美	基本满足译文的要求，有个别表达生硬	不合符英文基本要求，翻译很生硬	词不达意，翻译模糊

注：许渊冲先生从译诗角度解释这三个方面。"形美"指主要指原诗与译诗行数、分节一致；"意美"指两者节奏和韵律对应；"音美"指译诗要再现原诗的意境美。

【教学实录】

导入语：孟晚舟的《月是故乡明，心安是归途》，让无数中华儿女热泪盈眶。使人们共情的，除了孟晚舟特殊的经历，还有她至情至性的表达。这篇感言文质兼美，以诗传情。请同学们结合文中引用（化用）古诗之处进行赏析，并试翻译。

1. 引用或化用的诗歌片段一："月是故乡明，心安是归途"

（语文）

生1："月是故乡明"，从时令上看，杜诗写于白露时节，而孟晚舟也恰于秋日归国。白露时节的夜晚，清露盈盈，令人顿生寒意。"月是故乡明"，直指对祖国、家乡的深切思念；明明是普天之下共一轮明月，本无差别，作者偏要说故乡的月亮最明；暗指月亮是故乡的好，抒发了家国之思。标题下句化用白居易的《初出城留别》中的"我心本无乡，心安是归处"，"归处"改为"归途"，更切合当前处境。还未抵达故乡，作者便已觉得心安，体现了繁荣昌盛的伟大祖国给予孟晚舟为代表的中华儿女强有力的支撑与安全感。

陈老师：孟晚舟在这里引用"月是故乡明"，应景应时，表达了对故乡家园的热爱。古诗中的月，不仅是故乡亦是故国的象征。当我们吟咏"月是故乡明"，那份与生俱来的家国情怀就被唤醒了，怎能不潸然泪下！心安是归途，归国之路虽历经种种曲折，但踏上归途的那一刻，作者便找到了心安之所，灵魂的归宿，祖国是中华儿女永远的避风港。望月思乡，"月"自古以来，就是文人墨客寄托思乡之情的重要意象，"海上生明月，天涯共此时。""春风又绿江南岸，明月何时照我还？""共看明月应垂泪，一夜乡心五处同。""今夜月明人尽望，不知秋思落谁家。"穿越千年，今天无论身在何处，当我们看到月，还是不禁勾起思乡之情。月亮已经成为一种永不磨灭的文化基因刻在炎黄子孙的血液里，召唤着游子们，无论出走多远都要停下脚步，与家乡父老、祖国人民仰望同一个方向。

（融合衔接）

陈老师：那么中国人的这份"月是故乡明，心安是归途"要如何用英文来传达呢？

（英语）

①教师以标题翻译为例，示范意译和直译两种翻译方法

肖老师：谢谢陈老师的精彩赏析。

Thank you, Ms. Chen.Actually, many people believe when you translate Chinese poetry, the beauty of it will get lost in translation. Do you agree?

So how can we keep the beauty? Let's find out in some examples.

Version 1: Bright moon lights up my way back home. (Free translation 意译)

Version 2: Bright is the moon of home, and well satisfied is one on the way home. (Literal translation 直译)

②以"月亮"这一意象为例，引导学生感悟在中英文诗歌当中的不同含义

Home-Coming　by Léonie Adams　(1899-1988)

The skies lay like pale-watered deep

Dusk ran before me to its strand

And cloudily leaned forth to touch

The moon's slow wonder with her hand.

③教师引导学生通过朗读英文诗歌，感受英文诗歌当中的音美（rhythm 节奏，rhyme 韵脚）和意美（image 意象，scene 情境）

提问：Does the image of "moon" have different meanings in the two poems? (Du Fu and Léonie Adams)

（融合衔接）

In Du Fu's poem, moon stands for sadness. But as you know, the moon is a very common image in lots of Chinese poems. So what other meanings does moon have? Do you wanna know? Let's turn to our beautiful Ms.Chen!

（语文）

陈老师：古诗中的月的意蕴很丰富：有清幽明净，皎洁美丽的月，"明月

松间照，清泉石上流"；有典雅浪漫的月，"月上柳梢头，人约黄昏后"；有运动变化，感悟哲理的月，"人有悲欢离合，月有阴晴圆缺"；有象征永恒的月，"人生代代无穷已，江月年年望相似"；有慰藉友人的月，"我寄愁心与明月，随风直到夜郎西"；有博大阔远的月，"日月之行，若出其中；星汉灿烂，若出其里。"你看，这一轮明月穿越千年，承载了中国人多少的情感，凝结了中国人多少的情思！中国古诗讲究含蓄美，多用意象传达，不仅有月，还有表达高洁的松竹梅，时光易逝落花流水等，一草一木皆含情。要读懂中国诗，首先要把握中国诗的意象。只有把握中国诗的意象，才拥有了解读中国人情感的密码。

2. 引用或化用的诗歌片段二："近乡情更怯"

生2：这句诗出自唐代诗人宋之问的《渡汉江》："岭外音书断，经冬复历春。近乡情更怯，不敢问来人。"这是宋之问的诗中流传最为广泛的一首小诗。宋之问一生曾经历两次流放，这首小诗是他第二次逃归途中所作。所谓"情更怯"，即愈接近故乡，担忧也愈厉害，简直成了一种害怕，怕到"不敢问来人"。常言道归心似箭，人们归家的心情往往是喜悦激动的，作者却说"近乡情更怯"，似乎有悖常情。宋之问的"近乡情更怯"源于贬居岭外，长期音书不达。一方面日夜思念家人，另一方面又时刻担心家人的命运安危。孟晚舟用在这里，传神地写出即将归国内心的复杂感受，有归国的激动、喜悦，有久未见亲人好友的怅然，有责任在肩，对未来的思考……

陈老师：孟晚舟用在这里，巧妙表达了自己被无故羁押三年后，归返家园的复杂心情。中国汉字多丰富呀，一个"怯"字包含了千言万语。中文讲究凝练含蓄的美，语言背后常常有"言外之意，弦外之音"。正所谓"言有尽而意无穷"，"不著一字，尽得风流"。

（融合衔接）

陈老师：我们一个"怯"字，肖老师，英语要怎么表达呢？

（英语）

肖老师：

首先引导刚才已赏析过中文诗句的同学，分享自己如何翻译"近乡情更怯"。

点评课前导学案中对此句的完成情况，教师引导其中一位同学分享自己的翻译成果。

通过不同同学的翻译展示，引导得出结论，即"怯"字意涵的复杂性。

师：So as we see, we have different understanding of the word "怯". We got afraid, exciting, nervous. So which one might be best translation?

教师展示两个"近乡情更怯"的翻译版本，其一为许渊冲先生，其二为肖老师（英语教师本人），在不揭示译者姓名的前提下，引导学生发现许渊冲的译本是基于唐诗原文的典范，但肖老师的译文是对孟晚舟所"引用"诗词的更佳处理，从而得出结论"When we translate Chinese poems, sometimes we have to make some changes based on the context."。

（融合衔接）

肖老师：I also noticed so many of you all translated "春水" to spring waters. Is this good translation? Imagine if I were an American, can I understand the meaning of "spring water"?

So, how can describe the image of "春水"? 陈老师，请帮我们来解读一下春水在古诗词当中的意蕴。

3. 引用或化用的诗歌片段三："一江春水"

（语文）

陈老师：我们知道"春水"是古诗中常见的意象。有韦庄口中"春水碧于天，画船听雨眠。"白居易笔下的"日出江花红胜火，春来江水绿如蓝"江南的美好，有"竹外桃花三两枝，春江水暖鸭先知"的生机盎然，也有秦观"便作春江都是泪，流不尽，许多愁"的愁苦。写春水最有名的当是千古词帝李煜笔下："问君能有几多愁？恰似一江春水向东流。"春水寓意美好的江南，生机盎然的春景，流不尽的泪，和无尽的愁。在这里，你觉得孟晚舟应该取的是春水中的哪种寓意？

生3："问君能有几多愁？恰似一江春水向东流。"李煜用水喻亡国之愁。春水涨满，春潮涌动。而我的愁苦也如这滚滚东流的长江水一样源远流长，绵延不绝，何其深广，所谓"真伤心人语"也。孟晚舟这里用"一江春水"的意象，表达对祖国的思念之深，像春水一样绵延不绝，可谓绝妙！

（融合衔接）

陈老师：一江春水，写尽哀愁，含蓄蕴藉。含蓄抒情是中国古典美学的一个重要范畴，她深植于中华文化土壤，体现中国人的文化性格。所以同学们我们要如何翻译"一江春水"？可以直译成 The spring waters？这时候就要用肖老师前面提到的"意译"的方法。

（英语）

肖老师：

引导学生基于语文老师对春水的解读，对翻译作业进行讨论修改。

学生分享自己的翻译修改成果，教师点评其"音美""意美"。

教师分享自己的翻译版本，重点落在两个动词"flow""wave"的选择，来使一江春水和一缕乡愁这两处实现意象的统一。

教师翻译版本：

午夜梦回，最是心底那一轮明月，那一江春水，那一缕乡愁。

the gleaming moon, the flowing water, and the waving nostalgia.

（融合衔接）

Besides the use of "春水"，there's also another image which I found so many of you got it wrong, which is "橙黄橘绿"。Let's ask Miss chen for help again.

4. 引用或化用的诗歌片段四："期待一年好景致，再赏橙黄橘绿时。"

（语文）

陈老师：《赠刘景文》是北宋文学家苏轼，送给好友刘景文的一首勉励诗。请大家结合诗歌整体，来把握这两句的内蕴。

生4：此诗前半首说"荷尽菊残"仍要保持傲雪冰霜的气节，后半首通过"橙黄橘绿"来勉励朋友困难只是一时，乐观向上，切莫意志消沉。抒发作者的广阔胸襟和对同处窘境中友人的劝勉和支持，托物言志，意境高远。荷尽菊残，孟晚舟被囚禁1028天，此种磨难难以想象，面对那轮明月，那江春水，她并未怨天尤人，如千年前的东坡居士，乐观豁达，即使身陷囹圄，也心向苍穹，她多么希望再见这"橙黄橘绿时"。

陈老师：苏轼一生仕途坎坷，始终豁达乐观，孟晚舟选择苏轼，有一种惺惺相惜。"傲霜"的菊枝暗含了诗人倔强的性格，"期待一年好景致，再赏橙黄橘绿时"表达了历经千辛，终于得偿所愿，回归祖国的喜悦，以及对祖国美好未来的展望。

（融合衔接）

现在我们知道了"橙黄橘绿"的意思，有没有同学来试着翻译一下。

（英语）

肖老师：

引导学生基于语文老师对"橙黄橘绿"的解读，对翻译作业进行讨论修改。

学生分享自己的翻译修改成果，教师点评其"音美""意美"。

教师分享自己的翻译版本，重点落在 is about to come 和 is soon to take on 这两处排比的运用，从而保留原文的对仗工整之美，即"形美"beauty in form.

小结（英语）：

翻译家许渊冲先生创立了著名的翻译理论"三美"，即意美、音美和形美。三美的基础是三似：意似、音似、形似。意似就是要传达原文的内容，不能错译、漏译、多译，但意似并不一定能传达原文的意美。要传达意美，可以选择和原文意似的绝妙好词，可以借用英美诗人喜用的词汇，还可以借助音美、形美来表达原文的意美。音美是指诗歌要有节调、押韵、顺口、好听，译者可以借助英美诗人喜用的格律，选择和原文相似的韵脚，还可以借助双声、叠韵、重复、对仗等方法来表达音美。不过，音美的传达往往很难做到，甚至也不必做到音似。形美主要有对仗工整、语句长短两个方面，最好也能够做到形似，至少也要做到大体整齐。在三美中，意美是第一位的，音美是第二位的，形美是第三位的。译者在传达原文意美的前提下，尽可能传达音美，并在此基础上尽可能传达形美，努力做到三美齐备。如果不能做到，首先可以不要求形似，也可以不要求音似，但无论如何，都要尽可能传达原文的意美和音美。

许渊冲的翻译"三美"论在融合课中的教学实践[1]

许渊冲的翻译"三美"论		
Type	Beauty in sound 音美	Beauty in sense 意美	Beauty in form 形美
Meaning	To be smooth to read and pleasant to hear	To convey the original meanings and imagery	To reproduce the length and symmetry of the original version.
Example	月是故乡明，心安是归途 。Bright is the moon of home.	那一江春水，那一缕乡愁。the bright moon. the flowing water and a wave of nostalgia.	期待一年好景致再赏橙黄橘绿时。Nature is soon totake on its mostcharming form.

小结（语文）：

陈老师：我们有一位学贯中西的大家——钱钟书，他曾经在总结中国诗特点时谈到，一位中国诗人说："言有尽而意无穷。"另一位诗人说："状难写之景，如在目前；含不尽之意，见于言外。"用最精细确定的形式来逼出不可名言、难于凑泊的境界。（钱钟书《谈中国诗》）

---

[1] Fangfang Tan. A study of the feasibility of Xu Yuanchong's theories of literary translation and of his findings [J]. Global Journal of Human-Social Science, 2020, Volume 20：1-2.

这是说的中国诗含蓄蕴藉，富有暗示性的特点，也就是肖老师所说的"意美"。中国诗有没有音美，形美呢？我们回忆下面两首诗：

无衣

岂曰无衣？与子同袍。王于兴师，修我戈矛，与子同仇！

岂曰无衣？与子同泽。王于兴师，修我矛戟，与子偕作！

岂曰无衣？与子同裳。王于兴师，修我甲兵，与子偕行！

（学生集体诵读）

你看这重章复沓的结构，把这种同仇敌忾、共御外侮的英雄主义气概和爱国主义精神渲染得淋漓尽致。我们不仅有整饬的结构，也有参差错落的美，比如岳飞的满江红：

满江红·怒发冲冠

岳飞

怒发冲冠，凭阑处、潇潇雨歇。抬望眼，仰天长啸，壮怀激烈。

三十功名尘与土，八千里路云和月。莫等闲，白了少年头，空悲切。

靖康耻，犹未雪；臣子恨，何时灭？驾长车，踏破贺兰山缺。

壮志饥餐胡虏肉，笑谈渴饮匈奴血。待从头，收拾旧山河，朝天阙。

（学生集体诵读）

陈老师：这就是肖老师所说的"音美""形美"。钱钟书最后总结中国诗的特质时说："中国诗并没有什么特别'中国'"的地方。中国诗里有所谓'西洋的'品质，西洋诗里也有所谓'中国的'成分。"这句话怎么理解？

陈老师：诗有国度，中国诗和外国诗；诗无界限，本质为诗。丰富深远的意象、抒情言志的语言、重章复沓的结构，平平仄仄的韵律，给我们带来美的享受。今天，我们比较欣赏中英文诗词之美，不仅是品味语言之趣，更是感受世界多元文化的精彩纷呈，博采众长，让中华优秀文化绽放熠熠生辉。

活动设计二：

融古诗词意象于中文短诗创作，悟翻译理论于随堂汉译英实践

中文短诗创作：现校刊《白帆》诗歌专栏征稿，请以"故乡、月亮、秋天"三个意象，写一首短诗，表达内心的情感。

随堂汉译英实践：Translate one or two lines of a Chinese poem written by a student in our class.

请参照评价量表，推选优秀作品：

评价维度	标　准	自评	互评	师评
短诗创作	1. 诗歌主题鲜明，情感充沛，有意境（0-5 分）			
	2. 能用意象传达情感，运用基本手法（0-5 分）			
汉译英	1. 翻译能准确传达意义和情感（0-5 分）			
	2. 翻译有音韵美（0-5 分）			
	3. 翻译对仗工整，有整饬美（0-5 分）			

学生创作作品示例	学生中文作品	江城子·雨中窗棂念乡 三日清雨浸长廊，短幽梦，寒露霜。 迢迢路遥，何时归故乡？ 呓语昏月灯影长，针线细，炊烟忙。 枫红沉木落三湘。皋路长，目苍茫。 步履蹒跚，无言泪成行。月碎淌流， 曲径处，半轮秋，满心乡。 （2020 班　张同学）	兰州发 晓月不知，少年离愁 想曾是，春发搽黛诉尽桑 却如今，秋霜绾发催行舟， 山水尽头，不过凝眸。 （2020 班　周同学）
	语文老师点评	点评：连日烟雨，想起家乡——湘西，想起灯下，母亲为她缝补衣服，忙着做饭的场景。"三湘"指湖南，家乡湘西，求学的湘江边。回首空中明月，思乡怀亲之情涌上心头。作者选取了典型场景，让我们感同身受，无不为之感动。	点评：所有的思念，都凝聚在"山水尽头，不过凝眸"八个字，情感深沉蕴藉，言有尽而意无穷。 过渡：同学们的中文诗写得真美，今天我们学习了"音美""意美""形美"的翻译理论，我们就选"山水尽头，不过凝眸"一句来试着翻译成英文，如何？
	英语翻译实践	Mummering I am, under the dim light with the company of a lonely shadow. What came into my mind is my dear mom, mending clothes stitch by stich, cooking for us meal after meal.	At the end of my journey, I see nothing but your bright eyes.
	英语老师点评	Comment: Brilliant translation! It vividly describes the image of a lonely student who is studying somewhere far away from her hometown, missing her mother.	Comment: "Beauty in meaning" is perfectly conveyed in the English translation.

【教学反思】

对高中语文和英语教学设计融合课堂的研究还在探索阶段，在进行跨学科融合之前，教师应该针对本班的学情做充分的了解，对两个学科的融合点做充分的探索。本课的教学模式是双师课堂，这可能并不是高中课堂的常态化教学模式，但是这是有益的尝试。作为教师，应该主动扩大自身的学科知识体系与边界，积极展开与其他学科老师的合作式教研与跨学科备课。汉语和英语是两门全世界范围内使用最广、影响最大的语言之一。诗歌是我国传统古典文化璀璨的明珠，而当代中国人在书面表达中经常引用或化用古诗词来抒情言志。如何通过汉英翻译实践来向世界说好中国故事，这是高中英语和语文融合课实践一个长期值得探索的课题方向。

第三节　发挥语文育人优势，赋能学生生涯发展

——中学语文阅读教学与生涯规划教育的融合

阅读教学和生涯规划的融合也是新课程改革的热点。《国家中长期教育改革与发展规划纲要（2010—2020 年）》中提出了"建立学生发展指导制度"的要求。随着《关于深化考试招生制度改革的实施意见》的颁布，新高考注重学生选择的多元化，选科走班要求学生提前做好生涯规划。2019 年，《国务院办公厅关于新时代推进普通高中育人方式改革的指导意见》提出学生要"提高选考科目、报考专业和未来发展方向的自主选择能力"。高中生处于生涯规划的探索期，是认识自我、发展自我，规划未来的重要阶段。由于一直在校园，学生往往对未来和职业规划缺乏认识，易陷入迷茫。"生涯教育"一词最早由时任美国教育署长的马兰博士于 1971 年提出。普通高中学生生涯教育包括学业规划和职业规划两方面。这两方面都建立在学生自我认知的基础上。旨在通过生涯教育让学生了解自己的性格特征、发现自己的兴趣爱好等，唤醒学生生涯规划意识。而学业规划是高中生涯规划教育的主要内容。舒伯说，应该把生涯发展的理念融入现有的课程当中去。生涯教育与学科教育的融合越来越受到学校教育者的关注。如何以学生为中心，以学科教育为载体，发展生涯教育，培养学生的生涯能力一直是各学科老师探索的重要领域，学科教学课堂已成为渗透生涯规划教育的主要阵地。

语文阅读教学蕴含着丰富的生涯教育资源，是学生探索自我和外部世界的重要途径，对助力学生认识生涯规划有重要意义。新课标提出"坚持加强语文课程内容与学生成长的联系，引导学生积极参与实践活动，学习认识自然、认识社会、认识自我、规划人生，在促进人的全面发展方面发挥应有的功能"①。阅读教学渗透生涯教育，有助于发挥语文学科优势，使生涯教育常态化。新教材的阅读教学有机融入社会主义核心价值观，中华优秀传统文化、革命文化和社会主义先进文化教育内容，努力呈现政治、经济、文化、科技、社会、生态等发展的新成果。如"当代文化参与"有助于促进师生关注社会生活，让学生内化生涯规划教育，再如"科学与文化论著研习""学术论著专题研讨"有利于实现学科间横向配合，形成生涯教育合力等。阅读教学的学习内容纳入了学生的学习力、思考力、创新力训练，帮助学生挖掘自身潜能，使生涯教育将重心由功利视角转向"立德树人"的视角，真正关注学生规划人生、成就未来、服务社会、实现价值的能力和品格。

作为语文教师，要遵循学生的身心发展规律，设计丰富多样的阅读教学活动，在日常教学中渗透生涯规划教育。通过阅读帮助学生认识自我，树立生涯发展目标，增强生涯决策能力，实现深度融合。通过学习帮助学生对自身的能力以及个性和爱好有更全面的了解，引导学生明确自己想做什么，从事什么职业，针对这一职业了解学习相关知识，进而避免在选择职业时出现盲目的现象。

一、语文阅读教学与生涯规划教育融合教学的现状

（一）高中生涯规划教育的现状与问题

1.高中阶段的生涯教育被忽视

我国现代生涯教育起步较晚，且大多集中在高校。生涯教育是一个长期过程，不应进入大学才启动。高中阶段，因为学业压力较大，大多数学生奔走各种兴趣班，缺乏科学规划。高中阶段面临很多挑战：如何有效进行学习规划和时间管理，如何选科，如何填报志愿等。高中阶段生涯规划教育的缺失，导致高中生自我认知不清晰，没有生涯规划意识。面对高二选科和高三志愿填报的关键选择，很多都是盲目的。他们对大学专业了解停留在浅表、不全面，对自我职

① 中华人民共和国教育部制定.普通高中语文课程标准（2017年版2020年修订）[M].北京：人民教育出版社，2020: 2.

业和人生方向的规划几乎空白。

2.生涯规划课程实施效果不尽人意

近年来，部分高中开设了生涯规划课。但由于缺少专业的指导教师、科学的测评平台，教学时间有限等，生涯教育很难系统有效地推进。立足现状，我们发现高中学生生涯教育仅仅依靠班主任、心理教师，或举行主题班会、举办几堂讲座，是远远不能达到理想效果的。积极探索各学科和生涯教育的学科融合势在必行。而阅读材料富含生涯教育资源，具有天然优势。充分利用现有的阅读资源，精心设计教学，在教学中渗透生涯规划教育具有重要意义。

（二）阅读与生涯教育融合教学现状

很多一线语文教师进行了生涯教育的探索，总结了许多有益经验，也存在一些不足：

1.认识严重不足，渗透意识不强。部分语文教师没有认识到生涯教育的必要性和迫切性，忽视了学生的个性发展。

2.缺乏理论指导，专业力度不够。部分语文教师虽然有生涯教育渗透的意识，但他们错误地把生涯规划教育渗透理解成德育渗透。

3.突出生涯教育，淡化语文味道。这是从一个极端走向另一个极端的语文课堂模式。

例如，有的教师在分析《过秦论》作者贾谊的性格特征时，就大谈特谈MBTI 的四个维度和 16 种性格匹配不同职业的理论，把一堂语文课上成了生涯教育理论指导课，失去了语文课的本真。

二、语文阅读与生涯规划融合教学路径

（一）阅读，培养生涯规划意识

1.学习古代经典，树立生涯规划意识

我国很早出现生涯规划意识，关于生涯发展的思想极其丰富。人生哲学是中华文化的核心和思想精髓。不同流派，如儒释道，都从不同视角探讨人生价值，人与自我的关系，人与社会的关系。

周易被认为是生涯发展思想的源头。乾卦表达了中国人的龙马精神，自强不息、刚健坚毅的品格。乾卦爻辞"乾，元亨、利贞。初九，潜龙，勿用。

九二，见龙在田，利见大人。九三，君子终日乾乾，夕惕若厉，无咎。九四，或跃在渊，无咎。九五，飞龙在天，利见大人。上九，亢龙，有悔。用九，见群龙无首，吉。"（《周易·乾卦》）乾卦的六条爻辞揭示了生涯发展的六个阶段，即"潜、现、惕、跃、飞、亢"。《周易》非常形象地将生涯发展的这六个时位状态与龙的六种存在状态结合，喻示个体的生涯发展为了适应这六种时位状态，就必须采取六种不同的做法才能趋吉避害。生涯发展的不同阶段要做不同调整，这种调整就是顺应天道。孔子认为人生发展的整个过程都要顺应规律，做好每个阶段该做的事，他提出，"吾十有五而志于学，三十而立，四十而不惑，五十而知天命，六十而耳顺，七十而从心所欲，不逾矩"。儒家还注重对人生志趣的追求和立志的探讨，"士不可不弘毅，任重而道远""知其不可为而为之""博学而笃志"。（《论语》）道家看重天人合一，顺应自然规律，要把握住自己的内心如老子说的，"知人者智，自知者明。胜人者有力，自胜者强。知足者富，强行者有志，不失其所者久，死而不亡者寿。"（《道德经》第三十三章）这些无不都是面对社会人生的重要智慧。

2.运用阅读学习，提高生涯规划意识

语文阅读材料寄寓了作者对社会人生的思考，这些文章都可以成为开展生涯教育的优秀题材。教师通过文本解读可引导学生展开对未来的生活和生涯规划的讨论，使学生在讨论中探索自我，并形成人生方向。例如学习陶渊明的《归去来兮辞》时，我们通过陶渊明仕隐的人生选择，引导学生探索自我性格，并理性思考适合自己的人生道路。学习《鸿门宴》时，我们要客观分析、评价历史人物，让学生感知不同性格特点可能产生的影响。并帮助学生正视自身的性格品质，形成良好品质，为未来发展奠基。教师在教学中要深入挖掘生涯教育资源，帮助学生更全面地认识自我，完善自我。

（二）整合阅读资源，融合主题阅读与生涯教育

充分整合部编语文教材中的相关资源，将生涯规划教育渗透其中。部编语文教材以人文主题和学习任务群双线组织大单元，着力发展学生的核心素养。包含了青春激扬、劳动光荣、诗意人生、使命与抱负、责任与担当、良知与悲悯等人文主题，利用主题阅读，有利于提升对社会人生的认识。

1.感伟人情怀，树远大理想

高中时期是青少年形成理想信念的重要时期。他们需要明确的目标，榜样

的力量。文学作品中的榜样有利于学生理解青春的价值，追寻理想，拥抱未来。如《沁园春·长沙》中，32岁的毛泽东，面对湘江秋景，用词作表达出他对当时革命形势的思考和改造世界的雄心壮志。学生能够从词作中感受到一代伟人的爱国情怀和豪情壮志，更加坚定不断进取、奉献社会的信念与决心。学习此课，教师可以引导学生联系现实，谈谈当代"同学少年"应该有怎样的大志和大局意识。

2.悟人生选择，展天下格局

作品中人物的生涯经历与生命思考都在促进学生生涯意识觉醒。学生借助别人的故事来思考自己的人生意义。例如学习《屈原列传》和《报任安书》，我们可以对屈原与司马迁不同的人生选择进行探讨。举行一个以"择死或择生"为题的辩论赛，分析为何屈原选择死，司马迁选择生。通过辩论析因，剖析其价值，既可以对屈原与司马迁的选择有客观全面的认识，又塑造了学生的人生观、价值观，也激发了学生的语文学习兴趣。死亡是屈原标举清高、解脱愁苦的唯一办法，是屈原忠君爱国、坚守真理的执着追求，而隐忍苟活、记史明志是司马迁的生之留恋。殊途同归，生死抉择背后流淌着同样的家国情怀。通过深入比较分析，培养学生的爱国情怀和胸怀天下的人生格局。

3.发挥榜样力量，汲取成长动力

作家面对人生逆境的乐观与旷达往往会成为中学生重要的榜样力量，中学生从经典阅读中汲取面对挫折的勇气和一往无前的力量。在《我与地坛》中，史铁生面对生命的重创和考验，用笔点亮无数幽暗的夜，发出微弱的光亮，温暖读者。在《赤壁赋》中，苏轼面对人生重大挫折乐观旷达的态度，积极向上的人生观无不感染了学生。青年学生要学习作者面对人生中各种困苦、挫折与磨难的态度。

（三）立足阅读教学课堂，捕捉生涯教育契机

我们要善于捕捉教育契机，找到兴趣结合点，引导学生探讨自己感兴趣的职业，积累相关知识。

1.了解不同职业，激发职业兴趣

学习"天下第一行书"名篇《兰亭集序》时，通过介绍"书圣"王羲之的生平经历，引导学生了解书法专业，尤其引导对书法有兴趣、有基础的学生早做规划。部编教材必修上第三单元"劳动单元"展示了不同领域的佼佼者是如

何设计职业发展的。《喜看稻菽千层浪——记首届国家最高科技奖获得者袁隆平》中，学生可以看到科学家袁隆平先生如何实现梦想——一个是禾下乘凉梦，一个是杂交水稻覆盖全球梦。在《心有一团火，温暖众人心》中，劳动模范张秉贵用平凡的行为温暖了每一个前来购物的人，谱写了平凡岗位上的赞歌。《"探界者"钟扬》，作为"时代楷模"，钟扬有多重身份——植物学家、科普达人、援藏干部、教育专家等。他在每一方面都竭尽所能，积极探索"自己的边界"，奋斗到生命"戛然而止的那一天"。我们在了解这些作者和人物时，可以引导学生借用生涯规划大师舒伯的"生涯彩虹图"来分析。比如用"生涯彩虹图"分析钟扬的生涯角色、生活广度与生活空间，让学生对钟扬的角色一目了然。课后请学生绘制自己生涯彩虹图，描绘生涯发展方向。

2. 开展教学活动，培养适应未来职业的能力

设计阅读活动时加入职业信息、决策方法、生涯工具等生涯规划知识。比如学习魏晋时期重要诗人曹操的《短歌行》和陶渊明的《归园田居》。《短歌行》流露了诗人因时光易逝，人才难觅而忧虑满怀，只盼贤士到来，共同成就千秋功业。《归园田居》中，诗人因爱好自然，向往自由，义无反顾辞去官职，归隐田园，享受美好闲适生活。一为进取型人生态度，一为超脱型人生态度，比较两人的人生志趣与生命追求，探讨他们人生的不同选择，进而理解两位诗人各自的生命思考。在生涯决策时需要考虑到个人的兴趣、性格、价值观等因素，也要考虑到家庭资源、社会背景、国家需要。在决策时可以借用"生涯平衡单"来协助我们客观理性地分析多个潜在选项，通过量化的方式评估各个选项的利弊，并确认优先顺序。利用"生涯平衡单"来分析诗人不同人生选择背后的人生态度，让语文课变得别样生动呢！

3. 学习人物精神品质，树立良好的职业价值观

学习《青蒿素：人类征服疾病的一小步》一文时，品读分析人物形象，屠呦呦回顾本人和她的团队多年探索，从中药青蒿叶中提取青蒿素展示了科学发现之不易、科学家的担当精神。引导学生深入解读这些精神品质背后的心理机制以及由此带来的事业硕果。引导学生学习杰出人物的精神品质，树立良好的职业价值观。教学梁思成的《中国建筑的特征》一文，可以带领学生走访古建筑，或查阅与建筑相关的图文、视频资料，引导学生将文本阅读所得与走访所见、跨媒介阅读结合起来，对照思考。在查阅与走访的过程中，学生对建筑相关专业、职业也获得更进一步的了解。

（四）开展名著阅读，引导学生树立崇高目标

读书可以增长见识，丰富心灵，带给学生认识世界、发展思维的快乐。朱永新所谓"一个人的精神发育史就是他的阅读史"。经典阅读有助于学生自主人格建构，它对学生的综合素养的影响是潜移默化的。教师可带领学生阅读名著，讲述创作背景，用真实的例子来引导学生思考。例如阅读《大卫·科波菲尔》，我们可以感受十九世纪伦敦社会生活的实景，通过主人公大卫从不幸的童年到中年的生活历程，将朋友的真诚与阴暗、爱情的幼稚与冲动、婚姻的甜美与琐碎、家人的矛盾与和谐汇聚成一条溪流，在命运的河床上缓缓流淌，最终融入宽容壮美的大海。狄更斯将重心放在了对美好事物——高尚、真诚、慈爱、宽容、正直、纯良人性的弘扬上。我们该如何定位自己的人生，怎样规划迈出的每一步，在现实的逆流中泅渡，在命运的风雨中前行，这本书给予学生答案。

利用成长小说和名人传记来渗透生涯规划意识。翻开名人的传记，他们都把兴趣爱好和事业的责任心结合在一起，凝结成一股不可抗拒的力量。成长小说起源于 18 世纪的德国，这类小说讲述的一般是主人公自少年至成年、自天真至成熟的历练过程。主人公年龄段大致对应的是高中、大学阶段。这一阶段的人往往非常情绪化，他们一方面容易焦躁、迷茫，同时又难以脱尽稚拙、单纯、怯懦，与高中生极为相似，极易引起共鸣。读者在作品中可看到自己的影子，从主人公经历种种遭遇后的崛起感悟人生，进而形成坚忍的性格与健全的人格。

（五）读写融合，促进生涯反思

在教学过程中充分利用阅读和写作素材，引导学生把阅读中学到的知识运用到写作中。[①] 布鲁纳认为，认同就是叙事里的自我，布鲁纳叙事理论通过解决和克服教学过程中的问题达到学生自我的提升。[②] 应用叙事的方法指导学生建构自我和规划未来，可以从以下几方面着手：

1. 阅读名著后写作随笔，探索自我，规划自我

阅读名著后及时写下感悟，进一步对自我展开探索。比如阅读《人类群星闪耀时》，学生从 14 篇历史特写，14 个决定性世界历史瞬间，感悟英雄的伟大。

① 陈俊辉. 生涯教育课程与高中生职业目标确立的实践与思考 [J]. 课程教育研究，2019（16）：18-19.

② 禹文军. 新高考背景下高中生生涯教育的实践探索 [J]. 新课程研究，2019（4）：90-92.

阅读《名人传》，被贝多芬、米开朗琪罗、托尔斯泰从来没有在困难面前放弃过的精神感动。除此之外，还可以及时写自己关心的时事，表达对社会人生的思考。通过随笔写作，学生既立足当下，也面向未来。有同学将来想做一名医生，在观看电影《我不是药神》后写文章表达了自己对中国医疗现状的思考和对未来的规划。

2. 以文体写作为手段，培养学生职业写作表达能力

在作文教学中应重视应用型文章写作训练。我们可创设情境，指导学生重点进行发言稿、演讲稿、书信、辩论稿的写作。而这些文体恰是学生在日后工作生活中常用的应用文体。此外，我们还可以把一些常用的应用性文体放在日常教学中随文、随课进行相应的训练。

3. 以主题写作为抓手，提高学生对生涯规划的认知能力

新高考作文特别注重情境设计，引导学生关注社会，关注自身发展与社会进步的关系。比如2021年高考作文：

近日，湖南留守女孩钟同学以文科676分的成绩报考北京大学考古专业一事引发关注。不少网友认为"考古没钱途""不好找工作"。但是另一些网友认为选专业应该选择自己喜欢的，遵从自己的初心，并对这一选择给予理解和支持。班级计划就此事组织一场讨论会，对这事你有怎样的想法？请结合你的感受和思考，写一篇发言稿。要求：自拟标题，自选角度，确定立意，不要套作，不得抄袭，不得泄露个人信息，不少于800字。

这个情境是一个真实的故事，特别能够引起中学生的共鸣。学生在写作也充分表达了选择自己喜欢专业的重要性。专业选择时需要学生明晰自己的价值观，遵从初心。写作时引导学生关注社会，将"小我"融入"大我"。在每周一节的作文辅导课，我精心编制"立德树人"系列讲义，引导学生关注社会，做生涯规划要与时代相融。

4. 职业体验，创作剧本

利用角色扮演的方法进行叙事，通过与别人的对话和倾听对方故事达成对他人的认同。教师可首先让学生自行组队，以理想为主题创作剧本，并增加叙述故事的曲折程度，让学生能够在角色中体验到不同职业中面临的困难，并且能够经过努力解决问题。把生涯的理念贯穿表演当中，这样可以增强课堂的趣味性，培养学生对社会角色的认识、人际交往的能力、抗击逆境的能力以及对生涯的认知。

（六）编写个人成长手册，开展丰富的实践活动

做好学生的阅读成长记录袋，及时记录学生的成长，在不断的语文实践中，引导学生认识自我，提升自我规划意识，不断调整个人职业生涯规划。

听说读写是语文的基本技能，也是未来从事职业的坚实基础。可通过开展课前演讲、读书分享会、辩论赛、剧本创作、排演课本剧、生涯访谈等，提升语文核心素养，培养生涯技能。我们学校还在高三开展了职场面对面活动，学生既学习了访谈方法，又体验了多种职业角色（编导、记者、摄像、剪辑等），也了解了被访人的职业信息。以此来帮助学生树立正确的职业观念，形成生涯规划意识。在这个过程中激发学生为实现自己人生价值而做出努力，不断提升自己的创新能力以及沟通表达能力。

三、语文阅读教学中渗透生涯规划教育要遵循的原则

（一）坚守阅读教学阵地

阅读教学与生涯规划的深度融合，不能舍本逐末，失去语文味。作为高中语文教师一定要明确主次关系，摆正心态，切不可舍本逐末，为了渗透生涯规划教育，而忽视了应传授的语文知识。

（二）创新多元教学方法

在学科融合的过程中，教师要讲究方法，注重科学性与灵活性。利用信息化手段，灵活选择多元教学方法，带给学生不一样的体验。这样的职业生涯规划教育才是学生感兴趣的，也是能在吸引学生注意力的同时，切实优化实际效果的。

（三）完善评价机制，形成正确职业观念

实现"教学评一体化"，以评价促进教学活动的优化。将生涯能力作为学习评价的能力之一。以素质教育为目标，借助评价手段强调生涯教育内容。帮助学生拓展课程以外的活动，针对自己的理想进行探索并形成系列行动，了解自己的能力和特长，为日后选科及报考志愿提供帮助。构建多元评价机制，让学生形成正确的职业观念，改变原本对社会生活以及职业生活模糊且错误的认知。

（四）结语

阅读教学与生涯规划教育的深度融合是新时期教育发展的必然要求，不仅可以增强学生的学习动力，还可以为国家人才培养贡献一份力量。语文教师要抓住机会，进行灵活而巧妙的生涯规划教育与引导。这使学生们在人生选择的十字路口不至于彷徨迷茫，而是能明确人生奋斗的方向，并为其努力拼搏。教师要挖掘阅读教学中隐含的生涯教育资源，立足课堂，捕捉教育契机，适时开展学习活动，实现生涯规划教育的多角度渗透，形成教育合力，相互促进。

课例 　　　　　　**感伟人情怀 树远大理想**
　　　　　　　　　　——语文阅读与生涯规划融合教学课例

沁园春·长沙
毛泽东

【教材分析】

《沁园春·长沙》是部编教材必修上第一单元的第一篇课文，本单元的人文主题是"青春的价值"。这首词体现了毛泽东革命现实主义和革命浪漫主义的完美结合。32 岁的毛泽东，面对湘江的自然秋景，用词作表达他对当时革命形势的思考和改造世界的雄心壮志。学生从词中感受到毛泽东的革命热情和爱国情怀，更加坚定自己不断进取、奉献社会的信念与愿望，对中学生树立生涯规划意识有重要意义。

【学情分析】

首先，从知识构成来看，学生在初中学习过《沁园春·雪》，对毛泽东的诗歌有一定认识，也初步掌握了鉴赏诗歌的方法。其次，从学生的情感体验来看，高一学生正处于青春阶段，他们朝气蓬勃，比较容易感受到诗人积极乐观，昂扬向上的感情。难点在于把握诗歌情景交融之妙，提高诗歌品读和审美鉴赏能力；体会诗人博大的胸襟和以天下为己任的责任意识。高中时期是青年世界观、价值观、理想信念形成的重要时期，他们需要树立榜样。学习此课，引导学生领会诗人主宰天地沉浮的博大胸襟和大无畏的革命气概,对学生思考青春价值,充实精神生活,激扬爱国热情起着重要作用。

【教学目标】

1. 品味关键词语,把握词中描绘的意象,分析景中寓情、情中显志的特点,培养鉴赏诗歌的能力。

2. 感受伟人博大的情怀和以天下为己任的伟大抱负,体会榜样的力量,理解青春的价值,从而追寻理想,拥抱未来。

3. 从伟大人物的生涯选择中获得启迪,树立生涯规划意识和人生目标。

【教学重难点】

1. 体会词作的雄浑意境,感受诗人的乐观精神、革命壮志和博大情怀,激发学生的历史责任感。

2. 发挥榜样力量,树立远大理想,激发学生生涯规划意识。

【教学过程】

◎ 自主探究

(一)创设情景,激发兴趣

学习活动一:

秋是一个丰富而充满想象的季节,古往今来的文人墨客写下了许多感秋诗文,表达对秋的感悟与思考,你知道的有哪些?

在学生回答的基础上,教师用多媒体课件出示以下诗句,并让学生说说这些诗句表达了作者怎样的思想感情。

月落乌啼霜满天,江枫渔火对愁眠。

空山新雨后,天气晚来秋。

落霞与孤鹜齐飞,秋水共长天一色。

自古言秋多寂寥,我自言秋胜春朝。

无边落木萧萧下,不尽长江滚滚来。

(设计意图:营造适于本词鉴赏的情景氛围,以便于学生能在最短的时间内对诗词形成一种感性认识,也便于激活学生已有的知识储备,激发学生鉴赏本词的兴趣。)

（二）整体感知，了解内容

学习活动二：

配乐朗诵，学生自读课文，思考本词上下阕各写了什么内容？分别圈出统领上下阕词句内容的两个字；画出最能表现本词主旨的一句词，体会这句词在全词中的作用。（分学习小组讨论，交流自学情况。）

课堂讨论，教师归纳板书：

上阕：描绘绚丽多彩的湘江秋景（看）

主旨：怅寥廓，问苍茫大地，谁主沉浮？（承上启下）

下阕：抒发慷慨激昂的革命情怀（忆）

（设计意图：引导学生用诵读法自学，让学生走进诗词的意境，与诗词对话，通过对话了解诗词的主要内容；通过圈画法揣摩语言，培养学生良好的语感和整体感知诗词的能力。）

（三）品味鉴赏，体景悟情

◎合作交流

学习活动三：品一品，品出"大美"

1.上阕描绘了哪些意象？从词句的形象性、陌生化角度加以赏析。

赏析："看"统领的意象：山、林、江、舸、鹰、鱼——万类。

万山红遍："万"字强调山之多，"遍"写出红之广。四字一句，写出诗人在橘子洲头远眺，映入眼帘的起伏群山，一派火红的景色。眼前景色，很容易让人联想到火热、蓬勃的革命形势。

层林尽染：写出起伏的群山，林木茂盛，秋叶经霜变红的景色。"染"字运用拟人的手法，写出秋林由绿变红的渐进过程，火红的色彩，重重叠叠，层层加重，最终完全变成亮丽的红色。

漫江碧透，百舸争流："漫"字写出整条大江江水满溢之状；"争"字展现了江面上千帆竞发、争先恐后的热闹场面。俯瞰眼前北去的湘江，满江如碧玉般清澈见底，江面上来来往往的船只争先恐后，你追我赶一派热闹繁忙的景象。

鹰击长空："击"与"飞"有什么区别？陌生化用词，更加形象生动，天空中，雄鹰展翅，身姿矫健，充满勇猛的力量。而"飞"字，用语太过俗常，缺乏新奇的个性。

鱼翔浅底："翔"与"游"的比较——通常描述鱼的状态都是用"游"字，"翔"多用来描述飞鸟的姿态。蓝天映照碧水，由于江水过于澄澈，江中的鱼，都好像"空游无所依"，如鸟儿在天空飞翔一样，轻松自如，而又酣畅淋漓。

万类霜天竞自由：由眼前景扩展到世界万物，并做了哲理性的概括，世间万物都在秋光中争着过自由自在的生活。它生动再现了当时中国工农革命运动蓬勃发展的现状。

2.诗人借这些意象表达了怎样的情怀？

湘江秋色图的描绘，一改古人笔下的寂寥、悲苦、愁怨的情怀与格调，通过远近、俯仰、动静灵活多变的视角和颜色对比、动作对照，写出湘江秋色的绚丽多彩，生机盎然，凸显诗人的壮志豪情和博大胸怀。上阕重在写景，却处处寓情。"湘江秋景图"以词人为中心、江洲为背景，捕捉生机盎然的意象，构成绚丽壮美的画面，所写之景无不流露出激荡的思潮。红色的基调，既是枫林如火的再现，又寄寓着词人火热的革命情怀，有对祖国命运的乐观憧憬。万类"竞自由"，更蕴含了作者对自由解放的向往与追求。一个"怅"字，将奔来之景收束，由眼前之景到心中之志，词人自然地思索祖国命运和革命前途，提出"谁主沉浮"的重大命题，转而进入下阕的抒怀。

3.自古文人悲秋，为什么青年毛泽东笔下的湘江秋景却如此绚丽多彩、生机勃勃？

知人：了解一个人的作品，首先要了解这个人的经历。毛泽东是一个有远大志向的人，16岁读书时写下《咏蛙》："独坐池塘如虎踞，绿荫树下养精神。春来我不先开口，哪个虫儿敢作声。"到湖南第一师范上学时，毛泽东偷着在父亲的账簿中留言："孩儿立志出乡关，学不成名誓不还。埋骨何须桑梓地，人生无处不青山。"毛还是一个诗人，始终用诗性的眼光看待世界。在战争过程中，留下很多脍炙人口的诗歌，被人们誉为马背诗人。其诗歌充满壮美雄浑的浪漫主义风格特色。

论世："文章合为时而著，歌诗合为事而作。"1925年前后，五卅运动和省港大罢工相继爆发，毛泽东直接领导湖南的农民运动。同时，国共两党的统一战线确立，国民革命政府在广州正式成立。这年深秋，毛泽东自韶山赴广州接办农民运动讲习所，途经长沙，追怀在长沙的求学经历。当时，大革命的风暴风起云涌，全国形势一派大好。其笔下的秋景也是昂扬的、蓬勃的、壮美的。

小结：青年毛泽东以天下为己任，蔑视反动派，有改造旧中国的豪情壮志，他不同于多愁善感的纤弱文人，所以诗词也不同凡响，充满豪情壮志。

活动四：比一比，比出"大志"

1.上阕提出"谁主沉浮"的问题，下阕是怎样回答的呢？

作者没有正面回答这个问题，而是宕开一笔，回忆当年的生活，同学、战友，还有那些不寻常的往事。这样写从结构上来看，回到橘子洲上，重游故地，当然要重温旧梦，同时回答了上文的疑问。能够主宰沉浮的，能够领导中国革命的，应该是我的"百侣"。

2.青年毛泽东为什么如此自信这群"同学少年"能担当国家的前途和命运呢？诗人笔下刻画了一群怎样的有志青年呢？

这群"同学少年"是朝气蓬勃，奋发有为的革命青年，是意气奔放，才华横溢的革命青年，是关心国家命运，斗志旺盛，蔑视权贵，敢为天下先的革命青年。很多研究者认为，"五四"运动包括两方面内容，一是思想启蒙，重在个体精神自由；一是政治救亡，重在群体战斗行动。《沁园春·长沙》上下阕恰是分别表现这两方面。上阕是——万类霜天竞自由，过渡句是——谁主沉浮，答案是——携来百侣曾游。

究竟谁主沉浮，诗人采用不答之答。既然这群百侣——年轻，有知识，有文化，以天下为己任，他们自然能够中流击水，主宰沉浮，挽狂澜于既倒，扶大厦之将倾。这样的场景含蓄地回答了上面的提问，言已尽而意无穷，意已尽而情不已。

下阕选用典型事例，将往事化为触手可及的形象，构成意象群，中心意象群是"同学少年"。正是这群青年才俊，一代英豪，代表着主宰世界的新生力量。

3.鉴赏"曾记否，到中流击水，江遏飞舟？"

多么大的气魄！这么大的气魄当然能"主沉浮"。毛泽东青年时代就有"自信人生二百年，会当水击三千里"的鸿鹄大志，革命气概何其大也！

小结：这首词上阕描绘了一幅多姿多彩、生机勃勃的湘江寒秋图，并即景抒情，提出了"苍茫大地，谁主沉浮"的问题。下阕回忆了往昔的峥嵘岁月，表现了诗人和战友们为了改造旧中国英勇无畏的革命精神和壮志豪情。形象含蓄地给出了"谁主沉浮"的答案——主宰国家命运的，是以天下为己任、蔑视反动统治者、敢于改造旧世界的青年革命者。下阕抒发了改造的旧中国，担负起主宰国家前途命运大任的豪情壮志和革命情怀，所抒之情慷慨激昂。

（四）感伟人情怀，树远大理想

◎合作探究

活动五：联系现实，谈谈当代"同学少年"应该有怎样的大志和大局意识。

我国广大青年要坚定理想信念，培育高尚品格，练就过硬本领，勇于创新创造，矢志艰苦奋斗，同亿万人民一道，在矢志奋斗中谱写新时代的青春之歌。

——习近平 2020 年 8 月 17 日致全国青联十三届全委会和全国学联二十七大的贺信

补充资料：人物事例

2022 年感动中国十大人物——中国航天人

事迹：从 1970 年中国发射第一颗人造地球卫星"东方红一号"，到今天，中国人探索太空的脚步，从近地走向深空，从无人走向有人，从月球走向火星，"敢上苍穹揽月，不畏艰险启航，豪情问天，壮志报国"。在航天大国迈向航天强国的道路上，中国航天人勇攀高峰、自立自强，用一个个坚实的脚印，把梦想化作现实。"北斗人"踔厉奋发，"探火人"笃行不怠……航天人，好样的！

2022 年感动中国十大人物——陈贝儿

陈贝儿在节目《无穷之路》中穿梭全国六个省份，包括四川、云南、宁夏、海南、广西及贵州，由全国最南部的热带雨林，走到云贵高原大峡谷，踏进大西北戈壁沙漠，进入川藏高原，深入十个贫困县，了解各地民生，分享成功脱贫的故事。口碑载道的《无穷之路》除了在香港本地取得理想收视成绩之外，海外观众亦好评如潮。

2019 年感动中国十大人物——四川森林消防员

2019 年 3 月 30 日下午，四川凉山木里县发生森林火灾，四川森林消防总队凉山支队西昌大队组织消防队员开赴一线展开扑救。3 月 31 日消防队员克服山高坡陡、沟深林密、缺氧难行等困难，每人负重 30 余斤，徒步行军 8 个小时，在海拔 3700 余米的地方与森林大火展开了搏斗，当天下午，明火已被扑灭后，消防员在向山谷两个烟点迂回接近时，遭遇林火爆燃，27 名森林消防指战员和 4 名当地扑火人员全部牺牲。

2019 年感动中国十大人物——黄文秀

北京师范大学硕士毕业后回乡工作，2018 年担任广西百色乐业县百坭村的驻村第一书记。黄文秀的家庭并不富裕，父亲身患重病，重重压力之下，黄文秀总是乐观开朗、积极向上。从进村开始，黄文秀就努力融入当地生活，挨家挨户走访，学会了桂柳方言，一年多时间，她帮村里引进了砂糖橘种植技术，教村民做电商；协调给每个村建起了垃圾池。在黄文秀任上，百坭村103户贫困户顺利脱贫88户，村集体经济项目收入翻倍。黄文秀驻村笔记中写道："每天都很辛苦，但心里很快乐。"2019年6月17日凌晨，黄文秀遭遇突发山洪不幸遇难，年仅30岁。

【学生展示环节】

学生1："恰同学少年，风华正茂"，青年要心怀"国之大者"，树立远大志向。青年兴则国家兴，青年强则国家强。我们要胸怀星辰，将个人志向与强国兴邦、利国利民紧紧联系起来。周恩来总理的"为中华之崛起而读书"成为无数青少年的座右铭，雷锋同志的"一滴水只有放进大海里才永远不会干涸，一个人只有当他把自己和集体事业融合在一起的时候才能最有力量"，我们要立鸿鹄志，做奋斗者。新时代青年要心怀"国之大者"，把小我之志向融入祖国之未来，与时代同进步，与民族共命运，与人民同呼吸。

学生2：我们要学习黄文秀、陈贝儿、四川森林消防员等青年榜样，坚定理想信念，自觉把人生追求与党的事业紧密联系在一起。把人生理想融入国家富强、民族振兴、人民幸福的伟业之中，主动担负起时代赋予的历史重任。一代人有一代人的使命，一代人有一代人的担当。在艰巨任务、艰苦环境中经风雨、见世面、壮筋骨，练就一副堪当时代重任的铁肩膀；干实事、求实效，在真抓实干中练就一身善作善成的真本领，脚踏实地把每件平凡的事做好，在平凡的岗位上创造不平凡的业绩。

（五）读写融合，规划生涯

◎体验学习

活动六：时代和社会是出题人，我们每个人都是答卷人。有人说，一生只做好一件事，一事只怀一颗心；有人说，多样的人生会更精彩；也有人说，一生只做好一件事，也是经历过多样人生后的一种抉择。不同的人有不同的答案。对此，你有怎样的思考和感悟？

假如你所在的学校要举办生涯规划论坛，请结合上述材料，联系现实写一篇发言稿。

要求：自选角度，确定立意；自拟标题；符合文体特征；不要套作，不得抄袭；不得泄露个人信息；不少于800字。

发言稿评价量表

评分标准	主题鲜明，有生涯启示（20分）	条理清晰，结构完整（20分）	联系实际、事例典型（20分）	语言流畅、文辞优美（20分）	声音洪亮，富有激情（20分）
自评					
互评					

第二节课，每个学习小组选出一名同学来讲解与展示作文内容，之后进入自由提问环节，调动课堂氛围。通过对教学环节的有效设计，可让每个学生积极主动参与到课堂学习中来。教师在最后应进行全面系统的点评，并分析总结教学内容，形成相应的知识框架。

（设计意图：怎样的人生是精彩的？不同的人有不同的答案，关键是应有自己的思考和感悟，这就打开了学生的生涯规划意识，在观点碰撞中发现自己的人生之路。让学生结合自己的实际来谈一谈理想，给学生提供抒发自己情感的机会，使高中生牢固树立正确的价值观。）

【板书设计】

沁园春·长沙

毛泽东

上阕写景　描绘绚丽多彩的秋景图

问

谁主沉浮？

答

下阕叙事抒情　抒发胸怀天下的革命情谊

【教学反思】

《沁园春·长沙》是一首革命壮歌，表达了一代伟人的革命豪情、奋斗精神，是激励当代青年人绽放青春光彩、担当家国责任、弘扬革命文化的经典作品。本课的设计有两处创新：一是深入挖掘了红色革命文化资源，突出了立德树人的教育宗旨。结合伟人生平和创作，感受伟人情怀，树立远大理想。二是将语文学科与生涯发展相融合，唤起生涯发展及规划的意识。通过教学实践，基本上能够达到预设目的。

生涯发展与语文学科融合是一次全新的尝试，对于生涯规划不能只停留在设想阶段。高中语文教学中渗透生涯规划教育，需要教师挖掘资源积极开发并合理使用，指导学生学习不同领域翘楚们的卓越品质和探索精神，并在情境体验里进一步树立职业理想，为学生的幸福人生奠定坚实的基础，从而更加坚定学生提升自身综合能力、提升核心素养的决心，激发学生探究意识和发展潜能。

【案例实践】

"经典阅读与生涯规划"主题征文比赛

草长莺飞，正是读书好时节。恰逢四月读书月，为营造校园良好读书氛围，之谟图书馆联合语文教研组、惟一书屋联合开展"阅读伴成长"主题分享活动。本次阅读分享会面向高一、高二学生，同学们可撰写一篇自己阅读某本书后的成长感悟，以及本书对个人生涯规划的启迪，交给语文老师。投稿期结束后，由语文教研组选出30篇优秀读后感，分别评出三等奖15名，二等奖10名，一等奖5名。图书馆将向每位获奖同学颁发荣誉证书，并邀请获得一等奖的5位同学参加阅读分享会，向其征集心愿书单，在分享会结束环节为其实现心愿。

"经典阅读与生涯规划"主题征文比赛评分表		
评价内容	评价标准	
主题内容	主题鲜明，与生涯规划结合紧密，有启示意义（5分）	
	阅读名著，体悟深刻，感情真挚（5分）	
	内容与主题统一，选材贴合主题（5分）	
	文章题目贴切醒目，简洁新颖（5分）	
体裁结构	思路清晰（5分）	
	文章结构严谨（5分）	
	层次分明（5分）	
	文体清晰（5分）	
语言表达	语言通顺流畅，符合逻辑（5分）	
	写作技巧运用得当（5分）	
	详略得当（5分）	
	有文采（5分）	
创新和亮点	观点具有启发性（5分）	
	材料构思新鲜，见解独到（5分）	
	章法架构有独到之处（5分）	

优秀作品展示

<h1 style="text-align:center">"阅读伴我成长"</h1>

——名著阅读与生涯规划主题征文精选

<h2 style="text-align:center">掬揽明月入心怀，探幽微生命真意</h2>

——《月亮与六便士》读书报告

2102班　封盼盼

伴随人生长河涓涓不息，我们对同一本书都会有不同的理解，每一种理解都是彼岸怒放的蔷薇，值得我们驻足一嗅花香，生命不息，内涵不止，愿你我在人生路途赏一路繁花。

从我们呱呱落地到人生暮年，我们每时每刻都面临着选择。李密的忠孝难两全，焦仲卿的妻母难割舍，苏武的忠利苦坚守……纵观历史之长河，横看阶层之高低，一窥人生百态，便会发现"理想"与"现实"是一个亘古不变的话题。是追随月亮的皎皎银光，身怀理想浪漫离开；还是拾起六便士的世俗美好，誓与现实抗争到底。无论是理想的信念，还是世俗的观念，《月亮与六便士》都给出了它的答案。

背弃家庭、穷困潦倒的男主人公查尔斯在不惑之年义无反顾地抛弃了世人眼中优渥幸福的生活奔赴巴黎学画画。种种遭遇过后，在南太平洋的一座孤岛，他心中那个伊甸园般的世界，贫困与绝症将他紧紧包裹，在双目失明的状况下，他用毕生力量绘下了一幅惊人的巨作，发出了来自灵魂深处的呐喊："即使只靠一支画笔，沦陷于赤贫之中，我孤独而炽热的灵魂也无法和画画分开。"他历经失败而不气馁，在绝望的泥潭中鼓起勇气，面对艺术家的顽敌自我怀疑而执着地坚持下去，面对世人的指摘与批判怀揣勇气而不断自我审视仍永不放弃。

他追随诗和远方的炙热目光将我融化，他对世俗的不予理睬给我勇气。他对热爱的追求给了年少不知世事艰的我无限的勇气与力量。我如饥似渴地从文字中感悟真谛，我天马行空地憧憬未来，我不知疲惫地创作，我勇往直前地实现我的文学梦。查尔斯的热爱与坚守就像熊熊燃烧的火炬照亮了我的追梦之路。

可是身处社会洪流中的我们不免被良莠不齐的信息言论所淹没，在信息时代的大背景下，没有从前的车马慢，一生只够爱一人。"快餐式"爱情、"快餐式"理想，人们开始为这些打上标签，试图告诉所有的年轻人：这个社会是浮躁的。没错，这个社会是浮躁的，无数的利益诱惑就像一双双无形的手，试图把你拉进现实的无   让你相信在现实面前理想不值一提。

就像《月亮与六便士》里的亚伯拉罕医生，放弃了做一个闻名遐迩的外科医生，一年一万磅的收入，娶一个漂亮的妻子，获得世人眼中的成功。而去做自己最想做的事情，在自己喜欢的环境里生活，自己宁静致远，但却被阿莱克认为糟蹋了生活。

我也是一介俗人，不免被社会同质化，我停下了追梦的脚步，从书中寻找答案。我看到了斯特里克兰德牧师反驳关于他父母之间某种"不愉快"的已经深为世人相信的描写，试图营造一个美好和谐的家庭氛围；我看到了斯特里克兰德太太掩饰为了生计曾经干过不大体面的营生，尝试塑造一个乖巧女人的美好形象……毛姆在书中提出："人们把面具佩戴得天衣无缝，连他们自己都以为在佩戴面具的过程中自己实际上就成了和面具一样的人了。"我们都是佩戴面具的人，用美好的谎言粉饰着内心的欲望与肮脏，我们不愿甚至是害怕直视现实的可悲与处境的不堪。

我陷入了深深的自我怀疑，当欢笑淡成沉默，当信心变成失落，我走近梦想的脚步，是否依旧坚定执着；当笑颜流失在心的沙漠，当霜雪冰封了亲情承诺，我无奈的心中，是否依然碧绿鲜活。我不知道，我开始抵触极端的理想主义，反感摒弃义务追求梦想的行为。

在一次阅读课的偶然翻阅中，我对《月亮与六便士》有了新的体悟，对现实与理想的选择有了新的观点。书中的"我"最后对查尔斯做出了这样的评价："斯特里克兰德是一个令人厌恶的人，但我不得不承认他是一个伟大的人。"简短的评语却反映了此书的成功之处，查尔斯是一个立体人物而非扁平人物。查尔斯看向月亮的勇气与执着值得我们学习，但是他对六便士的不屑，对义务道德的嗤之以鼻却是不可取的。

这个世界从来都不是非黑即白，现实和理想两个看起来相悖的观念实质上从来都不矛盾。理想与现实，互为因果。如同易经阴阳原理，理想中有现实，现实中有理想。互相演化推进，直到未来。

从现实来看，道德对于族群整体的发展是有利的。如果没有道德整个社会组织都会分崩离析，但是道德对于个体是残忍的，它如千斤重担压在个人身上，让人必须按照既定的方向行走，这是我们不得不遵循的现实。同时书中浅显的比喻"一个人掉进水里，它以何种姿势游泳是无关紧要的，游得好与坏都无所谓：

他不得不挣扎出来，别让自己淹死才是大事。"别让自己淹死，基本的生活物质保障也是一个必需的现实前提。同时游得好与坏，需要我们敢于直视内心，以豁达的心态和自己和解，合理地对待内心的世俗欲望。

从理想来看，它是一个让人为之疯狂的至死不渝的浪漫。它具有月亮的一切特性，美好纯洁，令人心向往之，但又虚无缥缈，让人遥不可及。有人因为现实的骨感而对理想不屑一顾，有人因为理想的遥远而对理想望而却步。但是，我们每个人都应心存理想，因为它是黑夜来临时你唯一的光，否则在茫茫夜幕里等待你的只有迷茫和无助。"在满地都是六便士的街上，他却看到了月亮。"当你失去勇气继续追寻心中明月时，不妨看看查尔斯在理想面前奄奄一息，过得如此落魄而美好。不要因为玫瑰带刺而放弃触碰，我们应心怀查尔斯的勇气和毅力，与花群相拥。

王国维曾说："现实和理想之间，不变的是跋涉；暗淡与辉煌之间，不变的是开拓。"现实生活永远都在，诗与远方也都在。人生就是一条波澜不惊的小河，穿过绿色的草地迂回前行，最后流经了浩瀚的大海。但是大海是那么平静，那么寡语，那么超然，你倒会突然被莫名的不安扰乱。现实就是我们必须迎着的崎岖的岩石，迎着暗礁的海岸，纵使路途艰辛而又遥远，我们终将到达蔷薇怒放的彼岸。既然现实是必然，理想是可然，那为什么不手执六便士，揽明月入怀呢？尽管我们没有放下一切的勇气，现实理想两全的能力，但是我们可以站在现实与理想的平衡点，为这一天的到来做准备，不忘初心，方得始终。

从这一刻起，我将相信，潦倒与伟大，卑微与善良，仇恨与热爱是可以毫不排斥，共存于一颗心里的，那就是永恒的"月亮"与"六便士"。

心有雄鹰，展翅飞翔

2108班　万景华

我想分享的书籍是《你当像鸟飞往你的山》。

本书的作者塔拉·韦斯特弗出生于美国爱达荷州巴克峰上一个家庭。她17岁之前从未上过学，通过自学考入杨百翰大学，最终获得剑桥历史学博士学位。塔拉·韦斯特弗于2018年出版这本处女作《你当像鸟飞往你的山》，2019年因此书被《纽约时报》评为"年度影响力人物"。

听起来，她的一生是一个"传奇"，但看完这本书之后，我认为用"离奇"形容更加贴切。这本书是她的自传，主要讲述了她前半生的求学经历。在文字的描述中，塔拉的父亲是一个狂热的摩门教徒，相信世界末日终将来临，认为医院和学校是政府用来控制人们身体与精神的工具，便禁止家人去医院看病、孩子去学校上学。他甚至编造政府因发现儿童未去上学就开枪射杀其一家的故事，以此团结家人与他一起制造罐头、准备枪支弹药来抵抗政府的可能"光临"。在父亲为独裁者的统治下，塔拉一家终日生活在教条、极端思想、封建迷信与绝对控制里。不仅如此，塔拉的大哥肖恩受父亲的影响，也通过言语羞辱和暴力来精神控制、欺压塔拉。

她终究无法忍受压迫，受已离家的二哥泰勒鼓舞，自学考入杨百翰大学，开始并完成了她的学业路。

这本书并不同于一般的励志故事——讲述主角是如何通过奋斗摆脱困境取得成功，相反，它突出了塔拉在封建迷信和现代思想中的拉扯、在家庭生活和追求自我中的徘徊。这个过程无疑是艰难而又痛苦的，苦难的根源便来自于她的家庭，这个家庭中暴力与不公同在、控制与压迫并行。这使塔拉一度自卑、敏感、并对生活产生深深质疑。

知道她17岁窥见曾经无比陌生的新世界——教育的一角，她的心中又开始萌动了新的生机。在这个全新的世界摸爬滚打、跌跌撞撞之中，塔拉学会了一种能力，是自我学习和自我思考的能力；她也成为了一种人，是她教授口中"卖花女"这样的个人。（《卖花女》是爱尔兰作家萧伯纳的戏剧，描写了一名教授训练一个本为贫民的卖花女，并最终成功使她被上流社会认可的故事。）塔拉的教授还对她说："决定你是谁的最强大因素来自于你的内心。卖花女只是一个穿着漂亮衣服的普通人。她相信自己，那时，她穿什么衣服已经无关紧要了。"

总而言之，这是一个山区女孩通过接受教育反抗原生家庭，与自我雏形作斗争的故事。对于我们来说，原生家庭固然不似塔拉的家庭那般恐怖，但年龄的代沟、认知的差距、身份的不对等终难免让我们与父母之间产生矛盾。举个最简单的例子，大多数家长常常希望我们把时间尽数投入学习中，而不是放在无关紧要的事情上。我父母就认为我不应该在此次阅读分享上花费太多时间，但我更愿意付出精力去珍惜这次机会，所以我现在站在这里，分享出我绞尽脑汁总结的观点和几经推敲的语言，希望得到大家的认可。这也是我权衡之后，做出的自认为最优的选择。

在眼下这个年龄段中，也许最好的状态就是不听信、不盲从也不一味否定；多观察、多思考也要勇于表达。最终无畏质疑与否定，平衡好原生家庭与自我决心之间的关系，最终成就自我。

相信自己，你当想愿成为的鸟，飞往所梦想的山。

成长至味是读书
C2101班　李乐城

我读书是从阅读绘本开始的，一面面纸上印刷着具有强大冲击力的色彩，和一篇篇简短易懂的故事，让我陶醉在其中。美好的童话使我惊奇、大笑、奇幻，让我爱上了想象，但是只单调于色彩明亮的弹丸之地。

让想象飞到世界

到了小学，我的语文老师喜欢让我们读书，在我印象中，《草房子》是第一篇我读过的带有伤感的书。一开始读这本书是艰难地读，我百无聊赖地、慢慢看着让我觉得很新鲜的环境描写，但始终觉得这本书是死板的、静止的。渐渐，《草房子》中那幽静自然的乡村环境如流水般沁入我的心田，我闻到了深藏在麦浪中的麦香，听到了旋飞在空中的鸽子在鸣叫。绘本只能满足我的视觉，我的听觉和嗅觉已经想要挣脱绘本的束缚，于是我便不再读绘本。

不知我读了多少令人泪目的小说，看着主人翁渐渐地成长、失去，一时的失落，一时的兴奋，逐梦时流下汗水，失败后流下的泪水，奋战后流下来的血水，在一笔一手指间，爱国、坚持、勇敢的品质注入我的心灵。我一页一页地啃读着，一本一本书品味着，我的心灵逐渐能满足，即使是在一个小小的书房，我也能越过阿尔卑斯山，领略欧洲风光；也能乘载火车，感受雪国严寒；也能飞跃在屋檐上，观看盛唐长安。我的想象能飞到整个地球，在故事、形象、情感的交织下，感受这个世界的美。

世界如此壮阔，让我有些眼花缭乱，小说里一个又一个主角追梦的故事令我入迷，在曹文轩写的《根鸟》中，那个追梦少年，一次次地开启征途，一次次地被打趴，但最终不愿放弃梦想，虽然我也被感动，觉得小说有诗意，但我似乎想象不到为什么人要无止休地追寻梦想。

将眼光投向宇宙

时光隧道来到五六年级，我开始疯狂阅读科幻小说。原本我对此毫无接触，我的几个同学挤在一团，总聊些科幻的东西，我便开始读科幻小说了。一开始读的是中小型的科幻小说，科幻小说的开头让我看得云里雾里，但就在快结尾处，在我马上对这篇小说失去兴趣时，在感性之光黯淡之时，文章以理性的状态，为我打开了一个新世界的大门，科学、未来、未知等元素震撼着我，这种强烈的科学之中却一直保留着理性中的感性。

同学们都在看一本叫《三体》的科幻小说，这引诱着我，我开始看《三体》。我是从第二部开始看起，开头我看的不知道在讲什么，我索性就不看了。直到有一次，我看了一个关于《三体》的简介，单单是在剧情上我便已经开始震撼了，我便重新看书。我曾在睡梦中想象到外星人来地球，也从未想到后果，而《三体》用理性之剑将整个过程解剖了，但在结尾之前不过是一连串用科幻编织的剧情，一直到"黑暗森林法则"被公布，宇宙的面貌才如画卷般悄然落下，仿佛能看到每一个白矮星都在散发着有频率的光线，似乎我已经没有了我自己，已经融入了人类这个集体，无时无刻为人类的命运提心吊胆，而在处境越来越危急，在人类要灭亡的一瞬间，就在我要放弃了，为人类命运悲哀时，反转了，仿佛是整个宇宙都发暗转了。这一刻，我对理性产生从未有的敬畏，得到了释怀。

在科幻小说的阅读之中，我的思维再次飞跃，散落在整个宇宙，不断地思考，在科幻小说的一次次震撼中，我寄想象与宇宙，随君直到千万里。

于是我开始喜欢仰望星空，天上的星星是如此明亮，中心处刺眼的白点，以及周围散发着千万光丝，正像我的梦想。我想起一句诗："仍要用伤痕累累的手，去摘遥不可及的星。"

科幻小说更像是点燃了我的梦。

使心灵细嗅蔷薇

之后我读的书愈来愈杂，有哲学的《苏菲的世界》，甚至还有些经济学书，医学书，但阅读时间越来越少，到了初一我基本在无书世界里飘荡，甚至不知道读什么书，往哪里前进。

直到有一天，我又看了一本书叫作《追风筝的人》，那是整个人的一生的亲情、爱情、友情夹杂在一起，我从宇宙回到了人情世故，情感陶冶了我的心灵，才发现一花一木皆有情。

后来啊，我爱上了经典散文。不仅因为文中诗情画意或理智幽默的语言，以及一瞬间爆发出感人肺腑的情感，令我沉醉于其中；更因为它让我在文学的海洋中游泳，在文学语言的不断流动而反射的光波里感受大千世界的每一角，每一处。

刚开始读得非常地不顺畅，一些文段愣是没读出个情感思想，但是当你细细地读下去，有些东西让你惊叹。

例如霍桑的《烦扰的心灵》这篇文章，描写梦中的画面，看似晦涩的文字达到了余音绕梁的美感，梦中王国幽灵般的居民，在清醒的睡眠之中，那具有哀绝美的灵车，随着年轻、苍白的哀悼者出现，虚妄的希望、灾难的魔鬼逐渐跟随。这反反复复透露出来的孤独、恐惧、欣喜如钟声般一次次地敲响，荡入我的心灵。梦里梦外，似有似无，捉摸不定的氛围到底意味着什么？那捉摸不定的描写就像捉摸不定在我心中，在未知中探索，才是阅读散文的最大乐趣。无论是多深奥的文章，无论你有多少疑惑，你只需要细细地思考和品味，在文段的开头，一直寻着踪迹，在字里行间，抓出丝丝情感。仿佛就是在解题，一篇好散文，表面上不过是一摊文字，而细细挖掘，不断钻研，越钻，文段中可贵的思想感情越会鱼贯而出，钻之弥深，获之愈多。

阅读散文，更像是将身心深扎在每一处细微，当月下的思念，花间的热爱，声声鸟啼里的坚韧，浸入了我的心灵，我才发现，细微之处，皆是人情世故；细微之处，皆是点滴进步。

阅读就像是在爬山，每一步都是里程碑，记载着你的成长和蜕变。在书里，世界之美，在壮阔浩荡下流露微甜；宇宙之美，在震撼奇幻中慷慨淋漓；细微之美，在人情世故中芬芳扑鼻。黄昏落日前的世界，星光灿烂的宇宙，树下草间的细微，酸，甜，苦，辣纷纷写入书中，在一横一竖，一撇一捺中，充满了真情的格调，是极致的韵味！

第四节　以学科融合润心，让心灵之花绽放

——中学语文阅读教学与心理健康教育的融合

　　高中生处于人格发展的关键期，人格的完善离不开健康的心理。阅读学习在育人方面有着极其重要的作用。我们从语文课程目标设定也能感受到语文课程对于学生心理健康与人格完善的重视。新课标中阅读目标要求："在阅读与鉴赏活动中，不断充实精神生活，完善自我人格，提升人生境界，逐步加深对个人与国家、个人与社会、个人与自然关系的思考和认识。学习鉴赏中外文学作品，具有积极的鉴赏态度，注重审美体验，陶冶性情，涵养心灵；能感受形象，品味语言，领悟作品的丰富内涵，体会其艺术表现力，有自己的情感体验和思考。努力探索作品中蕴含的民族心理和时代精神，了解人类丰富的社会生活和情感世界。"[①]语文课程可以通过阅读与鉴赏、表达与交流、梳理与探究等学习活动培养学生的核心素养，帮助其树立远大理想和积极的人生观，在高中语文教学中渗透心理健康教育尤为重要和必要。《中小学心理健康教育指导纲要（2012年修订）》指出学校应将心理健康教育始终贯穿于教育教学全过程。全体教师都应自觉地在各学科教学中遵循心理健康教育的规律，将适合学生特点的心理健康教育内容有机渗透到日常教育教学活动中。在阅读教学中渗透哪些心理健康教育内容，如何有效渗透是语文教师必须要掌握的关键。

　　语文学科与心理学科学科属性不同，有各自的学科知识和学科目标，因此不能简单粗暴地结合，而应长期地、温和地"渗透"，在"润物细无声"中实现其超学科、跨学科的共同价值目标。语文学科广博浩瀚，既具有综合性也具有实践性，教师在探索心理健康教育的渗透策略时，不妨从多个角度入手，尝试追求渗透效果的最大化。

① 　中华人民共和国教育部制定. 普通高中语文课程标准(2017年版2020年修订)[M]. 北京：人民教育出版社，2020：10.

一、目前中学生心理健康教育状况

随着时代的发展，作为网络原住民的"05后"也到了上中学的年纪。"05后"出生于信息高速发展的时代，接触的新兴事物多，视野开阔，父母大多是70后、80后，教育理念较为民主。作为新时代青年，他们要求民主自由、渴望被看见、个性张扬、情感诉求直接。他们喜欢尝试新鲜事物，喜欢挑战，但当碰壁时却往往不能用正确的心态来面对。他们或从小受到了家庭过多的呵护和关爱，自我意识较强，很有想法，表现出别具一格的个性。他们比较尊崇自我，喜欢按自己的意愿行事，不服管，怕吃苦，怕唠叨、怕约束。因为从小在赞美声中长大，对批评的承受能力较弱。还有一部分因为父母离异，或父母外出打工，留守家庭，较为孤僻，存在一定心理问题。

教育的目的是培养身心健康，心灵自由而全面发展的人，来拥抱复杂多变的社会。中学生正是心理成长发育的关键时期，又承担着较大的来自学业、有些还有人际关系方面的压力，容易出现不同程度的心理问题。我们学校成立了心理发展中心，但仅靠少有的心理老师来开展心理健康教育活动，解决学生出现的心理问题是有限的。作为学科教学的老师要如何将心理健康教育贯穿到日常教学呢？

二、语文阅读教学渗透心理健康教育的可行性

语文是一门综合性学科，工具性和人文性的统一是语文课程的基本特征。较其他学科而言，语文学科在心理健康教育渗透方面具有天然的优势。语文即生活，更多地接近学生的内心世界，包容了人生百态和人的心理情绪变化。

雅思贝尔说，教育就是一棵树摇动一棵树，一朵云推动一朵云，一个灵魂唤醒另一个灵魂。心理健康教育，也应是春风化雨，润物无声的。语文教育的过程通常也在潜移默化进行心理健康教育。通过组织形式多样的语文活动，教师把心理健康教育自然融入语文教学中，促进学生心理健康发展。在教学中如何发掘教材中的心理教育内容，如何抓住课堂上的契机对学生进行适当的心理疏导，在语文教学中适时地进行心理教育的渗透，至关重要。

三、语文阅读教学渗透心理健康教育的途径和方法

（一）立足课堂，巧借课文，启迪感染

语文教材多以文学作品为主，这些思想深刻的作品常常蕴含着积极向上的心理学因素，浸润心灵。教师要学会把握课文中的素材，不失时机来进行心理教育。新教材编写者提议"要适应高中学生的认知特点和身心发展的需要"，要"有助于学生形成良好的个性与健全的人格"。我们不难发现语文教材有诸多文质兼美的文章，是进行心理健康教育的"宝库"。教师应积极挖掘其中的"真善美"，利用阅读教学活动传递给学生。张岱年的《修辞立其诚》，运用唯物主义观点，强调做人要说真话、讲实话；卢梭的《怜悯是人的天性》用事实指出怜悯心作为一种美德，对于调节人与人的关系具有重要意义；狄更斯的《大卫·科波菲尔》用主人公的成长经历鼓励青少年面对生活中的磨难；托尔斯泰的《复活》用聂赫留朵夫和玛丝洛娃精神复活的经历鼓励我们直面过错……这些教材内容都充满了对真善美的歌颂，教师可以在教学中充分挖掘潜在的精神价值，找准和心育的最佳融合点，培养学生的道德感和美感，在"润物细无声"中进行心理健康教育。

1. 立足学情，确立融合教学目标

根据中学生的心理特点与知识能力水平，设计符合学生心理发展需求的融合教学目标。

2. 研究教材，找准融合教学点

充分挖掘阅读材料的心理学内容，包括生命价值教育、情感教育、挫折教育等心育因素，找准融合教学点。

3. 营造情境，设计融合教学环节

营造和谐平等的课堂氛围，培育渗透土壤。精心设计教学环节，在有限时间内帮助学生收获更多美好的心理体验，激发学生情感共鸣。

4. 抓住契机，开展合作探究学习

抓住课堂中积极情感教育、积极品质教育和积极关系教育的因素，设置多元化的小组合作学习任务，让学生在合作学习过程中收获积极的心理体验。

例如宋朝有一位旷世奇才，不可救药的乐天派——苏轼。苏轼是文学家、书画家、思想家，是宋代文学银河一颗璀璨的星星，数篇作品选入语文教材。他虽命运多舛、时运不济、频遭谪迁，仍能随缘自适、超然物外。其乐观旷达

的人生态度，影响了一代又一代读者。教材中选了几首他的诗词，无不昂扬积极向上的心态，比如这首《定风波》：

定风波

苏轼

三月七日，沙湖道中遇雨。雨具先去，同行皆狼狈，余独不觉，已而遂晴，故作此词。

莫听穿林打叶声，何妨吟啸且徐行。竹杖芒鞋轻胜马，谁怕？一蓑烟雨任平生。

料峭春风吹酒醒，微冷，山头斜照却相迎。回首向来萧瑟处，归去，也无风雨也无晴。

《定风波》描写的是途中偶遇风雨这一寻常事，于平常中见旷达超脱的胸襟。淋雨本是狼狈的，而苏轼却是这般旷达洒脱。当然，这里的风雨不仅是自然界的风雨，更是人生的风雨。苏轼一生仕途不顺，晚年写下了《自题金山画像》："心似已灰之木，身如不系之舟。问汝平生功业，黄州惠州儋州。"62岁被贬儋州，荒无人烟。苏轼一生迁徙了大半个中国，换做其他人早就崩溃了，但他随缘自适，把儋州当成第二故乡，与当地人一起修路修桥，兴办学堂，彻底改变了当地教育落后的现状。课堂上可以借题发挥，引导学生谈谈：如果你遇到这样的人生境遇，会如何面对？引导孩子学习苏轼面对逆境积极乐观的人生态度。许多文学家丰富的人生经历也是很好的教育素材，从他们身上我们可以汲取积极向上的精神力量。

（二）巧借活动，深度体验，疗愈成长

语文活动丰富多彩，通过开展各具特色的课堂活动潜移默化地进行心理健康教育，不仅可以提升学生的各项能力，还有利于促进学生的心理发展。课前演讲可以开阔视野，提升思维，培养积极乐观的人生态度；辩论赛可以帮助学生明辨是非，树立正确的人生观；课本剧有利于体验百态人生，释放自我……

1.确定活动形式，设计主题

根据阅读教学内容确立活动形式，设计主题，使心理健康教育得以渗透。如《我有一个梦想》一课，通过设计开展以"我的理想"为主题的演讲比赛，

加深学生对理想的认识，树立更高远合理的人生理想。

2.通过协同合作，开展活动

语文组还可以与心理组、团委、德育与学生发展处等联合开展等活动。我校每年多部门联合开展的心理剧表演探讨了来自学业、家庭、人际等方面的困惑。

3.总结反思，领悟成长

每次活动结束后，鼓励学生对活动总结反思。梳理感受，分享行动，在活动中领悟处理自我、自我与家庭、人际交往等方面的问题的方法。

以课前演讲为例。语文组在高一开展"阅读经典，传承优秀传统文化"为主题的课前演讲。中华优秀传统文化孕育着乐天的基因。有同学通过《周易》的智慧"天行健，君子自强不息"，分享积极进取、热爱生活以及尊重生命的人生态度。中国文化一直孕育着积极进取的，乐观向上、不屈不挠的精神，强调个人努力的结果，重视生有所为的人生价值追求。有同学讲如何修炼君子品格，今天很多人因生活困顿而苦恼，而孔子告诉我们无论在什么情况下，都该乐观生活，热爱生命，"饭疏食饮水，曲肱而枕之，乐亦在其中矣"。儒家的仁爱精神，我们要如何去爱人。儒家推崇"己欲立而立人己欲达而达人，己所不欲勿施于人"的忠恕之道，也就是我们今天所说的推己及人，同理心。当我们具有包容体谅之心，要设身处地、将心比心地换位思考，这是一种宽宏大度、推己及人的仁爱情怀。老子的相对论，祸福相依，难易相成，辩证的思维教我们学会换个角度看问题，很多问题就会豁然开朗。庄子逍遥游的思想，告诉我们当形体被束缚，可以去寻找精神世界的自由。除此以外，学生还通过课本剧表演感受生活百态，通过辩论赛明辨是非，形成正确的三观。作为教师的我们可以组织形式各样语文活动,丰富学生语文学习生活,培养他们乐观旷达的心理。

（三）阅读名著，熏陶感染，塑造自我

一个人的精神发育史就是他的阅读史。阅读经典名著可以增长知识，滋养心灵，调节情绪，完善人格。中学生要排解来自学业、成长中面临的压力，寻找心灵的滋养，名著的阅读无疑是最佳途径。阅读名著既是语文学习的手段，也是心理塑造的过程。

1.调查学情，制订阅读计划

根据中学生的心理特点和发展需要，选择共读书目，制订合理的阅读计划。

2.经典共读，构建阅读共同体

以班级为单位推进经典共读，构建阅读小组，分享阅读体验，在分享交流中成长。

3.总结成果，形成阅读心得文集

将学生阅读后的心得进行整理，汇编成册。我们共读了《平凡的世界》《红楼梦》《大卫·科波菲尔》等一系列作品，并将阅读心得结集出版。学生无被主人公面对挫折的勇气和乐观旷达的精神感染，获得鼓舞与力量。例如《平凡的世界》讲述了我国70年代中期到80年代中期的发展变化，展现了各阶层在社会变革中遭遇的挫折和痛苦，获得的成长和欢乐。其中以孙少平和孙少安为代表的知识青年，坚韧务实，勇于听从精神的召唤。无论是吃着高粱面馍、喝着剩菜汤的高中生活，还是下地务农的农民生活，甚至走出土地后的打工生活，都昂扬着精神的高傲、挥洒着灵魂的矜持。物质虽然匮乏，但精神始终充盈。《平凡的世界》通过励志的主题和温暖的情怀为学生树立起一座明亮的精神灯塔，滋养了学生的心灵，对成长产生积极影响。

（四）写作表达，发现问题，沟通疏导

1.主题写作，表达真实自我

高中生学习压力巨大，同时还可能面临来自处理家庭关系、同学关系、异性交往等多方面的困惑，倘若内心的困惑得不到及时疏导，甚至没有渠道倾诉，久而久之就容易有焦虑、抑郁、狂躁等心理问题。读写结合是学生表达内心、吐露心声的方式，教师要善于抓住时机，及时引导，促其表达。通过主题习作教学，让学生对成长中的困惑进行梳理，在表达真实自我的过程中，完善自我，激励自我。例如通过写作《关于追星的思考》探讨应该树立怎样正确的追星态度，《我看"早恋"》探讨要如何认识和对待早恋问题等。

2.发现问题，有效沟通疏导

教师在批改作文时，容易发现学生的情绪波动和可能存在的心理问题，这是很好的与学生进行沟通疏导的契机。在沟通时，教师要表达出对学生的理解、接纳，引导关注问题的解决，运用好共情、分析、探索和支持四要素，帮助学生有效应对并解决心理问题。

那么我们要如何进行有效的心理沟通呢？

首先要融入学生，充分了解学生的关注点，才能真正走进学生内心世界。

如果与学生缺乏共同语言，就可能被他们"无情"抵制。教师要想与学生进行有效的沟通和指导，需要费一番心思关注他们的喜好。老师要保持开放的心态，不断学习和接受新鲜事物，才能够更好了解"05后"的精神世界。美国著名心理学家马歇尔森宝提出了著名的"非暴力沟通"这一模式：不带评价地观察、善于表达感受、明确地说出内心需要、清晰地提出请求。表达出对学生的理解、接纳，引导关注问题的解决。共情、分析、探索和支持，运用好这四要素，能帮助我们找到与学生友好交流愉快沟通的金钥匙，有效应对并解决学生的心理问题，在师生之间架起爱与尊重的桥梁。

阅读教学具有丰富的人文性、思想性，对学生的心理健康引导、人格形成，以及人生观、价值观和世界观的建立，有着得天独厚的优势和举足轻重的影响力。语文教师不但要注意提升学生的语文素养，而且要注重培育学生良好的个性和健康的心理。

阅读教学渗透心理健康教育的方式很多，值得不断探索实践。在日常教学中，我们要注意帮助学生认识自我，悦纳自我，找准自己的定位和方向，发挥他们的优势，健康快乐地成长。语文教师要做学生精神家园的守望者，把文学的触角伸向学生的心灵深处，把心理健康教育渗透到每堂课中去。让学生在获取知识、发展能力的同时，自然而然地受到心灵的洗涤，提升人生境界，达到"春风化雨，润物无声"的效果。

课例 沐浴精神之光，扎根生命成长
——语文阅读教学与心理健康教育融合课例

老人与海

海明威

【教材分析】

《老人与海》选自选择性必修上第三单元，本单元属于"外国作家作品研习"任务群。旨在"引导学生研习外国文学名著名篇，了解若干国家和民族不同时期的社会文化面貌，感受人类精神世界的丰富，培养阅读外国经典作品的兴趣和开放的文化心态"。课文节选了老人与鲨鱼奋力搏斗五个回合的精彩片段，运用简洁的语言、细腻的心理描写，刻画了老人"可以被毁灭，但不能被打败"的硬汉形象。

【学情分析】

高二的学生已掌握阅读小说的基本方法，学生阅读小说的兴趣较高，但很少深入挖掘文字背后潜藏的意蕴。本课将阅读教学与心理健康教育融合，以《老人与海》为例，引导他们从平淡无奇的故事中体会主人公的精神力量，获得直面挫折和困难的勇气。

【教学目标】

1. 了解海明威和"迷惘的一代"，概括《老人与海》的主要内容，体会小说思想性与艺术性。

2. 学习小说中语言、内心独白等塑造人物的写作方法，把握桑地亚哥的"硬汉"形象；领会小说象征主义手法的运用，体悟小说的主旨。

3. 揣摩海明威小说的风格特点，分析主人公展现的人性美。

4. 学习桑地亚哥不向命运屈服，永不服输的顽强精神，树立坚强勇敢、永不言弃的乐观态度。

【教学重难点】

1. 学习小说中语言、内心独白等塑造人物的写作方法，通过品味老人的内心独白体会桑地亚哥的精神力量。

2. 领会小说的哲理和象征主义手法的运用，辩证评价桑地亚哥的"硬汉"形象。

【教学过程】

一、情境导入，走进作品

"一艘船越过世界的尽头，驶向未知的大海，船头上悬挂着一面虽然饱经风雨剥蚀却依旧艳丽无比的旗帜，旗帜上，舞动着云龙一般的四个字闪闪发光——超越极限！"海明威这样评价他的作品《老人与海》。《老人与海》是享誉世界文坛的佳作，1954 年获诺贝尔文学奖，授奖委员会的评价是"勇气是海明威的中心主题"。作品写的是一个老人，展现的却是一个世界，今天就让我们一起走进《老人与海》，走进海明威的精神世界。

二、整体感知，了解内容

学习活动一：学生展示作者经历和写作风格，方便深入理解小说。

知人论世：海明威，美国当代文学中最著名的作家之一。他出生于芝加哥郊区一个乡村医生家庭，从小喜欢钓鱼、打猎、音乐和绘画，18 岁起进入报界，曾参加过两次世界大战，出生入死以致伤痕遍体，在第一次世界大战期间被授予银制勇敢勋章。1954 年，他荣获诺贝尔文学奖。1961 年，因不堪老年病痛的折磨，开枪自杀，走完了他辉煌的一生。

海明威的成名作是《太阳照样升起》。这部作品描写了战后迷惘、颓唐的精神状态，表现出战后青年人的幻灭感，被称为着力表现"迷惘的一代"的代表作。《老人与海》一书获得普利策奖，又因"精通现代叙事艺术"为海明威夺得诺贝尔文学奖。海明威凭借独特的艺术风格和高超的写作技巧创造了一种简洁流畅、清新洗练的文体，俗称"电报式风格"。他有着出色的语言驾驭能力，常用含蓄的语言表达复杂的情感，用有限的形式表达无尽的内涵，因而他的小说在外观不动声色，但内在情感却是丰厚炽热。"冰山原则"是海明威的创作原则，他坚持认为应该从繁杂的社会生活中，撷取最有特征的情节，将自己的思想情感隐藏起来，按照"冰山原则"留下八分之七的空间让读者思考与揣摩。

学习活动二：概括《老人与海》的主要情节，并完成下表。

1.概括《老人与海》的主要情节

主要情节：一个名叫桑地亚哥的老渔夫，连续 84 天没捕着一条鱼。后来，他独自一人出门远航，在海上经过三天两夜的搏斗，终于捕到一条足有一千五百多磅的大马林鱼。然而，在归途中，一条条鲨鱼陆续围了上来，尽管老人奋力拼搏，但还是没能抵挡住凶猛鲨鱼的进攻，等他回到海岸时，大马林鱼只剩下了一副巨大的骨架。

2.请梳理《老人与海》里惊心动魄的五个场景，并将下面的表格补充完整。

次数	第一次	第二次	第三次	第四次	第五次
鲨鱼品种					
鲨鱼数量					
间隔时间					
鲨鱼特征					
补鲨鱼的工具					
鲨鱼侵害的结果					

　　参考示例：

次数	第一次	第二次	第三次	第四次	第五次
鲨鱼品种	灰鲸鲨	加拉诺鲨	铲鼻鲨	加拉诺鲨	鲨鱼
鲨鱼数量	一条	两条	一条	两条	成群结队
间隔时间	一小时后	两个钟头后	接着	从傍晚到太阳快落山	半夜
鲨鱼特征	"冲过来""划破蓝色的水面"很大，游泳速度快，美丽，高耸的背鳍，八排牙齿长且锋利；体格强健，全副武装	又宽又扁，尖利的脑袋，宽阔的胸鳍，臭气熏天，杀手，饿极了会袭击人	像猪直奔食槽	紧逼，脑袋像坚韧的橡胶	成群结队，扑向大鱼，撕咬鱼肉
补鲨鱼的工具	鱼叉	绑着刀子的桨	绑着刀子的桨	短棍	先是短棍、后来只好用舵把
鲨鱼侵害的结果	咬掉约40磅肉，带走老人的鱼叉和绳子	咬掉了鱼四分之一上好的肉	刀子被折断	一半的鱼肉被毁	丢了棍子，船柄断裂；大马林鱼基本只剩骨架

　　小结：从上面的分析可以看出，老人丧失过武器，但从未放下过武器。他就像一个在战斗中失去了机枪的机枪手一样攻击敌人，失去了枪拿刺刀跟敌人拼，不屈服是他的信仰，孤军奋战，坚韧顽强。

　　三、品鉴人物，把握形象

　　学习活动三：说一说人物

　　◎合作交流

　　1.你认为桑地亚哥是一位怎样的老人？请合作完成下表。

塑造的"硬汉"					
类别	语言描写	动作描写	反衬	内心独白	形象内涵	艺术特色
语段1						
语段2						
语段3						
……						
形象						

参考示例：

				塑造的"硬汉"		
类别	语言描写	动作描写	反衬	内心独白	形象内涵	艺术特色
语段1		他把鱼叉准备好，用绳子系住，眼眨也不眨地望着鲨鱼向前游来			体现他为保护大鱼，与鲨鱼顽强搏斗，老人经验丰富，镇定清醒	这里所写的是老人与鲨鱼搏斗的场景，动作描写为主，鲜明生动，体现在了作者高超的语言表现力
语段2	"可是一个人并不是生来要给打败的""你尽可能把他消灭掉，可就是打不败他"			"可是一个人并不是生来要给打败的""你尽可能把他消灭掉，可就是打不败他"	表现老人的自信与顽强，体现了不屈不挠，永不言败的战斗精神	再现了桑地亚哥在海上漂泊的心态，坚毅以及寻求援助的孤独感
语段3				有了事就担当下来，丢掉了40几磅鱼肉，船走起来就会更轻快些	敢于担当的勇气、乐观	
语段4		是一条巨大的鲸鲨，生来就游得跟海里速度最快的鱼一般快……以至于没有别的任何的敌手			鲨鱼巨大，游速快，牙齿锋利，毫无畏惧，为所欲为，凶猛残忍，能干聪明，是一位值得敬畏的强大对手	鲨鱼与老人的强者对决，衬托出老人的自信、力量和勇气
……						
形象	桑地亚哥孤独、贫穷、年老体衰、忍饥挨饿，但又是一个乐观自信、坚韧不屈，永不服输的硬汉形象					

小结：桑地亚哥是一位坚强、刚毅、勇敢、无畏的"硬汉"形象。他失去过武器，但从没放下过武器，即使看不到希望，也尽力面对，不空想，勇于担当，决不屈服，渴望胜利。

2. 探究"硬汉"形象的由来

硬汉形象是指海明威作品中出现的一系列人物形象。这些人物有拳击师、斗牛士、猎人等，他们都具有一种百折不挠、坚强不屈的性格，面对暴力和死亡，面对不可改变的命运，都表现出一种从容、镇定的意志力，保持了人的尊严和勇气。

《老人与海》中的主人公桑地亚哥集中体现了海明威心中的硬汉形象，成为海明威作品中众多硬汉形象最突出而独特的代表。

海明威在他的作品中，塑造了一系列著名的"硬汉子"形象，他们大都是斗牛士、拳击家、渔夫和猎人。这些人在面临困难与绝境时，都表现得无所畏惧，不拼搏到底决不罢休。为什么他笔下会有这么多的"硬汉"？

参考示例：

知人：海明威一向以文坛硬汉著称，有人用"现代英雄神话"来概括海明威传奇的一生。他生于乡村医生家庭，从小喜欢钓鱼、打猎、音乐和绘画，他痴迷拳击而永久伤害了一只眼睛；18岁起进入报界，曾参加过两次世界大战，获得过十字军功章、银质奖章、勇敢奖章和铜星奖章。他因膝盖被打碎而开过12次刀，取出237块碎弹片；他擅长钓鱼，曾钓过7米多长的大鱼；他喜欢冒险，斗牛、打猎样样在行，去非洲打猎时飞机失事，成为生前能读到自己讣告的极少数作家之一；因为后来难以忍受病痛的折磨，他毅然决然地用心爱的双管猎枪对准了自己的下巴。这就是海明威的人生和个性，他用自己的一生及作品诠释着"硬汉"的含义。

论世：海明威生活的时代，整个西方资本主义国家里呈现了一片混乱的景象——经济危机、市场萧条、战争频繁。美利坚民族也同样面临着巨大的危机。历史经验证明，一个民族摆脱自己困境的最有效的办法，就是振作自己的民族精神。面对这个充满着战争、暴力、凶杀、邪恶、堕落、恐惧、绝望和死亡的世界，美利坚民族呼唤自己的民族精神，呼唤那些能振作民族英雄主义气概的精神领袖。而此时海明威的《老人与海》便应运而生，作品塑造的桑地亚哥则这一"硬汉形象"，正是美利坚民族精神的集中表现。

3. 感知"硬汉"形象的影响

对海明威的评价，正如约翰·肯尼迪总统的唁电所说："几乎没有哪个美国人比海明威对美国人民的感情和态度产生过更大的影响。""本世纪（20世纪）最伟大的作家之一。"海明威的"硬汉"形象产生了哪些影响？请以小组为单位搜集信息，了解并交流。

参考示例：

（1）海明威的作品深深地影响了美国的民族性格与民族精神；

（2）影视：阿诺德·施瓦辛格的《终结者》《独闯龙潭》，西尔维斯特·史泰龙的《洛奇》《第一滴血》，布鲁斯·威利斯的《虎胆龙威》《敢死队2》……

（3）评论：

A. 于漪老师说，当前学生作文之弊，华丽有余，气势不足；偏重技巧，疏于豪情。豪情很显然不是技术层面的，有孟子所讲的"浩然之气""大丈夫人格"，有海明威的硬汉精神，方能写出有豪情、有正气之文章。

B. 台湾作家李湃曾说过：我在想，男人的骨子里缺少一点什么的时候，就自然会想到海明威。瑞典诺贝尔授奖委员会对海明威及其作品的评价是：勇气是海明威的中心主题。

小结：桑地亚哥是一个胜利的失败者，一个失败的英雄，是一个"硬汉"形象。"人不是生来要给打败的。你尽可把他消灭掉，可就是打不败他"是这部小说的精髓，可以分为两部分来理解。前句告诉我们，人生活在自然与社会当中，必不可少要面临一些坎坷、磨难，这些磨难、坎坷完全可以造成躯体的消灭、消亡，这是人生命的脆弱性。后句，面对挫折，只要保持一种乐观的精神，拥有一颗坚强的心灵，那么，人类执着奋斗的精神将永不磨灭。

四、思辨探究，学习精神

学习活动四：

1. 老人乐观和不屈不挠的精神无疑是值得肯定的，但是，面对注定的失败，如此不屈不挠有意义吗？从第一条鲨鱼的出现，老人就意识到保住马林鱼的希望十分渺茫。后来老人拼得精疲力尽，大马林鱼还是被吃得只剩下一副骨架。老人这样做值得吗？结合本文，自由发言。

参考示例：

值得。第一，过程远比结果重要。第二，只要有百分之一的希望就要尽百分之百的努力。

文中部分语句：

（1）人不抱希望是很傻的。

（2）现在不是去想缺少什么的时候，该想一想凭现有的东西你能做什么。

（3）不过话得说回来，没有一桩事是容易的。

（4）每一天都是一个新的日子。走运当然是好。不过我情愿做到分毫不差。这样，运气来的时候，你就有所准备了。

（5）"不过人不是为失败而生的，"他说，"一个人可以被毁灭，但不能被打败。"

2. 海明威笔下的老人所具有的硬汉精神，影响了一代美国人，海明威也被誉为美利坚民族的精神丰碑。这种"硬汉精神"在中国有吗？你能想到哪些具有硬汉精神的中国人？

参考示例：

鲁迅：他以笔为枪，是文化战线上的一员大将，是为民族解放而持续奋战的文坛硬汉。他用望远镜和显微镜观察社会，剖析国民的劣根性，探索中国革命的前途。他在与黑暗势力的顽强斗争中，是一棵的昂然挺立的大树。敌人的威胁、利诱与残害，对鲁迅没有半点作用，他从来都不吃敌人那一套。鲁迅在文化战线上，犹如战场上舔血的战将一样勇武，敢于在血腥、恐怖和恶劣的环境下战斗，毫不妥协，视死如归，勇敢地战到最后，流尽最后一滴血。

五、沐浴精神之光，扎根生命成长

学习活动五：当下，"小奶狗""娘炮"等名词充斥于网络、影视等众多领域之中。根据你对《老人与海》中的"硬汉"理解，你认为今天的青少年应如何选择，成为一个怎样的青少年，为什么？自选角度，自拟题目，写下你的感受和思考，不少于 500 字。

【板书设计】

老人与海

八十四天没打到鱼

老人捕捉马林鱼毫不畏惧坚强不屈，同鲨鱼搏斗毫不气馁

只剩下一个人，一条大鱼的脊骨

并不是生来要给打败的（"硬汉"精神）

【教学反思】

《老人与海》这部伟大的作品讲述了"一个名叫桑地亚哥的古巴老渔民，在海上三天两夜捕鱼的经历"，那苍茫的大海、孤独的老人、艰辛的搏斗、不屈的灵魂激励了一代代读者。任何一部伟大的作品都是一个神奇的宇宙，我想努力看到冰山下更为丰富的世界，我想努力把感染和激励了自己的伟大作品从更高层面上介绍给学生，看到学生心领神会地颔首，也是老师最大的欣慰。

一节有价值的课首先要达到以下几点：一是圆满完成预设的学习目标；二是教学节奏紧凑顺畅，课堂自然天成；三是学生学有所得；四是教师有教学的成就感。这节课基本完成了教学任务，从分析故事情节到初步把握人物性格，从深入感受人物真实而强悍的性格特征到定性辨析人物形象，探究硬汉精神，以及带给我们的震撼和对于人生价值、意义的思考，节奏紧凑顺畅。本课设计与心理学融合，通过深刻的心理剖析，辨析了人物形象，桑地亚哥不只是一个勇敢面对失败的硬汉，更是一个在生活的艰辛中看到生存的意义、在战斗的残酷中展现生命的价值的真实而强悍的胜利英雄。同时学生也领悟到生命旅程就像是大海，激励了自我，要如桑地亚哥一样，在人生长河中坚守生命尊严，为了理想永不言败而且永不停息地奋斗。在课堂上我看到学生心领神会地微笑、情不自禁地挺直身背，结束时似有不舍与回味。同时通过学习这一篇课文、这一部伟大的作品，也激励着在今后的人生长河中，永不屈服、永不放弃、永不停息坚持人生的方向，实现自我的价值。

参考文献

1. B.S. 布卢姆. 教育目标分类学：认知领域 [M]. 上海：华东师范大学出版社，1986.

2. L.W. 安德森，等. 学习、教学和评估的分类学 [M]. 修订版（简缩本）. 上海：华东师范大学出版社，2008.

3. 程翔. 论教、学、考一致性对语文部编教材的意义 [J]. 课程·教材·教法，2021（3）.

4. 褚树荣，黄会兴. 开卷有益：整本书阅读与研讨 [M]. 上海：上海教育出版社，2018.

5. 崔允漷，雷浩. 教-学-评一致性三因素理论模型的建构 [J]. 华东师范大学学报（教育科学版），2015，33（04）.

6. 崔允漷. "教-学-评一致性"：意义与含义 [J]. 中小学管理，2013（01）.

7. 崔允漷. 基于标准的学生学业成就评价 [M]. 上海：华东师范大学出版社，2011.

8. 格兰特·威金斯，杰伊·麦克泰格. 追求理解的教学设计 [M]. 第二版. 上海：华东师范大学出版社，2017.

9. 郭华. 深度学习的关键是真正落实学生的主体地位 [J]. 人民教育，2019（Z2）.

10. 韩家勋. 教育考试评价制度比较研究 [M]. 北京：人民教育出版社，2010.

11. 黄厚江. 语文教学诊断 [M]. 南京：江苏教育出版社，2011.

12. 黄荣怀，马丁，郑兰琴，等. 基于混合式学习的课程设计理论 [J]. 电化教育研究，2009（1）.

13. 姜钢，刘桔. 牢记立德树人使命，写好教育考试奋进之笔 [N]. 中国教育报，2018-03-03.

14. 李卫东. 混合式学习：整本书阅读的策略选择 [J]. 语文建设，2016（9）.

15. 李卫东. 整体设计：单元视域下的教、学、评一致 [J]. 语文学习，2021（6）.

16. 李煜晖. 探索和发现的旅程——整本书阅读之专题教学 [M]. 上海：上海教育出版社，2019.

17. 刘建琼. 三位一体：确保教、学、评一致性达成 [J]. 中学语文教学，2021（6）.

18. 刘月霞，郭华. 深度学习：走向核心素养 [M]. 北京：教育科学出版社，2018.

19. 王本华. 部编高中语文教材的设计思路 [J]. 人民教育，2019（20）.

20. 王宁，巢宗祺. 普通高中语文课程标准（2017 年版）解读 [M]. 上海：上海教育出版社，2018.

21. 王宁. 实施《普通高中语文课程标准》（2017 年版）的关键问题 [J]. 人民教育，2018，（6）.

22. 王宁. 语文核心素养与语文课程的特质 [J]. 中学语文教学，2016，（11）.

23. 王荣生. 阅读教学教什么 [M]. 上海：华东师范大学出版社，2016.

24. 温儒敏. 部编高中语文教材的特色与使用建议 [J]. 语文学习，2019（9）.

25. 吴欣歆. 机遇与挑战 [J]. 中学语文教学，2017（3）.

26. 徐鹏. 深度学习视域下的语文教学变革 [J]. 中学语文教学，2019（1）.

27. 杨伟. 尊重新教材理解新教材 用好新教材——部编本语文教材总主编温儒敏教授访谈 [J]. 语文建设，2018，（3）.

28. 杨向东，崔允漷. 课堂评价：促进学生的学习和发展 [M]. 上海：华东师范大学出版社，2012.

29. 叶青，徐鹏. 提高语文教师命题的有效性 [J]. 中学语文，2018（06）.

30. 易海华. 中学语文阅读教学：问题探究与实施策略 [M]. 上海：华东师范大学出版社，2022.

31. 于澜. 学科融合式教学有助于创新型人才培养 [N]. 光明日报，2017-01-25.

32. 张开，单旭峰，巫阳朔，等. 高考评价体系的研制解读 [J]. 中国考试，2019（12）.

33. 张开. 语文考试改革中情境化设计须重视的问题 [J]. 语文建设，2018，（9）.

34. 张敏强. 教育测量学 [M]. 北京：人民教育出版社，2014.

35. 张小兵，倪峰. 走进操作层面的"整本书阅读"[J]. 语文教学通讯：高中刊，2016，（9）.

36. 郑桂华. 普通高中部编语文教材单元教学的价值定位与教学策略 [J]. 人民教学，2021（22）.

37. 中华人民共和国教育部. 关于全面深化课程改革落实立德树人根本任务的意见（节选）[J]. 教育科学论坛，2017，（07）.

38. 中华人民共和国教育部. 普通高中语文课程标准（2017 年版 2020 年修订）[M]. 北京：人民教育出版社，2020.

39. 祝新华. 促进学习的阅读与评估 [M]. 北京：人民教育出版社，2015.